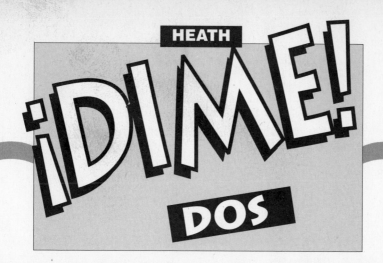

# HEATH ¡DIME! DOS

# CUADERNO DE ACTIVIDADES

## PARA·HISPANOHABLANTES

Fabián A. Samaniego

Francisco X. Alarcón

Cecilia Rodríguez Pino

D1400565

**McDougal Littell**

Evanston, Illinois ◆ Boston ◆ Dallas

**Illustration Credits**

Hannah Bonner
Carlos Castellanos
Michael Lenn
June Rhoda
George Ulrich

# CONTENIDO

**v**

# LOS AUTORES

**Fabián A. Samaniego** nació en Las Cruces, Nuevo México. Se graduó de la Universidad Estatal de Nuevo México e hizo sus estudios avanzados en la Universidad de Iowa. Enseñó cuatro años en la Universidad Estatal de Utah antes de ir a la Universidad de California en Davis (U.C.D), donde coordinó el programa de primer año en el Departamento de Español y supervisó a los *Teaching Assistants*. En 1989 fue co-director de *Español para triunfar*, un instituto de verano en U.C.D. para profesores de secundaria que trabajan con estudiantes hispanohablantes. En 1994 formó parte de la mesa directiva de la conferencia nacional, *Teaching Spanish to Native Speakers in the U.S.: Praxis and Theory*. Especialista en pedagogía, Samaniego ha presentado talleres y ponencias en reuniones profesionales por todo Estados Unidos, en México y en España. En el estado de California enseñó en el *Foreign Language Competency Project* y en programas para los distritos escolares de Los Ángeles, San Francisco y de los condados de Santa Clara y Sacramento. También fue miembro de la mesa directiva del *California Foreign Language Teacher Preparation Project* y del *California Foreign Language Project*. Samaniego es el autor principal de tres textos para estudiantes de español de secundaria: *¡Dime! Uno, ¡Dime! Dos* y *¡Dime! Pasaporte al Mundo 21*. También es autor principal de dos textos para estudiantes universitarios y es co-editor de un libro de pedagogía, *Language and Culture in Learning: Teaching Spanish to Native speakers of Spanish*.

**Francisco X. Alarcón** nació en Los Ángeles y se crió en Guadalajara, México. Se graduó de la Universidad Estatal de California en Long Beach e hizo sus estudios avanzados en la Universidad de Stanford. Ha sido becario tanto de Fulbright como de Danforth. Enseñó durante seis años en la Universidad de California en Santa Cruz en uno de los primeros programas de español para hispanohablantes en Estados Unidos. Actualmente es director del *Programa de español para hispanohablantes* del Departamento de Español en la Universidad de California, en Davis. Fue uno de los organizadores de la conferencia nacional *Teaching Spanish to Native Speakers in the U.S.: Praxis and Theory* que se realizó en mayo de 1994. Poeta, crítico y editor chicano, Alarcón ha recibido numerosos premios literarios. Ha publicado nueve colecciones de poesía; entre sus más recientes están: *No Golden Gate for Us* (1993), *Snake Poems* (1992), *De amor oscuro* (1991) y *Cuerpo en llamas* (1990). En 1993, *Snake Poems* recibió el *American Book Award* y el *Pen Oakland Josephine Mile Award*. *Cuerpo en llamas* ha sido publicado en Irlanda y Suecia en ediciones en español-irlandés y español-sueco, respectivamente. Alarcón es co-editor de un libro de pedagogía: *Teaching Spanish to Native Speakers: Praxis and Theory*. Fue presidente de la Mesa Directiva del Centro Cultural de la Misión en San Francisco y actualmente es miembro de la Mesa Directiva de la Raza/Galería Posada, un centro cultural chicano en Sacramento, California.

**Cecilia Rodríguez Pino** nació en Silver City, Nuevo México y se crió con sus abuelos mexicanos en un pueblito minero llamado Fierro, cerca de Silver City. Se graduó de la Universidad Estatal de Nuevo México, en Las Cruces, donde también hizo sus estudios avanzados.

Ahora es *Associate Professor* en el Departamento de Lenguas y Lingüística en NMSU, donde es jefa del componente de español y coordina el *Programa de español para hispanohablantes,* uno de los primeros programas universitarios para hispanohablantes en Estados Unidos. Los primeros cursos se diseñaron en 1943 especialmente para los estudiantes nuevomexicanos. En 1993 fue directora de la conferencia nacional *Teaching Spanish to Native Speakers of Spanish* becada por el *National Endowment for the Humanities* y en 1995 fundó el *Institute of Spanish for Native Speakers,* en NMSU. Especialista en pedagogía, Rodríguez Pino ha publicado varios materiales auxiliares y artículos en *Foreign Language Annals, The Modern Language Journal,* en el volumen anual del *American Association of University Supervisors and Coordinators* (AAUSC) y en el libro de pedagogía *Teaching Spanish to Native Speakers: Praxis and Theory.* También es co-editora de dos volúmenes de cuentos chicanos, el primero publicado en Uruguay y el segundo en México. En 1996, es Chair de la mesa directiva del *Southwest Conference on Language Teaching* (SWCOLT)

# INTRODUCCIÓN

Este **Cuaderno de actividades para hispanohablantes** es para
estudiantes matriculados en una clase de español (nivel 2) que usa
**¡DIME! Dos** como su libro de texto. Los estudiantes hispanohablantes de este
curso probablemente hablan español en casa, lo entienden bastante bien y
tienen destrezas limitadas al leerlo y escribirlo. Algunos de estos estudiantes
hispanohablantes tal vez habrán completado el equivalente de un año de
español en la escuela secundaria en Estados Unidos; otros tal vez sean
estudiantes hispanohablantes que hayan venido a este país después de haber
completado tres o cuatro años de escuela primaria en sus países de origen. La
mayoría de estos estudiantes necesitará ayuda en el uso de acentos escritos,
el deletreo, la lectura y la redacción en español. El enfoque de este cuaderno
se dirige precisamente a esas necesidades específicas.

# PARA LOS ESTUDIANTES

## *Organización*

El **Cuaderno de actividades para hispanohablantes** consta de ocho unidades con tres lecciones cada una. El contenido de cada lección refuerza la materia correspondiente en el texto **¡DIME! Dos** e introduce otros conceptos esenciales para los estudiantes hispanohablantes.

En cada lección aparecen las siguientes cuatro secciones **¡A escuchar!**, **Tesoros de la literatura contemporánea**, **¡A deletrear!** y **Juguemos un poco**. Las primeras dos lecciones de cada unidad además tienen la sección **¡A explorar!** y la tercera lección tiene unas secciones tituladas **Lengua en uso** y **Correspondencia práctica**.

## ¡A escuchar!

Esta sección contiene las páginas de actividades que acompañan al programa de audiocintas para hispanohablantes. Éstas incluyen dos actividades de comprensión auditiva: **¡El mundo al punto!** —información cultural de todas partes del mundo hispano presentada en forma de un programa de radio— y **Acentuación / Pronunciación y ortografía** —práctica auditiva sobre conceptos de silabeo, acentuación, pronunciación y ortografía que siempre termina con un dictado.

## Tesoros de la literatura contemporánea

En esta sección se incluyen lecturas literarias de todas partes del mundo de habla hispano. Antes de empezar cada lectura hay una actividad para ayudar a los alumnos a anticipar lo que van a leer y al final de cada lectura hay actividades para verificar que entendieron lo que leyeron y para ayudarles a interpretar las lecturas.

## ¡A deletrear!

Esta sección repasa los conceptos de silabeo, acentuación y ortografía presentados en **¡A escuchar!** y provee práctica adicional.

## Juguemos un poco

En esta sección los estudiantes hispanohablantes tienen la oportunidad de desarrollar la fluidez en el habla al hacer una gran variedad de actividades orales. Estas actividades están a un nivel apropiado para hispanohablantes y con frecuencia les piden a los estudiantes que vayan a la comunidad hispana a conseguir la información necesaria para completar sus tareas.

## ¡A explorar! (Lecciones 1 y 2)

Esta sección, que sólo ocurre en las primeras dos lecciones de cada unidad, presenta información lingüística gramatical y cultural que los estudiantes hispanohablantes necesitan comprender. Se empieza por hacer un repaso de los principios básicos de la gramática y la redacción y se pasa a presentar tópicos como: El pretérito coloquial: *trajites, dijites, fuites;* Los usos de **se:** pronombre reflexivo, pronombre impersonal, pronombre complemento, y mucho más.

## Lengua en uso (Lección 3)

La tercera lección de cada unidad tiene esta sección que consta de un enfoque socio-lingüístico en el espanol que se habla actualmente. Aquí se estudian las variantes coloquiales en el habla de distintos grupos de hispanos: mexicanos, centroamericanos, caribeños, campesinos, hispanos en Estados Unidos, entre otros.

## Correspondencia práctica (Lección 3)

La tercera lección de cada unidad también tiene esta sección que guía a los estudiantes a hacer redacciones sencillas al empezar —tomar mensajes telefónicos, dejar un recado para un pariente, escribir unos apuntes—, luego los lleva a hacer redacciones más complicadas —cartas amistosas, cartas de negocio, résumés, etc.

# PARA LOS PROFESORES

## Coordinación del *Cuaderno de actividades para hispanohablantes* y *¡DIME! Dos*

Dada la gran variedad en la fluidez del habla de estudiantes hispanohablantes, algunos aprovecharán más al usar la materia en **¡DIME! Dos** tal como se presenta, mientras otros encontrarán muchos de los ejercicios y lecturas demasiado fáciles o aburridos. Sólo los maestros, en sus clases, podrán decidir qué partes del texto son apropiadas para sus alumnos y qué partes deben remplazarse con actividades del cuaderno. A continuación se presentan sugerencias de los autores en cuanto a cómo se podrían hacer estas sustituciones o remplazos. La decisión final, sin embargo, la tendrá que hacer el maestro, que es quién mejor conoce las necesidades de sus estudiantes. A lo largo de la edición del maestro se encuentran notitas especiales, siempre señaladas con la etiqueta **[SNS],** para hacerle recordar al maestro la necesidad de hacer estas sustituciones.

| *¡DIME! Dos* | Usar | Sustituir con el *Cuaderno de actividades para hispanohablantes* |
|---|---|---|
| **Anticipemos** | ✓ | |
| **Para empezar** | ✓ | |
| **¿Qué decimos...?** | ✓ | |
| **Charlemos un poco** | | **¡A escuchar!** |
| **Charlemos un poco más** | | **¡A deletrear!** y **¡Juguemos un poco!** |
| **Dramatizaciones** | | **¡A explorar!** y **Lengua en uso** |
| **Impacto cultural** y **Leamos ahora** | | **Tesoros de la literatura contemporánea** (Sustituir o hacer uno en clase y el resto como tarea) |
| **Escribamos ahora** | ✓ | **Correspondencia práctica** (hacer ambos) |
| **¿Por qué se dice así?** | ✓ | |

# AL ENSEÑAR CADA PARTE DE UNA LECCIÓN

## ¡A escuchar!

Esta sección está dividida en dos partes que contienen las páginas de actividades que acompañan el programa de audiocintas: **¡El mundo al punto!** y **Acentuación / Pronunciación y ortografía**.

## ¡El mundo al punto!

Esta primera parte tiene el formato de un programa de radio que presenta interesantes temas culturales de diversas regiones del mundo hispano. Los programas incluyen a autores y artistas hispanos reconocidos como Gloria Estefan, Raúl Julia, Lucila Campos, Jon Secada, Emiliano Zapata, entre otros, y temas muy variados como el primer poema escrito de Estados Unidos, el éxito de dos cantantes latinos en Estados Unidos, los manatíes en peligro de extinción, la maravilla de Machu Picchu, y muchos más. Al escuchar cada programa, los estudiantes desarrollarán su destreza auditiva mientras que, a la vez, tendrán la oportunidad de aprender mucho de su propia cultura. La comprensión auditiva se comprueba con ejercicios de opción múltiple o marcando si la oración presentada es **cierta**, **falsa** o si el contexto no da suficiente información. Si la oración es falsa, los estudiantes tienen que escribir la información correcta.

## Acentuación/Pronunciación y ortografía

Esta parte presenta de una manera sistemática reglas de silabeo, acentuación, pronunciación y ortografía, y les provee a los estudiantes práctica auditiva sobre estos conceptos. Aquí también se les proporciona numerosos ejercicios para escuchar y escribir palabras que se deletrean con las letras **b** y **v**; **c**, **s** y **z**; **q**, **k** y **c**; **g** y **j**; **ll** y **y**; **r** y **rr**; **h** y **x**; y palabras que se pronuncian de la misma manera pero se deletrean de una manera distinta: **a / ah / ha, ay / ay** y **está / esta / ésta.** La última parte de esta sección consiste en un párrafo de cinco a ocho oraciones que se lee como dictado. Esta actividad les permite a los estudiantes desarrollar aún más sus habilidades auditivas mientras practican las reglas de acentuación, pronunciación y deletreo que han aprendido.

## Sugerencias para trabajar con *¡A escuchar!*

Se recomienda que los estudiantes hispanohablantes escuchen las audiocintas y hagan las dos actividades de **¡A escuchar!** mientras los estudiantes no hispanohablantes hacen los ejercicios de **Charlemos un poco** en **¡DIME! Dos**, en particular si esos ejercicios son demasiado fáciles y aburridos para los hispanohablantes. A continuación se presentan algunas ideas de cómo se pueden hacer estos ejercicios.

- Permitir que los estudiantes hispanohablantes escuchen **¡El mundo al punto!** y hagan la actividad individualmente para verificar que entendieron.

- Luego, pedirles a los estudiantes que comparen sus respuestas en grupos de tres o cuatro para confirmar que las contestaron correctamente.

- Repasar las respuestas correctas en clase después de que los estudiantes hayan trabajado en grupos pequeños. Se pueden escribir las respuestas en una transparencia y pedirles a los estudiantes que corrijan sus propias tareas o que intercambien y que corrijan las de otro estudiante.

- Variar el modo en que se les pide a los estudiantes que trabajen con las audiocintas. Por ejemplo, se les puede permitir a los estudiantes hispanohablantes que trabajen solos en algunos ejercicios, en parejas en otros y grupos de tres o cuatro en otros.

## *Tesoros de la literatura contemporánea*

Esta sección consta de textos literarios provenientes de muchas regiones del mundo hispano. Se empieza con textos escritos en español en Estados Unidos, por tener temas más familiares y fáciles de comprender para los alumnos hispanohablantes en este país. Pero pronto se pasa a incluir a una gran variedad de autores y poetas de varios países hispanos. Todas las lecturas vienen acompañadas de actividades para anticipar lo que van a leer y otras para discutir y analizar lo que han leído.

## Sugerencias para trabajar con
## *Tesoros de la literatura contemporánea*

Estos ejercicios y lecturas pueden remplazar las lecturas en las secciones **Impacto cultural** y **Leamos ahora** de ¡**DIME! Dos** cuando esas lecturas resulten demasiado fáciles o aburridas para hispanohablantes, también pueden asignarse como tarea si se decide que las lecturas del texto son apropiadas para los estudiantes hispanohablantes. A continuación se presentan algunas ideas de cómo se pueden hacer estas lecturas. Tal vez se puede usar una combinación de dos o más de estas sugerencias.

- Pedirles a los estudiantes que contesten individualmente las preguntas de **Para anticipar**. Luego, en grupos de dos, que comparen sus respuestas e informen a los demás de sus conclusiones.

- Leerles un párrafo a la vez en voz alta mientras ellos leen en silencio. Luego hacerles muchas preguntas para verificar que entendieron.

- Pedirles a voluntarios que lean un párrafo a la vez en voz alta mientras el resto del grupo lee en silencio. Luego hacerles muchas preguntas para verificar que entendieron. Variación: Pedirles a ellos que hagan las preguntas.

- Pedirles que lean un párrafo a la vez en silencio y que preparen dos o tres preguntas sobre lo que leyeron. Luego pedirles que hagan sus preguntas a los demás para verificar que entendieron.

- Pedirles que lean la lectura en casa como tarea y que vengan a clase con respuestas escritas a las preguntas que aparecen al final de la lectura.

- Hacer los ejercicios de **Verifiquemos e interpretemos** individualmente a veces y en grupos otras veces. Recordar que es importante siempre repasar las respuestas/conclusiones de los grupos pequeños.

- Siempre hacer el ejercicio de escritura al final de cada lectura. Puede hacerse individualmente o en grupos de dos o tres. Si el tiempo permite, es mejor hacerla en clase pero puede hacerse en casa como tarea.

## ¡A deletrear!

Esta sección provee práctica adicional sobre los conceptos de silabeo, acentuación u ortografía presentados en **¡A escuchar!** o sigue desarrollando los conceptos. Aquí los estudiantes hispanohablantes tendrán amplia oportunidad de aprender las reglas de silabeo, acentuación y ortografía al empezar a leer y escribir en español y a aplicar esas reglas en una gran cantidad de ejercicios.

### Sugerencias para trabajar con ¡A deletrear!

Se recomienda que estos ejercicios se hagan mientras el resto de la clase hace los ejercicios de **Charlemos un poco más** del libro de texto. A continuación se presentan algunas sugerencias que pueden ser útiles.

- Si se trata de varias reglas, pedirles a voluntarios que lean una regla a la vez en voz alta mientras los demás leen en silencio. Luego pedirles que den ejemplos o que expliquen los ejemplos que aparecen en el texto.

- Pedirles que hagan el ejercicio individualmente, luego que comparen sus respuestas con un compañero de clase.

- Repasar las respuestas correctas.

# Juguemos un poco

Los estudiantes hispanohablantes necesitan conversar en español para desarrollar fluidez en el habla, pero siempre encuentran que las actividades orales en los libros de texto son demasiado fáciles y aburridas para ellos. En **Juguemos un poco** estos estudiantes harán precisamente lo que el título de la sección sugiere, se divertirán al hacer una variedad de actividades comunicativas. En estas actividades tendrán la oportunidad de comparar la lengua de su comunidad con un español más general cuando sea apropiado. Se les animará a que desarrollen soltura al conversar con sus amigos tanto como al conversar en situaciones fuera de su comunidad. Muchas de las actividades constan de encuestas que tendrán que llevarse a cabo con sus padres, sus abuelos o con algún pariente, para que vayan enfocándose en la riqueza de la lengua que los rodea dentro de su propia comunidad.

## Sugerencias para trabajar con *Juguemos un poco*

Junto con los ejercicios de **¡A deletrear!**, estas actividades pueden remplazar la sección del libro de texto titulada **Charlemos un poco más**, en particular si el nivel de esa sección no es apropiado para los estudiantes hispanohablantes. Algunas sugerencias que pueden ser útiles al trabajar con **Juguemos un poco** son:

- Indicar siempre cuánto tiempo se les va a permitir para cada actividad y controlar el tiempo con cuidado.

- Caminar entre los diferentes grupos de estudiantes mientras hacen las actividades para ayudarlos si lo necesitan y para asegurarse de que estén haciendo lo debido.

- Terminar cada actividad cuando el primer grupo la complete; no esperar hasta que todos lo hagan.

- Siempre pedirles a varios grupos que informen a los demás de las conclusiones a las cuales llegaron o que dramaticen la actividad para la clase entera. Esto con el propósito de modelar las respuestas correctas.

# ¡A explorar! y ¡Lengua en uso!

La sección **¡A explorar!** ocurre en las primeras dos lecciones de cada unidad; **¡Lengua en uso!** sólo ocurre en la tercera lección de cada unidad.

## ¡A explorar! (Lecciones 1 y 2)

Después de hacer un repaso de los conceptos básicos de la gramática y los distintos usos de la puntuación, se repasan los conceptos gramaticales que se presentan en **¡DIME! Dos** desde el punto de vista del hispanohablante. También se trata una variedad de temas relacionados con la ortografía, como repaso de la acentuación, la interferencia del inglés en el deletreo, palabras derivadas del inglés, y mucho más.

## ¡Lengua en uso! (Lección 3)

Esta parte especial les permite a los estudiantes examinar la lengua española tal como se habla y escribe actualmente. Así pueden llegar a comprender la gran diversidad multicultural y multirracial del mundo hispano. Se trabaja en esta sección en las variantes coloquiales como el caló, el habla caribeña, el habla campesina y el voseo, entre otras. También se trata una gran variedad de tópicos relacionados con el uso de la lengua —varientes coloquiales: *haiga, váyamos, puédamos,* etc; palabras parecidas: **hacer / a ser, haber / a ver;** variantes coloquiales: *rompido, vido, hacido,* y muchos más.

## Sugerencias para trabajar con ¡A explorar! y ¡Lengua en uso!

Estas secciones pueden remplazar la sección del libro de texto titulada **Dramatizaciones.** A continuación se presentan algunas sugerencias que pueden ser útiles.

- Pedirles a los estudiantes que lean las explicaciones en silencio en parejas. Si tienen preguntas, que se las hagan a su compañero(a).

- Permitirles hacer las actividades en grupos pequeños de dos o tres personas.

- Pedirles a dos o tres grupos que informen a los demás de las conclusiones a las cuales su grupo llegó, ya sea resumir lo que se dijo, dar las respuestas correctas o dramatizar una situación.

## *Correspondencia práctica* (Lección 3)

La tercera lección de cada unidad también tiene esta sección. Aquí los estudiantes investigan la organización, el estilo, el lenguaje o las fórmulas de cortesía y protocolo que se usan para completar varios tipos de redacción utilizados en la vida real. Por ejemplo, aprenden a tomar mensajes telefónicos, escribir cartas informales entre amigos, résumés y cartas de solicitud de empleo. Cada una incluye ejemplos y/o un modelo, y un tema para que los estudiantes pongan en práctica la materia presentada.

### Sugerencias para trabajar con *Correspondencia práctica*

Esta sección no remplaza ninguna sección del libro de texto. Sólo provee práctica adicional a la práctica de redacción que se presenta en la sección titulada **Escribamos ahora** del libro de texto. A continuación se presentan algunas sugerencias que pueden ser útiles.

- Pedirles a los estudiantes que lean las explicaciones de **Correspondencia práctica** como tarea al completar la primera lección de cada unidad. Luego, en clase, contestar cualquier pregunta que los estudiantes tengan sobre lo que leyeron.

- Pedirles a los estudiantes que hagan el ejercicio de redacción en clase, limitándoles el tiempo para hacerlo. Pueden hacerlo solos, en parejas o en grupos de tres.

- Asignar el ejercicio de redacción como tarea.

- Siempre recordarles a los estudiantes que utilicen las estrategias de redacción que han aprendido en ¡**DIME! Dos** cuando preparen su composición.

- No tomar mucho tiempo para corregir y calificar los ejercicios de redacción. Los estudiantes se beneficiarán más si estos escritos se evalúan de una manera global, enfocándose sólo en si cumplieron o no con lo que se les pidió, y no con un enfoque detallado en cada error de gramática u ortografía.

# APÉNDICES

## Clave de respuestas

Esta clave de respuestas para los ejercicios del **Cuaderno de actividades para hispanohablantes** compone el Apéndice A. Le permite a Ud. pedirles a los estudiantes que ellos mismos corrijan su propio trabajo en vez de siempre tener que depender de Ud. para hacerlo. Para aquellos profesores que no deseen que los estudiantes tengan la clave, estas páginas están perforadas y pueden ser removidas el primer día de clase.

## Reglas de acentuación en español

En el Apéndice B se encuentra un resumen de las reglas de acentuación en español que presentan en detalle en este **Cuaderno de actividades para hispanohablantes.**

## Formulario diagnóstico

El Apéndice C contiene copias adicionales de la tabla de anotaciones para mejorar el deletreo del estudiante. La tabla se usa para anotar errores de deletreo que el estudiante comete constantemente y ayuda a superar los errores más comunes.

**¡Buena suerte!**

Fabián A. Samaniego

Francisco X. Alarcón

Cecilia Rodríguez Pino

# ANTES DE EMPEZAR

## La presencia hispana en Estados Unidos

Según el censo de 1990, el número de hispanos en, Estados Unidos es más de 22 millones, casi el 10 por ciento de la población entera. Como es de esperar, la mayoría está en California (7,6 millones), Texas (4,3 millones), Nueva York (2,2 millones) y la Florida (1,6 millones). Pero lo sorprendente del último censo es que el número de hispanos tuvo un gran aumento en muchos otros estados, por ejemplo, Illinois (879.000), Nueva Jersey (720.000), Arizona (681.000), Nuevo México (677.000), Colorado (419.000), Massachusetts (276.000), Pennsylvania (220.000), Washington (206.000) y Connecticut (204.000).

En algunas ciudades de Estados Unidos el número de niños hispanos matriculados en las escuelas públicas ya representa una mayoría; se anticipa que para principios del siglo XXI este fenómeno será la norma en un gran número de ciudades. A la vez, muchos acuerdos interamericanos hacen que el comercio internacional de Estados Unidos vaya enfocándose más y más en Hispanoamérica. Esto le da una importancia imprescindible a la enseñanza de la lengua española en Estados Unidos No cabe duda que los hispanohablantes en Estados Unidos, con su conocimiento y aprecio por la cultura hispana, y con la ventaja de haber ya internalizado muchos de los matices más difíciles de la lengua, podrán facilitar la comunicación a cualquier nivel con nuestros vecinos hispanoamericanos.

Los antropólogos han descubierto que cuando una lengua muere, también deja de existir su cultura. Si se espera que la cultura hispanoestadounidense siga viva y vibrante, es esencial que los jóvenes hispanos en este país reconozcan que la lengua española es parte de nuestra identidad y de una rica herencia cultural que compartimos con otros pueblos. Nuestra lengua es el puente que nos une tanto con nuestro pasado como con nuestro futuro. Ya que Estados Unidos es actualmente el quinto país más grande de habla española, a través del conocimiento y el desarrollo de nuestra lengua materna podremos confirmar nuestro lugar en el Mundo 21.

## Formularios diagnósticos

A continuación se encuentran unos formularios diagnósticos que ayudarán al instructor y al estudiante a decidir si esta clase es la apropiada, a analizar y evitar los errores más comunes de deletreo y a corregir las composiciones.

El primer formulario está diseñado para ser completado por los estudiantes el primer día de clase. Les da a los instructores un perfil general del uso del español que tiene cada estudiante fuera de clase y una muestra de su nivel de redacción en español. Esta información les ayudará a los instructores a aconsejar a los estudiantes sobre el nivel en que deben estar, las áreas específicas de la lengua en que necesitan atención inmediata y en las que necesitarán atención especial durante el curso. De esta manera, el instructor puede organizar el curso para satisfacer las necesidades individuales de los estudiantes.

El segundo formulario es una tabla modelo que los instructores pueden pedirles a los estudiantes que utilicen frecuentemente, quizás después de escribir cada composición. Tomando en cuenta el concepto de que los estudiantes deben asumir cierta responsabilidad por sus conocimientos, esta tabla fue construida para ayudarles a analizar y a resolver los problemas específicos de deletreo que tengan. Por cada palabra problemática que encuentren, los estudiantes escriben individualmente en la tabla el deletreo normativo de la palabra, el deletreo original que incluye errores, las razones posibles por la confusión y una regla o apunte que les ayude a recordar el deletreo normativo.

Al final de la sección hay una tabla con diversos símbolos que facilitan la corrección de las composiciones. Estos símbolos se pueden usar para entrenar a los estudiantes a corregir sus propios errores en todas las composiciones — las del **Cuaderno de actividades para hispanohablantes,** las del texto y las de los exámenes.

# UN CUESTIONARIO DIAGNÓSTICO

Completa este cuestionario y entrégaselo a tu profesor(a) de español el primer o segundo día de clases. La información que se pide aquí informará a tu profesor(a) de tus antecedentes con la lengua española para saber si esta clase es apropiada para ti. Contesta todas la preguntas en tu mejor español usando oraciones completas, pero no te preocupes si cometes algunos errores. Lo importante es que tu profesor(a) obtenga una buena idea de cómo hablas, escribes y lees español al empezar la clase.

**Nombre:** _____ **Fecha:** _____

## Antecedentes personales y de educación

1. ¿Dónde naciste? _____

   ¿Cuánto tiempo has vivido en Estados Unidos? _____

2. ¿De dónde son tus padres? _____

   ¿Dónde han vivido la mayor parte de su vida? _____

3. ¿Son tus padres hispanohablantes nativos? ¿Hablan tus padres español en

   casa? _____

4. ¿Les contestas a tus padres en español? sí _____ no _____

5. ¿Hablas tú español con tus amigos? ¿Sobre qué temas y cuándo?

   _____

   _____

6. ¿En qué situaciones prefieres hablar español? ¿Y en cuáles inglés?

   _____

   _____

7. ¿Piensas que el español que hablas es mejor (igual o peor) que el inglés

   que hablas? ¿Por qué piensas eso? _____

   _____

8. ¿Has estudiado español en la escuela? ¿Dónde y cuánto tiempo?

   _____

9. ¿Lees en español? ¿Qué? ¿Cuándo? _____

   _____

10. ¿Escribes en español? ¿Qué? ¿Cuándo?

_____

_____

11. ¿Cuáles son tus puntos fuertes en español, tanto al escribir como al hablar?

_____

_____

12. ¿En qué áreas necesitas más desarrollo en español: leer, escribir, hablar, etc.? ¿Cómo podrías recibir ayuda efectiva en estas áreas?

_____

_____

13. ¿Qué beneficios piensas obtener al estudiar el español formal?

_____

_____

## Composición

Escribe una breve composición sobre tus experiencias con el español. ¿Por qué te interesa estudiarlo? ¿Piensas que el conocer español es una ventaja? ¿Por qué? ¿Qué importancia tiene el español en tu vida?

_____

_____

_____

_____

_____

_____

_____

_____

_____

_____

_____

_____

# ANOTACIONES PARA MEJORAR EL DELETREO

Usa esta tabla para anotar errores de deletreo que sigues repitiendo. En cada caso, escribe el deletreo formal, el error que tú tiendes a repetir, la razón por la cual crees que te confundes y algo que te ayude a recordar el deletreo formal en el futuro. Sigue el modelo. Este proceso debe ayudarte a superar los errores más comunes. En el Apéndice C hay más copias de esta tabla.

Nombre: _____ Fecha: _____

## Tabla de anotaciones para mejorar mi deletreo

| Deletreo normativo | Mi deletreo | Razones por confusión | Lo que me ayuda a recordar el deletreo normativo |
|---|---|---|---|
| asistí | assistí | Escribí dos eses como la palabra en inglés | En español nunca se usan dos eses |
| | | | |
| | | | |
| | | | |
| | | | |
| | | | |
| | | | |
| | | | |
| | | | |
| | | | |
| | | | |
| | | | |
| | | | |

# SIGNOS PARA LA CORRECCIÓN DE COMPOSICIONES

Cuando entregues tus composiciones para ser calificadas, es probable que tu profesor(a) decida sólo indicar los errores y pedir que tú mismo(a) los corrijas.

Si así es el caso, esta lista de signos te ayudará a interpretar las indicaciones

| | | |
|---|---|---|
| ⬭ | Falta de acento | (proximo) |
| ⊝ | No lleva acento | interesánte |
| d. | Deletreo | d.<br>vurro |
| s. | Usa un sinónimo | María estudia mucho. Ella estúdia <sup>s.</sup> seis horas cada noche. |
| ≡ | Necesita mayúscula | Vamos a méxico. |
| / | Se escribe con minúscula | Los Ņicaragüenses son pinoleros. |
| c. | Concordancia en género y número entre sustantivo y adjetivo, o sujeto y verbo | Un tarde caluroso. <sup>c.  c.</sup><br>Rosa y Pepe vamos juntos. <sup>c.  c.</sup> |
| n.e. | Una forma no-estándar (no necesariamente incorrecta pero no apropiada para este trabajo) | Dudo que haiga tiempo. <sup>n.e.</sup><br>No teníamos muncho dinero. <sup>n.e.</sup><br>Van pa la playa. <sup>n.e.</sup> |
| c.f. | "Cognado" falso | Nosotros realizamos quién era. <sup>c.f.</sup> |
| ( ) | No se necesitan (letras/ palabras extras) | Los estudiant(e)s estudiarán las reglas y(luego ellos)pondrán acentos escritos donde se necesite. |
| —— | Algo no está claro en una o varias palabras | |
| ? | Enfatiza que no está claro lo escrito en una o varias oraciones | |
| ✓ | Muy buena expresión o idea | |

# CUADERNO DE ACTIVIDADES

## PARA · HISPANOHABLANTES

# ¡A escuchar!

**A** **¡El mundo al punto!** Escucha a los locutores de este programa de la radio hispana titulado "¡El mundo al punto!", quienes hablarán sobre el primer poema escrito de Estados Unidos. Marca si cada oración que sigue es **cierta (C), falsa (F)** o si no tiene relación con lo que escuchaste **(N/R).** Si la oración es falsa, corrígela. Escucha una vez más para verificar tus respuestas.

**C  F  N/R** **1.** Roberto Hernández y Alicia Márquez son los conductores del programa de la televisión hispana conocido como "¡El mundo al punto!"

_____

_____

**C  F  N/R** **2.** El primer poema sobre algún evento que tuvo lugar en lo que hoy es Estados Unidos fue escrito en inglés en Jamestown, Virginia.

_____

_____

**C  F  N/R** **3.** Gaspar Pérez de Villagrá fue un criollo, o sea, un hijo de españoles nacido en el continente americano.

_____

_____

| C | F | N/R | | |
|---|---|-----|-|-|
| | | | **4.** | El poema de Gaspar Pérez de Villagrá trata sobre la exploración y colonización de Nuevo México bajo el mando de Juan de Oñate, entre 1595 y 1601. |

_____

_____

| C | F | N/R | | |
|---|---|-----|-|-|
| | | | **5.** | Lo que más le impresionó a Roberto Hernández es lo largo del poema. |

_____

_____

| C | F | N/R | | |
|---|---|-----|-|-|
| | | | **6.** | Originalmente el poema fue publicado por la Universidad Nacional Autónoma de México en 1992. |

_____

_____

## Acentuación y ortografía

### El silabeo

Todas las palabras se dividen en sílabas. Una sílaba es la letra o letras que forman un sonido independiente dentro de una palabra. Para pronunciar y deletrear correctamente, primero es importante distinguir el número de sílabas en una palabra.

La narradora va a leer las siguientes palabras. Trata de distinguir el número de sílabas en cada una.

| Una sílaba | Dos sílabas | Tres sílabas | Cuatro sílabas | Cinco o más sílabas |
|------------|-------------|--------------|----------------|---------------------|
| se | eso | explicas | estudiantes | actividades |
| en | todas | amigos | impresiones | personalidad |
| por | hacen | escolar | Venezuela | aprovechando |
| la | otras | hablando | diferencias | interdependencia |

**B** **Número de sílabas.** Ahora la narradora va a leer las siguientes palabras. Escribe el número de sílabas que cada una tiene. Escucha una vez más para verificar tus respuestas.

**1.** preguntas ____

**2.** cuadras ____

**3.** encantado ____

**4.** carta ____

**5.** Alejandro ____

**6.** ayudar ____

**7.** ves ____

**8.** compañero ____

## Separación en sílabas

Hay cinco reglas que gobiernan la separación de una palabra en sílabas. Escucha a los narradores leer las primeras dos; luego haz la actividad que sigue.

**Regla N°1.** Todas las sílabas tienen por lo menos una vocal.

| Una sílaba | Dos sílabas | Tres sílabas | Cuatro sílabas | Cinco o más sílabas |
|---|---|---|---|---|
| son | va-mos | ve-ra-no | Mar-ga-ri-ta | co-rres-pon-den-cia |
| del | gus-ta | du-ran-te | es-pa-ño-les | a-gri-cul-tu-ra |

**Regla N°2.** La mayoría de las sílabas en español comienzan con una consonante.

moderna: **mo-der-n**a        llegada: **lle-ga-d**a

cultural: **cul-tu-r**al        trenes: **tre-n**es

Sin embargo, hay sílabas que comienzan con una vocal. Obviamente la primera sílaba de estas palabras tiene que comenzar con una vocal y no con una consonante.

este: **es**-te        antes: **an**-tes

estado: **es**-ta-do        importante: **im**-por-tan-te

También hay sílabas que constan de una sola vocal.

tarea: ta-re-**a**        Isabel: **I**-sa-bel

**C** **Sílabas.** Ahora escucha a los narradores leer las siguientes palabras e indica con rayas oblicuas (/) cómo se dividen en sílabas. Escribe el número de sílabas que cada una tiene. Ten presente las dos reglas al decidir cómo dividirlas.

MODELO: **G a / l i n / d o** <u>3</u>

1. a m e r i c a n a s ____
2. g r a n d e ____
3. z o n a ____
4. m e x i c a n o ____
5. c o n s e r v a n ____
6. m u c h a s ____
7. f r a n c i s c a n o s ____
8. c o n ____
9. u n a ____
10. p a r t e ____

**Dictado.** Escucha el siguiente dictado e intenta escribir lo más que puedas. El dictado se repetirá una vez más para que revises tu párrafo.

## El Paso del Norte

_____

_____

_____

_____

_____

_____

_____

_____

_____

_____

_____

_____

_____

_____

_____

_____

_____

_____

# Tesoros de la literatura contemporánea

**E** **Para anticipar.** Antes de continuar con la lectura, contesta estas preguntas sobre tus actividades en la escuela primaria.

1. ¿Qué tipo de juegos y actividades jugaban tú y tus amigos en el salón de clase? ¿Jugaban las niñas los mismos juegos que los niños? Da ejemplos.

   _____

   _____

   _____

   _____

2. ¿ A qué jugaban en el recreo? ¿Jugaban todos juntos o tenían las niñas sus juegos y los varones los suyos?

   _____

   _____

   _____

   _____

3. Usa tus cinco sentidos (olfato, vista, oído, tacto y gusto) para recordar tus propias experiencias en los juegos de salón de clase y recreo. Cuéntale a un(a) compañero(a) algunas experiencias memorables referentes a esos juegos.

   _____

   _____

   _____

   _____

# Lectura chicana

Vas a leer un fragmento de la obra *Madreselvas en flor,* escrita por el autor chicano Ricardo Aguilar, quien se crió en la frontera de El Paso, Texas y Ciudad Juárez. En este fragmento del capítulo "Desde que se fue", Ricardo Aguilar describe los juegos y actividades de los niños en la escuela primaria.

## "Desde que se fue"

Con un veinte nos llevábamos un sobrecito de papel estraza° que escondía las cinco tarjetas policromadas°. Dependía de la época, del gusto de los promotores; unas veces eran retratos de animales, leones, pericos, la hiena, los elefantes, el ornitorrinco°, los canguros. Nunca nadie terminó de llenar el famoso álbum pues siempre comprábamos repetidas. Cuando a alguien le salía una nueva, repetida, no faltaba quién le ofreciera veinte o treinta repetidas que después él se dedicaba a cambiar.

Se trataba de un pasatiempo mayormente masculino. No recuerdo que ninguna niña trajera las famosas tarjetas. También había de banderas y países, de geografía e historia y de muchos otros temas que ya no recuerdo. Lo que sí recuerdo es que todas olían a vainilla o a alfalfa recién cortada por la pegadura. Muchos llegaban a la escuela con verdaderos fajos° de tarjetas, que no les cabían en las bolsas, los traían amarrados con ligas, tan grandes que se tardaba uno todo el recreo para verlas todas. Ellos eran los ricos del salón.

Por cierto que el recreo era algo muy especial. Atrás de la escuela había un patio del tamaño de una cancha de básquet o un poquitito más. Por un lado quedaba un pasillo largo en donde estaba la tienda de don Guadalupe y por donde se divisaba° la casa de la loca y se encontraba la calle. Cuando salía al recreo ya estaban afuera otros salones. El patio se llenaba de muchachos y muchachas que corrían, chocaban y se pegaban unos contra otros, jugaban a los encantados, al engarrótateme ai, a la roña, al chinchilagua, al básquet, al balero, a los yecks, al trompo, a los juegos de canicas (el ojito, el aro) y a miles de cosas más. Nos contábamos los cuentos más fantásticos, de que en el subterráneo de la escuela había esqueletos que se comían a los malcriados, que ahí habían encerrado al Liñan y al Peña y que por eso estaban medio tocadiscos°. Mucho de lo que decíamos ni entendíamos, pero hablábamos con mucha confianza de cualquier forma, para que supieran que éramos hombres. Otras veces reventábamos de la risa, otras inventábamos. ...Con las actividades del salón crecimos en un ambiente muy peculiar.

**Glosas:**
- tela rústica de diferentes colores luminosos
- mamífero de Australia
- montones
- veía
- medio locos

## Verifiquemos e interpretemos

**F** **A ver si comprendiste.** En el siguiente diagrama de Venn escribe en el lado izquierdo todas las actividades y juegos que menciona el autor. Con dos compañeros de clase escriban las actividades que hacían ustedes de niños en el lado derecho del diagrama. En el centro escriban las actividades y juegos que tengan en común con el autor.

**Actividades y juegos del autor**

1. _____
2. _____
3. _____
4. _____
5. _____

**Actividades y juegos en común**

1. _____
2. _____
3. _____
4. _____
5. _____

**Mis actividades y juegos**

1. _____
2. _____
3. _____
4. _____
5. _____

**Imágenes figurativas.** Cuando Ricardo Aguilar escribe usa muchas imágenes expresivas o figurativas frecuentemente relacionadas a uno o varios de los cinco sentidos: vista, olfato, oído, tacto y gusto. Lee las siguientes frases del fragmento y decide cuáles de los cinco sentidos ha usado el autor en cada una.

| Imágenes figurativas | Sentido(s) |
|---|---|
| 1. todas (las tarjetas) olían a vainilla o a alfalfa recién cortada... | 1. _____ |
| 2. en el subterráneo de la escuela había esqueletos que se comían a los malcriados... | 2. _____ |
| 3. Otras veces reventábamos de la risa... | 3. _____ |
| 4. nos llevábamos un sobrecito de papel estraza que escondía las cinco tarjetas policromadas... | 4. _____ |

**¡A interpretar!** Con dos compañeros de clase interpreta las siguientes citas del relato. Después de la discusión compartan sus interpretaciones con el resto de la clase. Si hay varias interpretaciones, decidan cuál es la más probable.

1. Se trataba de un pasatiempo mayormente masculino.

   _____

   _____

2. Ellos eran los ricos del salón.

   _____

   _____

3. Mucho de lo que decíamos ni entendíamos.

   _____

   _____

4. Con las actividades del salón crecimos en un ambiente muy peculiar.

   _____

   _____

**I**    **Los juegos de mi abuelito.** Entrevista a tus padres o abuelos y pregúntales qué juegos jugaban ellos de niños. Léeles el relato de Ricardo Aguilar para ver si recuerdan esos juegos. Después de la entrevista escribe un párrafo describiendo unos de esos juegos. Recuerda usar un lenguaje expresivo y figurativo.

_____

_____

_____

_____

_____

_____

_____

_____

_____

_____

_____

_____

_____

_____

_____

_____

_____

_____

# ¡A deletrear!

**Repaso del silabeo.** Al principio de esta lección aprendiste que todas las palabras se dividen en sílabas, que todas las sílabas tienen por lo menos una vocal y que la mayoría de las sílabas empiezan con una consonante.

Lee las siguientes palabras, indica con rayas oblicuas (/) cómo se dividen en sílabas y escribe el número de sílabas que cada una tiene.

1. v e c e s ____

2. m o n t a ñ a s ____

3. n o r t e ____

4. o c u p a d o ____

5. c o n q u i s t a d o r e s ____

6. u n i d o s ____

7. d o n d e ____

8. t e m p e r a t u r a s ____

9. e m p e z a r o n ____

10. d e s d e ____

# Juguemos un poco

**K** **Una ciudad que conozco.** Es la primera semana de clases y vas a conversar con tus amigos sobre lo que hiciste durante el verano en dos lugares o ciudades distintas. Completa el siguiente cuadro con la información que vas a compartir.

| Nombre del lugar | Datos geográficos e históricos | Actividades en el lugar |
|---|---|---|
| **1.** | | |
| **2.** | | |

**L** **Los gustos de mi familia.** En el lado izquierdo de este diagrama de Venn escribe tus actividades favoritas. En el derecho apunta las actividades que le gusta hacer a tu familia. En el centro escribe las actividades que más te gusta hacer con tu familia.

**Mis actividades favoritas**

1. _____
2. _____
3. _____
4. _____
5. _____

**Actividades favoritas en común**

1. _____
2. _____
3. _____
4. _____
5. _____

**Las actividades de mi familia**

1. _____
2. _____
3. _____
4. _____
5. _____

**M** **Presentaciones formales e informales.** Prepara una de las siguientes presentaciones con unos compañeros de clase. Luego preséntenla frente a la clase.

1. Presenta a un pariente que es de una ciudad hispana. Menciona detalles del pariente y la ciudad. Tu compañero(a) te va a hacer varias preguntas para conseguir más información.

2. Presenta a un(a) compañero(a) de clase a un(a) amigo(a): su nombre, información biográfica y algunas actividades que le gusten. Tu compañero(a) va a hacerle preguntas similares a tu amigo(a).

3. Preséntale a tu madre a un(a) amigo(a). Menciona dónde vive y dónde y cómo se conocieron. Tu madre va a hacerle varias preguntas para conseguir más información.

# ¡A explorar!

## Repaso básico de la gramática: sustantivos, pronombres, artículos y adjetivos

Un **sustantivo** *(noun)* es una palabra que identifica...

- una **persona**: tío, abogado, profesora, amigos
- una **cosa**: pelota, carta, bicicleta, cuentas
- un **lugar**: cine, casa, colegio, montañas
- una **abstracción**: alegría, odio, pensamiento, amor

Un **nombre propio** *(proper name / noun)* es el nombre particular de una persona, un lugar, una cosa o un evento. Todos los nombres propios son sustantivos.

Daniel                                                El Paso

Río Grande                                      Tratado de Guadalupe-Hidalgo

Un **pronombre** *(pronoun)* es una palabra que sustituye un sustantivo. Hay varios tipos de pronombres. En esta lección vas a concentrarte en los **personales** y **demostrativos**.

- Los **pronombres personales** sustituyen nombres propios. Siempre se refieren a personas.

| Pronombres personales | |
|---|---|
| **Singular** | **Plural** |
| yo | nosotros, nosotras |
| él, ella | ellos, ellas |

- Los **pronombres demostrativos** se usan para señalar distancia relativa entre la persona que habla y los objetos o las personas de quienes se habla.

| Pronombres demostrativos | | | | | | |
|---|---|---|---|---|---|---|
| **masculino** | ése | ésos | éste | éstos | aquél | aquéllos |
| **femenino** | ésa | ésas | ésta | éstas | aquélla | aquéllas |
| **neutro** | eso | | esto | | aquello | |

- Los **pronombres demostrativos neutros** siempre se refieren a algo abstracto y nunca llevan acento escrito.

    **Eso,** lo que acabas de decir, es exactamente lo que dice Carlos Fuentes.

    **Esto,** lo de incluir y excluir, es lo más importante.

    **Aquello** pasó hace tantos años que ya no recuerdo.

Un **artículo** *(article)* indica el número y género de un sustantivo. Hay dos tipos de artículos: **definidos** e **indefinidos.**

- Los **artículos definidos: el, los, la, las,** siempre concuerdan en número y género con el sustantivo que acompañan.

    **La** carta de tu amigo por correspondencia está con **el** correo en **la** cocina. Y ya que estás allí, tráeme **las** cuentas, por favor.

- Los **artículos indefinidos: un/uno, unos, una, unas,** como los artículos definidos, siempre concuerdan en número y género con el sustantivo que acompañan.

    Papá, ven a conocer a **unas** amigas.

    Mira, Daniel, es **una** carta para ti... y **un** libro para tu hermano.

Un **adjetivo** *(adjective)* describe o modifica un sustantivo o pronombre. Hay **adjetivos descriptivos** y **adjetivos determinativos.** Los adjetivos tienen que estar en concordancia con el sustantivo o pronombre correspondiente.

- El **adjetivo descriptivo** describe una característica intrínseca del sustantivo:

    **calidad:** Margarita es una persona **hermosa.**

    **color:** Daniel quiere comprar un carro **rojo.**

    **tamaño:** El joven **alto** es mi hermano Martín.

    **nacionalidad:** Los estudiantes **mexicanos** son muy responsables.

Generalmente, los adjetivos descriptivos se escriben después del sustantivo que modifican.

- El **adjetivo determinativo** no se refiere a una característica del sustantivo sino a...

    **cantidad:** Son **dos** amigas muy especiales.

    **posición relativa:** **Esos** pantalones son más caros.

    **posesión:** ¿Dónde están **tus** libros?

Generalmente, los adjetivos determinativos se escriben antes del sustantivo que modifican.

**N** **Gramática básica.** Identifica como **sustantivo/nombre propio, pronombre personal/demostrativo, artículo definido/indefinido** o **adjetivo determinativo/descriptivo** las partes de la oración de las palabras enumeradas en las siguientes oraciones.

                   1              2    3        4
MODELO:   El Río Grande une a la gente de dos grandes naciones.

**1.** <u>sustantivo/nombre propio</u>    **3.** <u>sustantivo</u>

**2.** <u>artículo definido</u>    **4.** <u>adjetivo determinativo</u>

          1    2        3                                              4
**1.** La ciudad fronteriza de El Paso sigue fuertemente ligada a Ciudad Juárez.

**1.** _____    **3.** _____

**2.** _____    **4.** _____

                         1                                    2    3
**2.** Antes, en la región de El Paso/Ciudad Juárez, vivían varias tribus
                                                    4
indígenas en rancherías dedicadas a la agricultura.

**1.** _____    **3.** _____

**2.** _____    **4.** _____

                                              1                    2
**3.** En la región de Texas, los conquistadores españoles encontraron una
                   3                    4
zona desértica de montañas áridas, fuertes vientos y temperaturas
extremas.

**1.** _____    **3.** _____

**2.** _____    **4.** _____

$\overset{1}{\qquad}$ $\overset{2}{\qquad}$ $\overset{3}{\qquad}$ $\overset{4}{\qquad}$

**4.** Ellos creyeron que estas tierras tenían muchas riquezas, pero no

encontraron nada.

**1.** _____ **3.** _____

**2.** _____ **4.** _____

$\overset{1}{\qquad}$ $\overset{2}{\qquad}$

**5.** Los frailes convirtieron esta región del Río Grande en una zona de

árboles frutales, viñedos y trigo.

**1.** _____ **3.** _____

**2.** _____ **4.** _____

# ¡A escuchar!

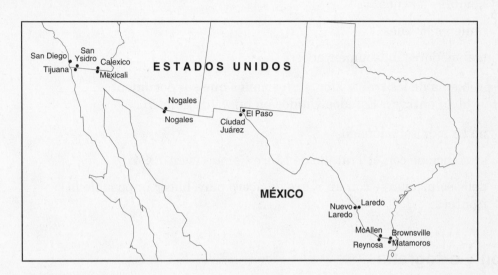

**A** **¡El mundo al punto!** Escucha a los locutores de este programa de la radio hispana titulado "¡El mundo al punto!", quienes hablarán sobre la frontera entre México y Estados Unidos. Luego, selecciona la opción correcta para completar las oraciones que aparecen a continuación. Escucha una vez más para verificar tus respuestas.

1. Más de 30 millones de personas al año cruzan la frontera entre...

   **a.** México y Estados Unidos.

   **b.** Ciudad Juárez y El Paso, Texas.

   **c.** Tijuana y San Ysidro, California.

2. La frontera entre México y Estados Unidos tiene una extensión de casi...

   **a.** cien millas.     **b.** mil millas.     **c.** dos mil millas.

3. La frontera entre México y Estados Unidos es la única frontera en el mundo...

   **a.** donde muchas personas cruzan la frontera más de una vez cada día porque trabajan en un lado y viven en el otro.

   **b.** donde un país pobre y en desarrollo bordea una nación poderosa y desarrollada.

   **c.** que usa un río para marcar los límites nacionales.

**4.** En el lado mexicano,...

    **a.** dos ciudades han alcanzado un millón de habitantes.

    **b.** una ciudad ha alcanzado un millón de habitantes.

    **c.** ninguna ciudad ha alcanzado un millón de habitantes.

**5.** Las "maquiladoras" se establecen en el lado mexicano para aprovechar la mano de obra barata especialmente de...

    **a.** hombres jóvenes.

    **b.** mujeres jóvenes.

    **c.** trabajadores indocumentados.

**6.** El problema de los trabajadores mexicanos que sin documentos intentaban entrar a Estados Unidos en busca de empleo...

    **a.** no ha sido solucionado.

    **b.** se solucionó con el Tratado de Libre Comercio en 1994.

    **c.** debe solucionarse con un muro de acero para hacer impasable la frontera.

# Acentuación y ortografía

### Separación en sílabas: Reglas 3, 4 y 5

En la lección anterior aprendiste las primeras dos reglas sobre la separación de palabras en sílabas. Ahora, escucha a los narradores leer las reglas números 3, 4 y 5 y estudia los ejemplos.

**Regla N°3.** Cuando la **l** o la **r** sigue una **b, c, d, f, g, p** o **t** forman agrupaciones que nunca se separan o sea, que siempre forman una sílaba.

Escucha cómo estas agrupaciones forman una sílaba en las siguientes palabras.

| | | | |
|---|---|---|---|
| **bl**anco: | **bl**an-co | **pr**efiere: | **pr**e-fie-re |
| **pr**oblema: | **pr**o-**bl**e-ma | ha**bl**amos: | ha-**bl**a-mos |
| li**br**e: | li-**br**e | re**gr**esar: | re-**gr**e-sar |

**Regla N°4.** Cualquier otra agrupación de consonantes siempre se separa en dos sílabas.

Escucha cómo estas agrupaciones de consonantes siempre se separan en dos sílabas en las siguientes palabras.

| | | | |
|---|---|---|---|
| es**t**os: | **es**-tos | pul**s**era: | pul-se-ra |
| en**c**anta: | **en-can-t**a | o**f**erta: | o-fer-ta |
| com**b**inar: | com-bi-nar | im**p**uesto: | im-pues-to |

**Regla N°5.** Las agrupaciones de tres consonantes siempre se dividen en dos sílabas, manteniendo las agrupaciones indicadas en la regla N°3 y evitando la agrupación de la letra **s** antes de otra consonante.

Escucha cómo estas agrupaciones forman dos sílabas en las siguientes palabras.

| | |
|---|---|
| com**pl**eto: **com-pl**e-to | ho**mbr**os: **ho**m-**br**os |
| co**mpr**as: **com-pr**as | encue**ntr**o: en-cue**n-tr**o |

**B** **Silabeo.** Ahora escucha a los narradores leer las siguientes palabras e indica con rayas oblicuas (/) cómo se dividen en sílabas. Ten presente las cuatro reglas de silabeo que has aprendido.

**1.** p e r f e c t o      **5.** i n s t a n t e

**2.** t e m p r a n o      **6.** t r i s t e

**3.** c o m e r c i a l      **7.** c u a n d o

**4.** p u e b l o      **8.** m u e s t r a

**C** **Dictado.** Escucha el siguiente dictado e intenta escribir lo más que puedas. El dictado se repetirá una vez más para que revises tu párrafo.

### Francisco X. Alarcón: breve biografía

_____

_____

_____

_____

_____

_____

_____

_____

_____

_____

# Tesoros de la literatura contemporánea

D

**Para anticipar.** ¿A quién quieres tanto que te gustaría escribirle un poema para mostrarle tu respeto, admiración y amor platónico? ¿Qué palabras expresivas/poéticas puedes usar para dejarle saber cómo te sientes?

1. Haz una lista de cinco verbos, sustantivos o adjetivos que usarías para explicar el rol o papel que esta persona ha tenido en tu vida.

_____

_____

_____

2. Haz una lista de cinco frases que expresan ternura/cariño/admiración, etc. para mostrarle tus sentimientos a esa persona.

_____

_____

_____

3. ¿Cuáles de las siguientes frases o palabras usarías en un poema para describir a esta persona? ¿Cuáles otras usarías?

amor de mi vida

alma, inspiración, protector, caballero

portador de...

ternura, corazón

sentimental, cariñoso(a)

_____

_____

_____

_____

_____

## Lectura chicana

Lee este poema de la poeta chicana Julia Bencomo Lobaco. Julia le escribió el poema a su abuelo para expresarle lo que siente por él en su corazón.

### Abuelo de mi alma

Tú eres la musa quien me enseñó
con palabras
Dándome un lápiz de inspiración
para pintar escenas de la vida
De tus versos tan dulces yo fui aprendiz
Los colores y dolores que compartiste
llegaron a ser brochazos de memorias
hechos poemas
Dime de tus sueños
abuelito de mi alma
protector de nietos
portador de dulces y nieve
hombre que siempre ha sido
caballero de mi corazón

## Verifiquemos e interpretemos

**E**    **A ver si comprendiste.** Contesta las siguientes preguntas acerca de ciertas palabras o frases que se encuentran en el poema.

1.  ¿Qué es y quién es la musa?

    _____

    _____

    _____

2.  ¿Qué es un lápiz de inspiración?

    _____

    _____

    _____

**3.** ¿Qué es y quién es el aprendiz en el poema?

_____

_____

_____

**4.** Explica qué son brochazos.

_____

_____

_____

**5.** ¿Qué es un portador?

_____

_____

_____

**F**  **¡A interpretar!** En el cuadro escribe tu interpretación de los tres versos indicados. Luego, comparte tus respuestas con dos compañeros de clase y escucha sus interpretaciones. Entre los tres, decidan en una interpretación y reporten sus conclusiones a la clase.

| INTERPRETACIÓN DEL POEMA *"Abuelo de mi alma"* | | | |
|---|---|---|---|
| | **Mi interpretación** | **Interpretación del grupo** | **Conclusión del grupo** |
| • "Tú eres la musa quien me enseñó" | | | |
| • "De tus versos... yo fui aprendiz" | | | |
| • "Dime de tus sueños abuelito de mi alma" | | | |

G   **Un retrato en verso.** Escribe un poema de dos estrofas en el que
expreses lo que sientes por una persona a quien respetas y admiras. Puede
ser tu madre o padre, un hermano u otro pariente. Puedes seguir el mismo
patrón del poema de Julia Bencomo Lobaco, como te indicamos aquí, o
cualquier otro patrón que prefieras.

**Título:**

**1ª estrofa:** *Tú eres...* _____

_____

_____

_____

_____

_____

_____

_____

_____

**2ª estrofa:** *Dime de...* _____

_____

_____

_____

_____

_____

_____

_____

_____

# ¡A deletrear!

H **Separación en sílabas.** En la lección anterior aprendiste las reglas
números 3, 4 y 5 sobre la separación de palabras en sílabas. Lee ahora las
siguientes palabras e indica con rayas oblicuas (/) cómo se dividen en
sílabas. Ten presente todas las reglas de silabeo que has aprendido.

1. f r e n t e
2. i n g l é s
3. e x t r a ñ o
4. f i n a l m e n t e
5. p r o f e s o r e s
6. t r a d u c c i ó n
7. e s c r i b i r
8. e n t r a r
9. v e s t i d o
10. p r o b a b l e m e n t e

# Juguemos un poco

**1**  **Cuando me siento...** Hazles las siguientes preguntas a tres compañeros de clase para ver qué hacen bajo estas condiciones. Informa a la clase si encuentras a alguien que hace las mismas cosas que tú.

| ENCUESTA DE CONDICIONES Y ACTIVIDADES | | | |
|---|---|---|---|
| ¿Qué haces cuando estás... | Estudiante N°1 | Estudiante N°2 | Estudiante N°3 |
| triste? | | | |
| enojado(a)? | | | |
| frustrado(a)? | | | |
| inseguro(a)? | | | |
| contento(a)? | | | |
| relajado(a)? | | | |

**J** **Los pasatiempos de la familia.** Cada persona en la familia tiene un pasatiempo o actividad que le gusta hacer. Entrevista a una persona de la familia que tenga un pasatiempo que tú no hagas. Por ejemplo, una abuelita que le guste tejer, un tío que le guste cazar, etc. Hazle las siguientes preguntas e informa a la clase lo que te diga.

1. ¿Cuál es tu pasatiempo favorito?

_____

_____

_____

_____

2. ¿Dónde y cómo aprendiste a hacerlo? ¿Quién te enseñó?

_____

_____

_____

_____

3. ¿Cómo se hace? Dime las instrucciones paso por paso.

_____

_____

_____

_____

4. ¿Qué materiales se necesitan para hacerlo? (Anótalos por escrito.)

_____

_____

_____

_____

5. ¿Me enseñas a hacerlo? ¿Podrías ir a mi clase de español a enseñarnos cómo hacerlo?

_____

_____

_____

_____

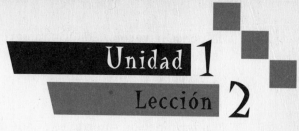
K  **Dramatización.** Con dos compañeros, selecciona una de estas situaciones y preséntensela a la clase.

1. Tú y dos amigos acaban de salir de un examen y se sienten muy frustrados. Deciden salir a relajarse pero primero tienen que ponerse de acuerdo en qué van a hacer. Uno quiere ir de compras, otro quiere quedarse en casa y escuchar música rock y el otro está muy dispuesto a hacer lo que el grupo decida.

2. Están en un centro comercial y van a comprar un regalo colectivo para un(a) amigo(a) que cumple años este fin de semana. Pónganse de acuerdo en quién es su amigo(a), qué le van a comprar y cuánto dinero tendrá que pagar cada uno.

3. Están tomándose un refresco en el *mall*, observando a la gente pasar. Comenten los distintos estilos de moda. Expliquen por qué les gustan o no les gustan.

# ¡A explorar!

## Repaso básico de la gramática: adverbios, preposiciones y conjunciones

- Un **adverbio** *(adverb)* modifica un verbo, un adjetivo u otro adverbio. En contraste con los adjetivos, los adverbios son invariables —no cambian ni en número ni en género. Los adverbios contestan las siguientes preguntas:

  **¿cómo?** manera (bien, mal, así, peor)
  Margarita dice que está **muy bien.**

  **¿cuándo?** tiempo (hoy, mañana, ayer)
  Los collares están en oferta en la joyería Roybal **mañana.**

  **¿cuánto?** grado (más, menos, tan, mucho)
  Está bien, pero no tengo **mucho** dinero.

  **¿dónde?** lugar (aquí, cerca, lejos, arriba)
  Por qué no buscamos **arriba**, en el segundo piso.

  **¿por qué?** explicación (cuando, con tal que, antes de que)
  Daniel dice que **cuando** terminen las clases va a ir a Venezuela.

Muchos adverbios se forman agregando la terminación **-mente** a los adjetivos. (Equivale a la terminación -*ly* en inglés.)

| | |
|---|---|
| frecuente: frecuente**mente** | necesario: necesaria**mente** |
| difícil: difícil**mente** | rápido: rápida**mente** |

La terminación **-mente** se añade directamente a adjetivos que sólo tienen una forma como **frecuente** y **difícil**, y a la forma femenina de adjetivos que tienen dos formas como **necesario/necesaria** y **rápido/rápida**.

Si el adjetivo lleva acento escrito, éste se mantiene en su lugar original al formar el adverbio.

fácil: **fácilmente**       difícil:   **difícilmente**

Cuando hay dos o más adverbios en una frase o en una enumeración, la terminación **-mente** se añade sólo al último adverbio y los otros siempre llevan la forma femenina del adjetivo.

**frase:**
Margarita y Tina caminan **lenta** pero **cuidadosamente** por el centro comercial.

**enumeración:**
La dependienta les explicó **rápida**, **entusiasmada** y **claramente** la diferencia entre las dos pulseras.

- Una **preposición** (*preposition*) es una palabra que indica la relación entre un sustantivo y otra palabra en una oración. Aquí hay algunos ejemplos de las preposiciones más comunes:

| | |
|---|---|
| a *(at, to)* | entre *(between, among)* |
| antes *(before)* | hacia *(toward)* |
| bajo *(under)* | hasta *(until, to, up to)* |
| con *(with)* | para *(for, in order to, by)* |
| de *(from, since)* | por *(for, by, through)* |
| durante *(during)* | sin *(without)* |
| en *(in, into, at, on)* | sobre *(on, about)* |

- Una **conjunción** (*conjunction*) es una palabra que conjunta o conecta. Las conjunciones son:

| | |
|---|---|
| o *(or)* | ni *(neither, nor)* |
| y *(and)* | que *(that)* |
| pero, mas, sino *(but)* | si *(if, whether)* |

Tina prefiere el blanco, **pero** el rojo **y** azul combina mejor con su traje.

Margarita está segura **que** a su mamá le van a gustar los aretes.

Para evitar la concurrencia de dos sonidos parecidos, la conjunción **y** cambia a **e** cuando precede una palabra que empieza con **i** o **hi**, y la conjunción **o** cambia a **u** cuando precede una palabra que empieza con **o** u **ho**.

Miguel y Margarita tienen historia **e** inglés juntos.

Daniel dice que viene por nosotras a las ocho **u** ocho y cuarto.

**L** **Gramática básica.** Identifica las partes de la oración: **adverbio, preposición** o **conjunción,** de las palabras enumeradas en las siguientes oraciones.

MODELO:  Dice que va
¹frecuentemente a ²conciertos ³y al ⁴cine.

Dice que va frecuentemente a conciertos y al cine.

1. __conjunción__     3. __preposición__

2. __adverbio__     4. __conjunción__

**1.** ¹Generalmente juega béisbol ²o fútbol ³con su tío los sábados ⁴por la mañana.

1. _____     3. _____

2. _____     4. _____

**2.** Ten cuidado con ¹Mateo porque ²usualmente llega tarde ³y anda de ⁴mal humor.

1. _____     3. _____

2. _____     4. _____

**3.** Tina y yo queremos que le escribas inmediatamente y le cuentes de
nosotras.

**1.** _____     **3.** _____

**2.** _____     **4.** _____

**4.** Dice que le gusta mucho salir a correr temprano por la mañana.

**1.** _____     **3.** _____

**2.** _____     **4.** _____

# ¡A escuchar!

**A**    **¡El mundo al punto!** Escucha a los locutores de este programa de la radio hispana titulado "¡El mundo al punto!", quienes hablarán sobre la comida mesoamericana. Luego, selecciona la opción correcta para completar las oraciones que aparecen a continuación. Escucha una vez más para verificar tus respuestas.

**1.** El mole poblano que le gusta a Alicia incluye...

     **a.** calabazas y aguacates.

     **b.** maíz y jitomate.

     **c.** chile y chocolate.

**2.** La comida mesoamericana es la comida de México y Centroamérica...

     **a.** antes de la llegada de los españoles.

     **b.** que trajeron los españoles.

     **c.** que combina lo indígena y lo español.

**3.** El maíz fue domesticado en México hace...

     **a.** seiscientos años.

     **b.** mil años.

     **c.** seis mil años.

**4.** Los jitomates son originalmente de...

     **a.** Italia.      **b.** Mesoamérica.      **c.** Perú.

**5.** Según los científicos, la comida mesoamericana...

    **a.** incluía muchos platos con tortillas de maíz fritas en manteca.

    **b.** era bien balanceada con verduras, frijoles y carne blanca.

    **c.** usaba una gran variedad de quesos y otros productos de leche.

**6.** La comida mesoamericana originalmente no incluía...

    **a.** carnes rojas, manteca ni derivados de la leche.

    **b.** maíz, jitomate ni aguacates.

    **c.** cacahuates ni chocolate.

# Acentuación y ortografía

## El acento prosódico o el "golpe"

En español, todas las palabras de más de una sílaba tienen una sílaba que se pronuncia con más fuerza o énfasis que las demás. Esta fuerza o énfasis se llama el acento prosódico o el "golpe".

Ahora escucha al narrador leer las siguientes palabras. Presta atención especial a la sílaba que lleva el acento prosódico o el "golpe".

    ver-**dad**        in-te-li-**gen**-te       me-**dia**-no

    po-pu-**lar**        **ton**-to           e-le-**gan**-te

**B**    **El "golpe".** Para ver si oyes el "golpe" en las siguientes palabras cuando la narradora las lea, divídelas en sílabas con rayas oblicuas (/) y **subraya** la sílaba que lleva el acento prosódico o el "golpe".

MODELO:   p e r s o n a s

               **per / <u>so</u> / nas**

**1.** d i b u j o s              **6.** p e r e z o s o

**2.** h i s p a n a              **7.** t a c a ñ o

**3.** t r a b a j a d o r        **8.** d i f i c u l t a d

**4.** e s p e c i a l            **9.** c o l l a r

**5.** c u l t u r a             **10.** j o v e n

## Reglas de acentuación

Hay dos reglas que indican dónde poner el acento prosódico o el "golpe" en cualquier palabra.

**Regla N°1.** Las palabras que terminan en **a, e, i, o, u, n** o **s** llevan el acento prosódico o el "golpe" en la penúltima sílaba. Escucha a la narradora pronunciar las siguientes palabras con el "golpe" en la penúltima sílaba.

| | | |
|---|---|---|
| **len**-to | ran-**chi**-to | a-me-ri-**ca**-no |
| **cli**-ma | ga-**na**-do | a-ni-**ma**-les |

**Regla N°2.** Las palabras que terminan en **consonante**, excepto **n** o **s**, llevan el acento prosódico o el "golpe" en la última sílaba. Escucha a la narradora pronunciar las siguientes palabras con el "golpe" en la última sílaba.

| | | |
|---|---|---|
| can-**tar** | pro-fe-**sor** | a-gri-cul-**tor** |
| us-**ted** | o-fi-**cial** | pro-ba-bi-li-**dad** |

**C** **El acento prosódico.** Ahora, escucha a los narradores leer las siguientes palabras, divídelas en sílabas con rayas oblicuas y subraya la sílaba que lleva el acento prosódico o el "golpe" según las dos reglas de acentuación.

1. carta
2. personalidad
3. resultado
4. acampar
5. baloncesto
6. lugares
7. practicar
8. hermana
9. nachos
10. caminar

# Tesoros de la literatura contemporánea

**D** **Para anticipar.** Las bodas son una parte muy importante de todas las culturas. Piensa en las bodas que has asistido al contestar estas preguntas. Luego compara tus respuestas con las de dos compañeros de clase. Informen a la clase de la boda más interesante.

1. ¿Has asistido a la boda de un pariente? ¿De quién fue, un(a) tío(a), primo(a), hermano(a)?

_____

_____

_____

_____

2. ¿Qué sabes de los novios? ¿Dónde se conocieron? ¿Cómo se conocieron? ¿Cómo decidieron casarse?

_____

_____

_____

_____

3. ¿Qué opinan los padres de la novia del novio y qué opinan los padres del novio de la novia? ¿Aprueban la boda o se oponen? Explica.

_____

_____

_____

_____

4. ¿Qué papel deben hacer los padres en la selección del (de la) novio(a)? ¿Deben hacer un papel grande o pequeño? Explica.

_____

_____

_____

_____

## Lectura chicana

Ahora vas a leer un fragmento del cuento "Me fui con Coché", del escritor nuevomexicano, Jim Sagel. Este cuento viene de una colección de cuentos de Jim Sagel llamada *Tú nomás Honey*.

### Me fui con Coché

—Abuela —le dije, cuando nos habíamos sentado en la sala después de acabar el almuerzo—, ese retrato de casorio, con el hombre con los guantes blancos—¿no son usted y mi abuelo?

—Sí, mi lindo, esos somos nosotros, en el día de mi casorio. ¿Que te gustan los guantes, eh?

—Pues, sí. Oiga, abuela, ¿que no tenían que pedir la mano de la novia en esos días?

—Oh sí hijito. Era muy diferente entonces. Uno no se juntaba con su novio y ahí nos vamos. No —había muchas reglas, tú sabes. Cuando ya te ibas a casar, tenían que venir los padres de tu novio a la casa a pedirte de tus papaces°. Hasta mandaban una carta primero en veces, muy formal todo. Yo todavía tengo la carta pidiéndome que mandaron.

—Pero era muy diferente entonces, hijo. Los padres decidían todo. Los pobres novios no tenían ningún derecho de nada. Cuando tus papaces decidieron que te ibas a casar, pues ahí te casates. No podías empezar con "pero es muy viejo", o "él es muy fiero°" —¡Oh no! Y nos casaban muy temprano también. Yo no, porque todavía tenía la familia en la casa para cuidar. Pero yo me acuerdo de mana° Amalia. Ella fue una niña cuando la casaron. Yo creo que no tenía más que doce años. Y me acuerdo que allí estábamos afuera jugando juntas con las muñecas cuando su mamá le gritaba: "¡Ya mero llega tu esposo, Lala!" Y ella tenía que dejar la muñeca y entrar a la casa a hacer de cenar para su hombre.

—Luego había mana Susana. Ella ni conoció a su novio antes de casarse con él.

—¿No?

—Oh no, 'jito°. Muchas veces las muchachas no conocían al novio hasta el día del casorio... Pues, en el día del prendorio, aquí viene el novio y resulta que es muy feo....

—¿Qué era ese pren...? ¿Cómo?

—Prendorio, hijo. Eso era como una fiesta que la gente de la novia tenía que hacer en su casa para la familia del novio. Era cuando el novio entregaba las donas° a la novia. Y el novio y toda su familia llegaba en tu casa con la

padres

feroz, cruel

hermana

hijo, hijito

regalos de boda del novio a la novia

petaquilla°—esa petaquilla que tengo ahora es todavía la misma que me dieron entonces, sabes. Y la madrina le daba la llave de la petaquilla a la novia y luego la novia le daba la llave pa'trás° a ella. Entonces la madrina abría la petaquilla y sacaba las cosas una por una para que las miraran todos.

    —¿Agarró° muchas cosas usted?

    —Oh sí. Me dieron dos... tres túnicos, y tijeras, alfileras —oh muchas cosas. Y luego las familias formaban dos líneas en los lados del cuarto y el novio tenía que pasar por la línea de la familia de su novia, y la novia por la del novio, conociendo a su nueva familia, abrazando a cada uno hasta que llegaban a la orilla. Yo me acuerdo que decían: "Éste es tu tío", "Ésta es tu cuñada" y por ahí.

    —¡Qué costumbre tan bonita! Así uno sí conociera a todos los parientes.

    —Sí, nomás° que muchas veces, como el lugar era tan chiquito, ya casi todos se conocían. Pero lo hacía uno siempre.

    —¡Qué lindo fuera hacer los casorios hoy en día como los que hacían ustedes entonces!

    —Sí 'jito, nomás que yo digo que es mucho mejor que ahora una muchacha está libre de escoger el novio que quiere.

**baúl o maleta grande forrada de cuero**

**le devolvía la llave**

**Recibió**

**nada más**

## Verifiquemos e interpretemos

**E**    **A ver si comprendiste.** En el siguiente ramo de novia escribe todas las tradiciones y costumbres de boda que la abuela del cuento menciona. En cada flor del ramo escribe una regla / tradición / costumbre que ella describe.

**F** ¡A interpretar! Lee las siguientes citas del cuento de Jim Sagel y escribe lo que crees que estará pensando el personaje indicado para cada una de ellas.

| Cita | Personaje | Lo que piensa |
|---|---|---|
| Todavía tengo la carta pidiéndome. | la abuela | |
| ¡Ya mero llega tu esposo, Lala! | Amalia | |
| No conoció a su novio antes de casarse con él. | Susana | |
| ¡Qué lindo fuera hacer los casorios hoy en día como los que hacían ustedes entonces! | el nieto | |

**G** **Las costumbres que quiero conservar.** Seguramente hay ciertas costumbres y tradiciones en tu familia que quieres conservar. Escribe un párrafo describiendo esas costumbres y tradiciones y explica por qué son importantes para ti.

_____

_____

_____

_____

_____

_____

_____

_____

# ¡A deletrear!

**El acento prosódico.** ¿Cuáles son las dos reglas de acentuación que determinan cuál sílaba lleva el golpe? Escríbelas.

**Regla N° 1:**

_____

_____

_____

_____

_____

**Regla N° 2:**

_____

_____

_____

_____

_____

**I** **El "golpe."** Lee las siguientes palabras, divídelas en sílabas y subraya la sílaba que lleva el "golpe" según las dos reglas de acentuación.

1. m u n d o

2. p r e p a r a r

3. e n c h i l a d a s

4. a r r o z

5. s i n g u l a r e s

6. s i m p l e m e n t e

7. f r i j o l e s

8. m e x i c a n a

9. r e g u l a r

10. r e f r i t o s

# Juguemos un poco

**J** **Descripción de una foto de mi familia.** En grupos de tres o cuatro describe una costumbre o tradición de tu familia. Puede ser algo relacionado con bodas, bautismos, fiestas de cumpleaños, muertes de familiares, etc. Luego escucha a tus compañeros describir las suyas. Decidan en el grupo si hay algunas tradiciones o costumbres que tienen en común e informen a la clase de esas.

**K** **Descripción de tu mejor amigo(a).** Usa las preguntas a continuación u otras preguntas que quieras hacer, para entrevistar a un(a) compañero(a) de clase sobre su mejor amigo(a). Anota sus respuestas. Tu compañero(a) también va a anotar tus respuestas cuando te entreviste a ti. Luego usen la información que consiguieron para escribir una breve descripción de sus mejores amigos.

**1.** ¿Cómo se llama tu mejor amigo(a)?

_____

_____

_____

**2.** ¿Cómo es tu mejor amigo(a)? Descríbelo(la).

_____

_____

_____

**3.** ¿Cuánto tiempo han sido amigos? ¿Dónde y cuándo se conocieron?

_____

_____

_____

**4.** ¿Qué tienen en común tu amigo y tú?

_____

_____

_____

**5.** ¿Qué hacen para divertirse?

_____

_____

_____

**6.** ¿Cuáles son las cualidades que más estimas en tu amigo(a)?

_____

_____

_____

**L** **Dramatización.** Con dos compañeros de clase selecciona una de estas situaciones y prepárate para dramatizarla frente a la clase.

1. Tu mejor amigo(a) te cuenta un sueño que tuvo la noche anterior. Hazle preguntas sobre el sueño y traten de analizarlo juntos.

2. Tu mejor amigo(a) y tú están conversando sobre actividades que hace mucho que no hacen. Decidan cuál de todas quieren hacer hoy y por qué.

3. Tú y otro(a) compañero(a) tienen que entrevistar a un(a) estudiante de intercambio que viene de un país hispano. Decidan qué preguntas le van a hacer sobre sus pasatiempos, la vida diaria en su país, su familia y amigos.

# Lengua en uso

## ¿Qué eres tú: latino, hispano...?

La pregunta en este título puede extenderse a incluir ¿**...mexicano, chicano, puertorriqueño, boricua, neorriqueño, cubano, cubanoamericano, dominicano, americano, latinoamericano, hispanoamericano, centroamericano...?** Podrían llenarse varias páginas con nombres que se nos han dado o nos damos nosotros mismos. Hay diferencias aún dentro de un mismo grupo más homogéneo.

Es un proceso parecido al que han tenido los miembros de la población africanoamericana que a principios del siglo XX se conocían como "_negroes_" y después en la década de 1920 como "_colored_", luego durante el Movimiento de los Derechos Civiles en la década de 1960 como "_Blacks_", para finalmente autonombrarse como "_African-Americans_".

La población de origen mexicano en Estados Unidos también ha utilizado diversas denominaciones. En los años 40 y 50, los descendientes de éstos y otros mexicanos se conocían como "_Mexican-Americans_" o méxicoamericanos. Durante los años 60, muchas personas de origen mexicano denunciaron este término y encontraron un nuevo orgullo en autonombrarse "chicanos".

Las personas de origen puertorriqueño también emplean diversos términos para autonombrarse. Por ejemplo, "boricua" hace referencia a Boriquén, el nombre original de la isla de Puerto Rico. Desde los años 60, surge el término "Nuyorican" que combina las palabras "New York" con "Puerto Rican". Algunos traducen este término a "neorriqueño".

A muchas personas no les gusta el término "Hispanic" que se usa en inglés porque pone énfasis únicamente en la herencia europea y no en las raíces indígenas o africanas. Un término que está logrando mayor aceptación es "latino" aunque por lo general excluye a las personas nacidas en España. No importa las diferentes etiquetas que usen, lo importante es que todos reconozcan las contribuciones de los diferentes grupos que forman la gran comunidad hispanohablante y se sientan orgullosos de su cultura.

**M** **¿Qué eres tú?** Selecciona la letra de la segunda columna que mejor defina a los nombres o gentilicios de la primera columna.

**1.** indígena _____  **a.** Alguien que ha nacido en España o es ciudadano de ese país europeo.

**2.** mestizo _____  **b.** Hace referencia a un origen en Latinoamérica. En Estados Unidos son las personas de origen hispano con excepción de los nacidos en España.

**3.** chicano _____  **c.** Son las personas que han mantenido una identidad cultural como indios o habitantes originales de las Américas.

**4.** boricua _____  **d.** Proviene de la palabra azteca *mexica* que se pronuncia "meshica" y es un término de orgullo étnico para muchos descendientes de mexicanos en Estados Unidos.

**5.** español _____  **e.** Persona que ha resultado de la mezcla de varios grupos étnicos o culturas. En español significa de origen mezclado.

**6.** latino _____  **f.** Sinónimo de "puertorriqueño". Tiene su origen en la palabra "Boriquén", el nombre original de la isla de Puerto Rico.

**N** **Tu identidad.** Con un(a) compañero(a) discute el término con el que te identificas en español (latino, hispano, mexicano, chicano, etc.). Es importante que todos respetemos la manera en que nos identificamos. Explica las razones por las que te defines así y qué ventajas o posibles desventajas puedes ver en el uso de ese término.

# Correspondencia práctica

**Ñ** **Mensajes.** Al regresar a casa hoy después de las clases, no encuentras a nadie. Mientras te preparas para ir a tu lección de guitarra, el teléfono suena tres veces. Ninguna de las llamadas es para ti, sino para las personas indicadas a continuación. Escribe los comentarios específicos, para explicar los detalles de cada mensaje.

1. Llamada de: el dentista

   Llamada para: Papá

   Mensaje: Examinación anual

   Devolver la llamada: (sí)    no          383-5367

   Volverá a llamar: **sí    no**

   Comentarios: _____

   _____

   _____

   _____

2. Llamada de: Paula

   Llamada para: Carolina (tu hermanita)

   Mensaje: Invitación a pasar la noche

   Devolver la llamada: (sí)    no          384-9024

   Volverá a llamar: **sí    no**

   Comentarios: _____

   _____

   _____

   _____

3. Llamada de: Prof. de inglés

   Llamada para: Carmen (tu mamá)

   Mensaje: Tus malas notas

   Devolver la llamada: **sí    no**          383-6841

   Volverá a llamar: (sí)    no

   Comentarios: _____

   _____

   _____

   _____

# ¡A escuchar!

**A**  **¡El mundo al punto!** Escucha a los locutores de este programa de la radio hispana titulado "¡El mundo al punto!", quienes hablarán sobre los huracanes. Luego, selecciona la opción correcta para completar las oraciones que aparecen a continuación. Escucha una vez más para verificar tus respuestas.

1. Los huracanes se forman debido al aire caluroso proveniente...

   **a.** de África.

   **b.** del Golfo de México.

   **c.** de Europa.

2. La palabra "huracán" proviene...

   **a.** de los mayas, indígenas que controlaban el sur de México y el norte de Centroamérica.

   **b.** de los indígenas que habitaban las islas del mar Caribe.

   **c.** del árabe.

3. La temporada de huracanes es entre...

   **a.** junio y julio.

   **b.** julio y agosto.

   **c.** agosto y septiembre.

**4.** El huracán que en 1989 pasó por Puerto Rico con vientos de 125 millas por hora es...

    **a.** el huracán Andrés.

    **b.** el huracán Hugo.

    **c.** el huracán Luis.

**5.** El huracán que en 1992 azotó el sur de Florida y se considera la tragedia natural más costosa de Estados Unidos es...

    **a.** el huracán Andrés.

    **b.** el huracán Hugo.

    **c.** el huracán Luis.

**6.** Más de _____ personas murieron como resultado del huracán de 1992 en el sur de Florida.

    **a.** 4.000       **b.** 400       **c.** 40

# Acentuación y ortografía

### Regla de acentuación N° 3

En la lección anterior aprendiste las primeras dos reglas de acentuación. La tercera regla es muy sencilla.

**Regla N°3.** Todas las palabras que no siguen las primeras dos reglas llevan **acento ortográfico** o **escrito**. El acento ortográfico se escribe sobre la vocal de la sílaba que se pronuncia con más fuerza o énfasis.

Ahora escucha al narrador pronunciar las siguientes palabras que requieren acento escrito. Nota que las palabras están divididas en sílabas, que la sílaba que lleva el golpe está subrayada y que la sílaba que lleva el acento escrito nunca es la sílaba subrayada.

    in-**glés**          **Mé**-xi-co        sim-**pá**-ti-co

    **fút**-bol           **mú**-si-ca       pro-**pó**-si-to

**B**   **Acentuación.** Ahora la narradora va a pronunciar las siguientes palabras que ya están divididas en sílabas. Subraya la sílaba que lleva el golpe según las dos reglas de acentuación y pon acento escrito en la vocal de la sílaba enfatizada.

**1.** A/fri/ca             **6.** po/li/ti/ca

**2.** sa/lu/da/lo         **7.** jo/ve/nes

**3.** tro/pi/co           **8.** ti/tu/lo

**4.** che/ve/re          **9.** e/co/no/mi/co

**5.** car/bon            **10.** a/zu/car

**C** **Dictado.** Escucha el siguiente dictado e intenta escribir lo más que puedas. El dictado se repetirá una vez más para que revises tu párrafo.

### La economía venezolana

_____

_____

_____

_____

_____

_____

_____

_____

_____

_____

_____

_____

_____

_____

_____

_____

_____

_____

# Tesoros de la literatura contemporánea

**D** **Para anticipar.** Cuando viajamos, ya sea por auto, por bus o por tren, inevitablemente nos fijamos en el paisaje que cruzamos y en el efecto de la temporada. Al contestar estas preguntas piensa en tu medio de transporte favorito y en la temporada en que prefieres viajar.

1. ¿En qué medio de transporte te gusta más viajar? ¿en automóvil? ¿en avión? ¿en barco? ¿en tren? ¿Qué ventajas y desventajas tienen cada uno de estos medios de transporte?

_____

_____

_____

_____

2. ¿Qué les sucede a la mayoría de los árboles en la región de Nueva Inglaterra de Estados Unidos durante el otoño? ¿A qué se debe esto?

_____

_____

_____

_____

3. ¿Cuál es tu estación favorita: el otoño, el invierno, la primavera o el verano? ¿Por qué? Da por lo menos tres razones por tu preferencia.

_____

_____

_____

_____

## Lectura cubanoamericana

El siguiente poema de Emilio Bejel, tiene que ver con la experiencia del poeta como un exiliado que vive fuera de su país natal, Cuba. Aunque nació en Cuba en 1944, ha vivido en Estados Unidos desde 1962. Además de escribir poesía, Emilio Bejel ha ejercido como profesor de literatura latinoamericana en varias universidades norteamericanas. "Tren de New Haven" es un poema inspirado en las memorias que tuvo este poeta en un viaje por tren de Nueva York a New Haven en el otoño.

### Tren de New Haven

Ya comenzaba otra vez el otoño en la Nueva Inglaterra
y las hojas iban tomando esos tonos amarillorrojizos
que presagian el desmayo de los árboles
ante los embates de los vientos del norte.
Yo iba en el acostumbrado tren de Nueva York a New Haven
y desde la ventanilla se podían predecir las próximas nieves.
Sentía el olor de mi colonia
confundido con los extraños olores de los demás pasajeros.
Y pensaba en la Cuba de los años cincuenta
y en aquellos niños pobres que pedían limosna
en las calles de Manzanillo
y pensaba en mamá
que me vestía todos los días tan limpio y oloroso
pero me decía que los niños debíamos ser todos iguales
que no era justo que otros niños no tuvieran ni qué comer
mientras yo estaba tan oloroso y limpio
y me decía que no importaba que los niños fueran
        blancos o negros.
El tren local de Nueva York a New Haven
lleva siempre gente con toda clase de olores
y yo miraba por la ventanilla el comienzo del otoño en la
        Nueva Inglaterra.

# Verifiquemos e interpretemos

**E**  **A ver si comprendiste.** Contesta las siguientes preguntas sobre algunas de la palabras o frases que se encuentran en este poema.

1. ¿Qué significa el verbo "presagiar"? Es sinónimo de dos de las siguientes palabras. ¿Puedes decir cuáles dos?

   predecir         atacar         anunciar         destruir

   _____

   _____

2. ¿A qué se refiere "el desmayo" de los árboles? ¿Qué les pasa a muchos árboles en el otoño, en particular en Nueva Inglaterra?

   _____

   _____

   _____

   _____

3. Selecciona un sinónimo del sustantivo "embates" de las siguientes palabras:

   silbidos         golpes         fríos         ruidos

   _____

   _____

   _____

   _____

4. ¿Qué significa "colonia" en el poema? Da otra palabra que signifique lo mismo.

   _____

   _____

   _____

   _____

5. ¿Cómo se les llama a las personas que piden limosna en las calles?

   _____

   _____

   _____

   _____

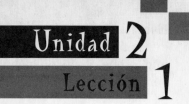
**F** **¡A interpretar!** En el poema existen dos realidades. Por un lado está el viaje en tren que hace el poeta y por otro, lo que piensa él mismo. Contesta en tus propias palabras las siguientes preguntas.

**1.** ¿Adónde viaja el poeta?

_____

_____

_____

**2.** ¿Qué les pasa a los árboles?

_____

_____

_____

**3.** ¿En qué piensa el poeta?

_____

_____

_____

**4.** ¿Qué opinaba su mamá?

_____

_____

_____

**5.** ¿En dónde se encuentra el poeta al final del poema?

_____

_____

_____

**6.** ¿Qué es lo que hace el poeta?

_____

_____

_____

**Escritura relacionada.** Escribe un breve poema de dos estrofas sobre uno de los últimos viajes que hayas hecho. Describe brevemente la estación del año (otoño, invierno, primavera o verano) en que este viaje ocurrió usando verbos que se refieran a los cinco sentidos (ver, oler, oír, tocar y saborear).

**Título:** _____

_____

_____

_____

_____

_____

_____

_____

_____

_____

_____

_____

_____

_____

_____

_____

_____

_____

_____

_____

_____

_____

_____

_____

# ¡A deletrear!

**H** **Práctica con el acento ortográfico.** Todas las palabras que no siguen las dos reglas de acentuación llevan acento escrito. En la lista que sigue, algunas palabras requieren acento escrito, otras no. Subraya la sílaba que lleva el golpe y pon acento escrito a las palabras que lo necesiten. Fíjate que las palabras ya están divididas en sílabas y recuerda que la sílaba subrayada nunca requiere acento escrito.

**1.** a / tle / ti / co

**2.** ve / ci / na

**3.** al / gun

**4.** o / cu / pa / do

**5.** sa / xo / fon

**6.** a / qui

**7.** a / re / pas

**8.** no / che

**9.** u / ni / ver / si / dad

**10.** co / mi / co

# Juguemos un poco

**I**    **Mis clases.** Escribe tus seis clases y una frase que describa lo que te gusta y no te gusta de cada una. Compara tus comentarios con los de dos compañeros de clase. Informen a la clase de los comentarios más interesantes que se hicieron en su grupo.

1. _____
_____
_____
_____

2. _____
_____
_____
_____

3. _____
_____
_____
_____

4. _____
_____
_____
_____

5. _____
_____
_____

6. _____
_____
_____
_____

**J** **Entrevista de la familia.** Entrevista a dos o tres compañeros de clase y hazles las siguientes preguntas sobre sus familias. En hoja aparte, escribe un párrafo comparando tu familia con las de tus compañeros. Menciona lo que tienen todos en común y lo que es diferente en cada familia.

1. Describe a cada persona en tu familia. ¿Físicamente cómo son? ¿Cuáles son sus cualidades?

2. ¿Cuáles son las actividades favoritas de cada persona en la familia?

3. ¿Qué tipo de música o programas de televisión son los favoritos de la familia?

4. ¿De qué hablan cuando están todos juntos? ¿En cuál persona confías más? ¿Por qué?

5. ¿Quién es la persona más chistosa de la familia? ¿La más seria? ¿La más activa? ¿La más regañona?

6. ¿Quién habla más español en casa? ¿Por qué?

**K** **Mi(s) posesión(es) favorita(s).** Todos tenemos posesiones de mucho valor sentimental que nos hacen recordar momentos especiales. Describe una de estas posesiones que tienes. Explica su importancia detalladamente y su historia. ¿Dónde la conseguiste? ¿Por qué es importante guardarla? etc.

_____

_____

_____

_____

_____

_____

_____

_____

_____

_____

_____

_____

# ¡A explorar!

## Repaso básico de la gramática: sujetos, verbos y complementos

Toda oración tiene un **sujeto** y un **verbo**. Además, una oración puede tener **objetos** o **complementos directos** e **indirectos**.

- El **sujeto** *(subject)* de la oración es la persona, cosa, lugar o abstracción de lo que se habla.

    1. El sujeto puede ser sustantivo o pronombre o una frase sustantivada.

        A ver,... **Diana** quiere las arepas de pollo, **yo** las de queso y **Daniel** no quiere nada, ¿verdad?

        **El preparar arepas** no es difícil si usas "Doña Arepa".

    2. Con frecuencia en español, el sujeto no se expresa ya que queda implícito en la terminación del verbo.

        **Mi hermana** va a la Universidad Simón Bolívar. (sujeto: *Mi hermana*)

        **Estudia** medicina. (sujeto implícito: *Ella*)

    3. Puede haber uno o varios sujetos.

        **Meche, Diana** y **Chela** son muy buenas amigas.

- El **verbo** es la parte de la oración que expresa la acción o estado del sujeto.

    Chela **acaba de mudarse** de Maracaibo.

    Los muchachos **invitaron** a las chicas a comer arepas.

    Chela **se emocionó** mucho cuando Salvador la **invitó** a salir.

- El **objeto (complemento) directo** *(direct object)* es la persona o cosa que recibe la acción directa del verbo. La manera más fácil para identificar el objeto directo es buscar el sujeto y el verbo y preguntar **¿qué?** o **¿a quién?**

    Todos piden **arepas**. (¿Qué piden todos?)

    Chela admira mucho **a su papá**. (¿A quién admira Chela?)

    Observa que sólo es necesario usar la *a* **personal** con objetos directos cuando el objeto directo es una persona.

- El **objeto (complemento) indirecto** *(indirect object)* es la persona o cosa *para quién, a quién, para qué* o *a qué* se hace, se da o se dice algo. La manera más fácil para identificar el objeto indirecto es buscar el sujeto y el verbo y preguntar **¿para quién?, ¿a quién?, ¿para qué?** o **¿a qué?**

    El mesero les trae batidos de mango **a todos**. (¿A quién les trae batidos?)

    El cocinero les va a preparar unas arepas muy especiales **a ustedes**. (¿Para quién va a prepararlas?)

Observa que siempre es necesario usar la *a personal* con objetos indirectos.

Los **pronombres de objeto (complemento) directo e indirecto** *(direct and indirect object pronouns)* sustituyen a los objetos directos e indirectos en una oración.

Mira cómo las formas de estos pronombres son idénticas con la excepción de las de la tercera persona singular y plural.

| Pronombres: objetos directos | |
|---|---|
| **Singular** | **Plural** |
| me | nos |
| te | os |
| **lo, la** | **los, las** |

| Pronombres: objetos indirectos | |
|---|---|
| **Singular** | **Plural** |
| me | nos |
| te | os |
| **le** | **les** |

Hoy **les** recomiendo los batidos.

Las arepas de queso son muy buenas aquí. Yo **las** voy a pedir.
¿**Te** invito a acompañarme?

**L** **Sujetos y objetos.** Identifica las partes de la oración según se indica. Reemplaza los objetos directos e indirectos con sus respectivos pronombres. Indica con una **X** si no hay objetos.

MODELO: *Las muchachas acompañan a los jóvenes.*

sujeto **las muchachas**            verbo **acompañan**

objeto directo **los jóvenes**      objeto indirecto **X**

pronombre **los**                   pronombre **X**

**1.** El mesero les sirve las arepas a los jóvenes.

sujeto _____            verbo _____

objeto directo _____    objeto indirecto _____

pronombre _____         pronombre _____

**2.** Chela dice que no conoce el Parque Central de Caracas.

sujeto _____      verbo _____

objeto directo _____      objeto indirecto _____

pronombre _____      pronombre _____

**3.** Meche y Diana le escriben cartas a su abuelita cada sábado, sin falta.

sujeto _____      verbo _____

objeto directo _____      objeto indirecto _____

pronombre _____      pronombre _____

**4.** Luis le pide a Meche el número de teléfono de Chela.

sujeto _____      verbo _____

objeto directo _____      objeto indirecto _____

pronombre _____      pronombre _____

**5.** Meche le da la dirección de Chela a Luis, pero no el número de teléfono.

sujeto _____      verbo _____

objeto directo _____      objeto indirecto _____

pronombre _____      pronombre _____

**6.** Cuando el mesero les trae la cuenta a los jóvenes,...

sujeto _____      verbo _____

objeto directo _____      objeto indirecto _____

pronombre _____      pronombre _____

**7.** Salvador tiene que prestarle dinero a Luis. _____

sujeto _____      verbo _____

objeto directo _____      objeto indirecto _____

pronombre _____      pronombre

**8.** Los muchachos le dan una buena propina al mesero por el excelente servicio. _____      _____

sujeto _____      verbo _____

objeto directo _____      objeto indirecto _____

pronombre      pronombre

# ¡A escuchar!

**A**   **¡El mundo al punto!** Escucha a los locutores de este programa de la radio hispana titulado "¡El mundo al punto!", quienes hablarán sobre el éxito de dos cantantes latinos en Estados Unidos. Luego, selecciona la opción correcta para completar las oraciones que aparecen a continuación. Escucha una vez más para verificar tus respuestas.

1. Gloria Estefan y Jon Secada son dos cantantes de origen...

     **a.** puertorriqueño.     **b.** cubano.     **c.** estadounidense.

2. El mambo es un ritmo musical ___ que fue muy popular entre los jóvenes estadounidenses en los años 40.

     **a.** cubano     **b.** mexicano     **c.** puertorriqueño

3. La cantante cubana Celia Cruz es considerada como la...

     **a.** "Reina del mambo".

     **b.** "Reina de la música cubana".

     **c.** "Reina de la salsa".

4. Como se criaron en Estados Unidos, Gloria Estefan y Jon Secada cantan...

     **a.** únicamente en inglés.

     **b.** en español e inglés.

     **c.** únicamente en español.

**5.** El álbum *Mi tierra* de Gloria Estefan, es un homenaje musical...

    **a.** al país donde nació.

    **b.** a Estados Unidos.

    **c.** a la ciudad de Miami.

**6.** Gloria Estefan y Jon Secada reflejan el medio bilingüe y bicultural que se ha creado en...

    **a.** el suroeste de Estados Unidos.

    **b.** Hollywood.

    **c.** el sur de Florida.

## Acentuación y ortografía

### Diptongos

Las vocales en español, como en inglés, son **a, e, i, o, u.** En español hay tres vocales fuertes (**a, e, o**) y dos vocales débiles (**i, u**).

La combinación de una vocal débil (**i, u**) con cualquier vocal fuerte (**a, e, o**) o de dos vocales débiles forma una sola sílaba y se llama un **diptongo.** Escucha a la narradora pronunciar las siguientes palabras con diptongos. Fíjate cómo los diptongos siempre forman una sola sílaba.

| | | |
|---|---|---|
| b**ue**-nos | va-ca-**cio**-nes | de-ma-**sia**-da |
| a-g**ua** | s**ie**-te | c**ui**-da-do |

**B** **Práctica con los diptongos.** Al escuchar a la narradora leer las siguientes palabras, sepáralas en sílabas con una línea oblicua (*/*) y subraya la sílaba que lleva el golpe. Ten cuidado de no separar los diptongos en dos sílabas.

**1.** n u e s t r o       **6.** c u a t r o

**2.** e s p e c i a l       **7.** r e s t a u r a n t e

**3.** r e f l e x i o n a r       **8.** i t a l i a n o

**4.** d i a r i a       **9.** r e a l i d a d

**5.** q u i e r o       **10.** t i e m p o

**C**   **Dictado.** Escucha el siguiente dictado e intenta escribir lo más que
puedas. El dictado se repetirá una vez más para que revises tu párrafo.

### La maravilla de Miami

_____

_____

_____

_____

_____

_____

_____

_____

_____

_____

_____

_____

_____

_____

_____

# Tesoros de la literatura contemporánea

**D** **Para anticipar.** Al inicio de todos los años son incontables las personas que se proponen hacer cambios para mejorar su vida: bajar de peso, dejar de fumar, ahorrar más dinero, etc. Muchas veces estas personas hacen una "declaración" ya sea oral o escrita a amigos o familiares para que éstos sean testigos de sus promesas. En inglés estas declaraciones o promesas de Año Nuevo son conocidas como *New Year's resolutions*. Contesta las siguientes preguntas relacionadas a este tema.

1. ¿Qué te prometiste lograr durante este año? ¿Has logrado lo que te propusiste?

   _____

   _____

   _____

2. ¿Cuál ha sido el obstáculo mayor? Explica brevemente.

   _____

   _____

   _____

3. ¿Crees que es buena idea tener testigos de tus promesas? ¿En qué te puede ayudar esto?

   _____

   _____

   _____

4. ¿Qué es lo que más necesitas cambiar para el próximo año?

   _____

   _____

   _____

5. ¿Cuáles serían algunas promesas que les sugerirías a tus familiares y a tus amigos para que se comprometieran a cumplir en el año venidero?

   _____

   _____

   _____

## Lectura cubanoamericana

Lee este poema escrito por la autora cubanoamericana Uva A. Clavijo que nació en La Habana, Cuba, en 1944 pero ha vivido en Estados Unidos desde 1959. Actualmente esta escritora reside en Miami. Este poema es su declaración de amor por Cuba.

### Declaración

Yo, Uva A. Clavijo
que salí de Cuba todavía una niña,
que llevo exactamente
la mitad de mi vida en el exilio,
que tengo un marido con negocio propio,
dos hijas nacidas en los Estados Unidos,
una casa en los "suburbios"
(hipotecada hasta el techo)
y no sé cuántas tarjetas de crédito.
Yo, que hablo inglés casi sin acento,
que amo a Walt Whitman
y hasta empiezo a soportar el invierno,
declaro, hoy último lunes de septiembre,
que en cuanto pueda lo dejo todo
y regreso a Cuba.
Declaro, además, que no iré
a vengarme de nadie,
ni a recuperar propiedad alguna,
ni, como muchos, por eso
de bañarme en Varadero°.

Volveré, sencillamente,
porque cuanto soy
a Cuba se lo debo.

*30 de septiembre de 1974*

° la playa más famosa y popular de Cuba

# Verifiquemos e interpretemos

**E** **A ver si comprendiste.** Escoge las frases que mejor completen las siguientes oraciones.

1. Una persona que vive en **exilio...**

   a. regresa a su país natal regularmente como turista.

   b. usualmente se asimila completamente a la nueva cultura del país anfitrión y olvida su lengua materna.

   c. fue obligada por razones políticas a vivir fuera de su país de origen y espera regresar a su patria.

2. Una casa **hipotecada** significa...

   a. que está totalmente pagada.

   b. que existe una deuda que se paga mensualmente.

   c. que se alquila.

3. Otro sinónimo de **soportar** es...

   a. mantener.        b. tolerar.        c. apoyar.

4. Otro sinónimo de **recuperar** es...

   a. regresar.        b. recobrar.       c. olvidar.

**F** **¡A interpretar!** Para cada uno de estos encabezados, escribe usando tus propias palabras lo que la poeta cubanoamericana explica haber hecho durante sus años de exilio en Estados Unidos.

**marido:** _____

_____

**hijas:** _____

_____

**casa:** _____

_____

**inglés:** _____

_____

**invierno:** _____

_____

Enumera brevemente las tres causas que **no** motivan a la poeta a regresar a Cuba:

1. _____
   _____
   _____

2. _____
   _____
   _____

3. _____
   _____
   _____

**G** **Escritura relacionada.** Escribe un breve poema de tres estrofas que sea tu propia declaración o promesa para el próximo año. La primera estrofa puede comenzar con tu propio nombre, "Yo, fulano(a) de tal"; la segunda estrofa puede tener la fórmula, "Declaro, además..."; y la tercera estrofa puede empezar con un verbo en el futuro. Da además un título original a tu poema.

**Título original:** _____

_____

_____

_____

_____

_____

_____

_____

_____

_____

# ¡A deletrear!

 **Diptongos.** Un diptongo, la combinación de una vocal débil (**i, u**) con cualquier vocal fuerte (**a, e, o**) o de dos vocales débiles, forma una sola sílaba. Separa las siguientes palabras en sílabas con una línea oblicua (**/**) y subraya la sílaba que lleva el golpe. Ten cuidado de no separar los diptongos en dos sílabas.

1. j a g u a r
2. s e r p i e n t e s
3. c a i m a n e s
4. i n i c i a r
5. s i l e n c i o
6. r e l a c i o n a d a
7. c o n c i e r t o
8. a b u e l o s
9. f i e s t a
10. V e n e z u e l a

# Juguemos un poco

I **Encuentro cultural.** Haz una lista de cinco contactos que has tenido esta semana con diversas culturas de Estados Unidos. Luego compara tu lista con tres compañeros de clase. Informen a la clase de los resultados.

| MIS CONTACTOS CON OTRAS CULTURAS ESTADOUNIDENSES | | |
|---|---|---|
| Cultura | ¿Dónde ocurrió el contacto? | Descripción del contacto |
| 1. | | |
| 2. | | |
| 3. | | |
| 4. | | |
| 5. | | |

**J**  **Mis vacaciones de verano.** En la siguiente flor semántica escribe lo que hiciste durante tus vacaciones de verano, los lugares que visitaste, las personas que conociste, las cosas que compraste, las diversiones, las comidas, eventos culturales, etc. Con tres compañeros de clase, elabora sobre cada elemento que escribiste y escucha mientras tus compañeros elaboran sus flores semánticas. Prepárense para informar a la clase sobre quién pasó las vacaciones más interesantes, quién conoció a personas fascinantes, quién compró más recuerdos, y quién probó las comidas más exóticas.

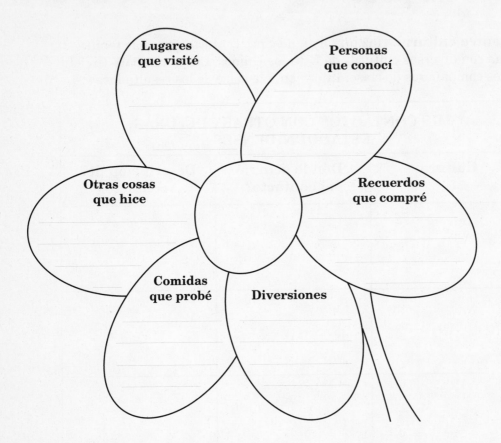

Lugares que visité

Personas que conocí

Otras cosas que hice

Recuerdos que compré

Comidas que probé

Diversiones

**K**  **Me molestan los estereotipos.** Piensa en un estereotipo cultural que has notado en tu pueblo o en la escuela. Descríbelo. ¿Por qué crees que existe? ¿Cómo empezaría? ¿Qué efectos ha tenido en la población estudiantil? ¿Quiénes son los que sufren? ¿Cómo y cuándo terminará? Contesta estas preguntas por escrito en uno o dos párrafos. Usa este espacio para organizar tus ideas. Luego escribe tus párrafos en una hoja aparte.

_____

_____

_____

_____

_____

_____

# ¡A explorar!

## Letras minúsculas y letras mayúsculas

**Letras minúsculas** *(lower-case letters)*. A diferencia del inglés, en español se emplean letras minúsculas en las siguientes palabras.

- Los días de la semana: lunes, martes, miércoles, jueves, viernes, sábado, domingo.

  La fiesta es el **domingo.**

- Los meses del año: enero, febrero, marzo, abril, mayo, junio, julio, agosto, septiembre, octubre, noviembre, diciembre.

  Las vacaciones son en **agosto.**

- Las nacionalidades, las etnicidades y las religiones: venezolano, cubano, americano, católico, etc.

  Simón Bolívar es un héroe **venezolano.**

- Las lenguas: inglés, italiano, español, griego, etc.

  Misia Pepa hablaba un poquito de **francés** y un poquito de **inglés.**

**Letras mayúsculas** *(upper-case letters)*. Las letras mayúsculas se emplean en los siguientes casos.

- La primera palabra de una oración.

  **Ella** estuvo en Brasil. **Hizo** un viaje por el río Amazonas.

- Los nombres propios y sus abreviaciones: Luis Miranda, El Salvador, Centroamérica, Esp., EE. UU.*, etc.

  **Simón Bolívar**, el héroe venezolano, fue el primer presidente de la **República de la Gran Colombia**.

- Sólo la letra inicial de los títulos de cualquier obra escrita.

  Me encantó la leyenda venezolana *El pájaro de los siete colores* y la hondureña *La familia real.*

  Los nombres propios dentro de un título siempre se escriben con mayúscula.

  A mí me gustó *La camisa de **Margarita Pareja.***

\* Cuando se abrevia un nombre propio plural, se doblan las letras para mostrar que es plural, por ejemplo EE. UU. (Estados Unidos)

- La palabra "ciudad" cuando forma parte de un nombre propio: Ciudad Juárez, Ciudad de México, Ciudad Bolívar, etc.

  ¿Has visitado la **Ciudad** de Panamá?

- Las abreviaturas de títulos profesionales y grados militares*:

| | | | |
|---|---|---|---|
| Lic. | licenciado o licenciada | Ing. | ingeniero o ingeniera |
| Arq. | arquitecto o arquitecta | Prof. | profesor |
| Dr. | doctor | Profra. | profesora |
| Dra. | doctora | Gral. | general |

  —Perdón, ¿es ésta la oficina del **profesor** Peña?

  —No, señor. Su oficina está a la izquierda. Dice **Prof.** Peña en la puerta.

**L** **Nuestra herencia.** Cambia las minúsculas a mayúsculas donde sea necesario.

el puma

el cantante venezolano, josé luis rodríguez, es conocido

popularmente como "el puma". recibió ese apodo después de

interpretar a un personaje de ese nombre en una telenovela.

su álbum titulado *piel de hombre* incluye una canción,

"torero", cantada a dúo con el famoso cantante español, julio

iglesias.

*Estas denominaciones se escriben con minúsculas cuando no están abreviadas.

Unidad **2**

Lección **3**

# ¡A escuchar!

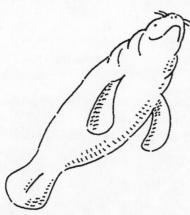

**A** ¡**El mundo al punto!** Escucha a los locutores de este programa de la radio hispana, quienes hablarán sobre los manatís en peligro de extinción. Marca si cada oración que sigue es **cierta (C), falsa (F)** o si no tiene relación con lo que escuchaste **(N/R).** Si la oración es falsa, corrígela. Escucha una vez más para verificar tus respuestas.

C   F   N/R   **1.** Roberto Hérnandez se trasladó al sur de Florida
                   para hacer este reportaje sobre los manatíes.

_____

C   F   N/R   **2.** Los manatíes son animales originalmente del mar
                   Mediterráneo.

_____

C   F   N/R   **3.** Cristóbal Colón creyó que eran sirenas cuando vio
                   manatíes durante sus viajes al continente americano.

_____

C   F   N/R   **4.** Los manatíes son feroces como los tiburones.

_____

C   F   N/R   **5.** Los manatíes pueden permanecer sumergidos en
                   el agua sin respirar durante media hora.

_____

C   F   N/R   **6.** Los humanos son el peligro principal de los manatíes.

_____

# Acentuación y ortografía

## Para acentuar un diptongo

Un acento escrito sobre la vocal fuerte (**a, e, o**) de un diptongo o sobre una de dos vocales débiles juntas causa que **toda** la sílaba del diptongo se pronuncie con más énfasis.

Ahora, escucha a la narradora leer las siguientes palabras con diptongos acentuados y fíjate cómo todos llevan un acento escrito sobre la vocal fuerte (**a, e, o**) del diptongo.

| | | |
|---|---|---|
| ad-mi-ra-**ción** | **duér**-me-te | pe-**rió**-di-cos |
| na-**ción** | re-**gión** | es-ta-ble-**ció** |

**B** **Acentuación.** Escucha a la narradora leer las siguientes palabras con diptongos y pon acentos en las palabras que los necesiten. Tal vez te ayude subrayar dónde va el golpe antes de decidir si necesitas poner acento escrito o no.

1. e x t i n c i o n
2. a m b i e n t e
3. e s p e c i e s
4. e x p l o t a c i o n
5. t i e r r a

6. r e l i g i o n
7. a g u a
8. p u e r t o
9. d e s t r u c c i o n
10. r i q u e z a

## Para romper un diptongo

Para romper un diptongo hay que poner un acento escrito sobre la vocal débil (**i, u**) del diptongo. Esto separa el diptongo en dos sílabas y causa que la sílaba con el acento escrito se pronuncie con más énfasis. Escucha a la narradora leer las siguientes palabras con diptongos separados en dos sílabas y fíjate cómo todas llevan un acento escrito sobre la vocal débil (**i, u**) del diptongo.

| | | |
|---|---|---|
| sa-b**í**-a | ma-**íz** | mi-ne-r**í**-a |
| r**í**-o | e-co-no-m**í**-a | pa-**ís** |

**C** **Más práctica con los diptongos.** Ahora escucha a la narradora leer las siguientes palabras, sepáralas en sílabas con una línea oblicua (/) y pon acento escrito a las palabras que lo necesiten. Presta atención especial a los diptongos que se conservan en una sílaba y a los que se rompen en dos sílabas.

1. m e d i o d i a
2. h a m b u r g u e s a
3. c o l e g i o
4. d e s p u e s
5. l u e g o

6. p r o p i o
7. t e l e v i s i o n
8. p a p e l e r i a
9. r e s p u e s t a
10. l a b i o

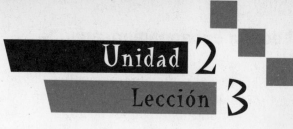
# Tesoros de la literatura contemporánea

**D**  **Para anticipar.** Es costumbre en muchas familias latinas de Estados Unidos regresar a sus regiones o países de origen para visitar a familiares muchas veces mayores de edad (abuelos, tíos, primos, etc.). ¿Cuál es la costumbre dentro de tu familia? Para saberlo, contesta estas preguntas.

1. ¿Dónde viven o vivían tus abuelos? Describe brevemente la región o el país.

    _____

    _____

2. ¿Has visitado alguna vez a tus abuelos o familiares que viven en otra región o país? ¿Cuál fue la última ocasión?

    _____

    _____

3. ¿Cuáles son algunas de las principales diferencias que notas entre la manera en que viven tus padres y la de tus abuelos o familiares?

    _____

    _____

4. ¿Cuáles son algunas de las diferencias que existen entre la perspectiva que tus padres tienen de la vida y la que tú tienes? Explica.

    _____

    _____

# Lectura cubanoamericana

Lee el siguiente fragmento de la novela titulada *Soñar en cubano* escrita por la autora cubanoamericana Cristina García y que fue originalmente publicada en inglés en 1992 con el título *Dreaming in Cuban*. Esta novela trata de las experiencias de una joven pintora cubanoamericana llamada Pilar Puente que con su madre regresa a Cuba para visitar a su abuela Celia por primera vez. Pilar, como la propia autora de la novela, había salido de Cuba con su familia cuando sólo tenía dos años de edad.

### Soñar en cubano
(fragmento)

Abuela me habla mientras pinto. Me cuenta que antes de la revolución Cuba era un lugar patético°, la parodia° de un país. Había un solo producto, el azúcar, y todas las ganancias iban a parar a manos de unos pocos cubanos y, por supuesto, en las de los americanos. Mucha gente trabajaba sólo durante el invierno, cortando la caña. El verano era tiempo muerto, y los campesinos rara vez podían escapar del hambre. Abuela me cuenta que ella se salvó porque sus padres la mandaron a vivir con su tía abuela a La Habana, que la crió con ideas progresistas. La libertad, me dice Abuela, no es otra cosa sino el derecho a vivir decentemente.

> conmovedor, triste; imitación burlesca

Mamá escucha discretamente° lo que decimos, y luego nos pone de vuelta y media con alguna de sus sesenta y pico diatribas° cuando no le gusta lo que escucha. Su favorita es lo de la apremiante° situación de los "plantados", los presos políticos que han estado encarcelados aquí durante casi veinte años: "¿Qué crímenes han cometido?", nos grita acercando su cara a las nuestras. O la cuestión de las expropiaciones: "¿Quién nos devolverá el dinero robado de nuestras casas, de los terrenos que nos han robado los comunistas?" Y la religión: "¡Los católicos son perseguidos, tratados como perros!" Pero Abuela no discute con Mamá. La deja que hable y hable. Cuando Mamá empieza a calentarse demasiado, Abuela se baja de su columpio y se marcha.

> juiciosamente, moderadamente críticas, sermones urgente

Llevamos cuatro días en Cuba y Mamá no ha hecho otra cosa que quejarse y sentarse a fumar cigarro tras cigarro cuando cierra la noche. Discute con los vecinos de Abuela, busca bronca° con los camareros, riñe con el hombre que vende barquillos de helado en la playa. Le pregunta a todo el mundo cuánto ganan y no importa lo que le contesten, siempre les dice: "¡Podrías ganar diez veces más en Miami!" Para ella, el dinero es el fondo de todas las cosas. Además intenta pillar° a los obreros robando para poder decir: "¡Mira! ¡Ésa es su lealtad con la revolución!"

> riña

> aprehender

El Comité Pro Defensa de la Revolución ha comenzado a montarle broncas a Abuela por culpa de Mamá, pero Abuela les dice que tengan paciencia, que ella se quedará sólo una

semana. Yo quiero quedarme más tiempo, pero Mamá se niega
porque no quiere dejar en Cuba más divisas°, como si nuestras          dinero
contribuciones fueran a enriquecer o a arruinar la economía.
(Por cierto, a Mamá le dio un ataque de apoplejía cuando se
enteró que tenía que pagar una habitación de hotel con sus
tres comidas diarias correspondientes durante el tiempo que
nos estuviéramos quedando en casa de familiares.) "¡Sus pesos
no valen nada! —grita—. ¡Nos permiten que entremos al país
porque necesitan de nosotros, y no lo contrario!"...

Pienso en lo distinta que habría sido mi vida si me
hubiera quedado con mi abuela. Creo que soy probablemente
la única ex*punky* de toda la isla, que nadie más lleva las
orejas agujereadas en tres lugares distintos. Se me hace difícil
pensar en mi existencia sin Lou Reed. Le pregunto a Abuela si
en Cuba yo podría pintar lo que me diera la gana y me dice
que sí, siempre y cuando no atente contra el Estado. Cuba aún
está en vías° de desarrollo, me dice, y no puede permitirse el          camino
lujo de la disidencia. Y entonces cita algo que El Líder había
dicho en los primeros años, antes de que comenzaran a
arrestar a poetas: "A favor de la revolución, todo; en contra de
la revolución, nada". Me pregunto lo que pensaría El Líder
sobre mis pinturas. El arte, le diría yo, es la máxima
revolución...

He comenzado a soñar en español, cosa que no me había
pasado nunca. Me despierto sintiéndome distinta, como si algo
dentro de mí estuviese cambiando, algo químico e irreversible.
Hay algo mágico aquí que va abriéndose camino por mis
venas. Hay algo también en la vegetación a lo que ya respondo
instintivamente: la hermosa buganvilla, los flamboyanes° y          árboles de
las jacarandás°, las orquídeas que crecen sobre los troncos de          flores
las misteriosas ceibas°. Y quiero a La Habana, su bullicio y su          rojas
decadencia y su aquello de fulana. Podría sentarme feliz          árboles de
durante días y días en uno de aquellos balcones de hierro          flores
forjado, o quedarme en compañía de mi abuela en su porche,          azules
con su vista al mar de primera fila. Me da miedo perder todo          árbol de
esto, perder nuevamente a Abuela Celia. Pero tarde o          flores
temprano tendré que regresar a Nueva York. Ahora sé que es          rojas
allí adonde pertenezco (y no *en vez* de a Cuba, sino *más* que a          brillantes
Cuba). ¿Cómo puedo decirle esto a mi abuela?

# Verifiquemos e interpretemos

**E** **A ver si comprendiste.** La abuela y la mamá de Pilar, llamadas Celia y Lourdes respectivamente, tienen posiciones políticas muy diferentes con respecto a Cuba. La Abuela Celia nunca salió de Cuba mientras que Mamá Lourdes es una exiliada cubanoamericana que vive en Nueva York. Escribe si estas oraciones corresponden a lo que dicen o piensan la abuela (**A**), la madre (**M**) o Pilar (**P**).

1. Antes de la revolución había mucha hambre en Cuba.  _____

2. Los comunistas nos han robado nuestras propiedades.  _____

3. La libertad no es otra cosa sino el derecho de vivir decentemente.  _____

4. Para ella, el dinero es el fondo de todas las cosas.  _____

5. "A favor de la revolución, todo; en contra de la revolución, nada."  _____

6. El arte es la máxima revolución.  _____

7. He comenzado a soñar en español.  _____

**F** **¡A interpretar!** Contesta las preguntas que aparecen en los cuadros siguientes sobre el fragmento de *Soñar en cubano* que leíste.

**Visión que tiene la abuela de Cuba antes de la revolución:**

1. ¿Cuál era el único producto de Cuba?

_____

_____

2. ¿Quiénes eran los beneficiados?

_____

_____

3. ¿En qué época del año trabajaba la gente?

_____

_____

4. ¿Cómo vivían los campesinos?

_____

_____

**Visión que tiene la mamá de Pilar del gobierno cubano:**

**5.** ¿Quiénes son los "plantados"?

_____

_____

**6.** ¿Qué les pasa a los católicos en Cuba?

_____

_____

**7.** ¿Por qué dice la mamá a todo el mundo: "¡Podrías ganar diez veces más en Miami!"

_____

_____

**Visión que Pilar comienza a tener al final de su visita:**

**8.** ¿A qué tipo de vegetación comienza a responder Pilar?

_____

_____

**9.** ¿En qué lugar le gustaría sentarse durante días en La Habana?

_____

_____

**10.** ¿A dónde sabe que pertenece Pilar al final?

_____

_____

**G** **Escritura relacionada.** Escribe lo que podría ser una página de tu diario sobre una visita que hiciste a una abuela tuya. Si nunca lo has hecho imagínate lo que sucedería. Intenta describir a tu abuela y también la localidad donde vive. Igualmente escribe sobre lo que tu abuela te diría.

_____

_____

_____

_____

_____

_____

_____

_____

_____

_____

_____

_____

_____

_____

_____

_____

# ¡A deletrear!

**H** **Práctica con acentuar y romper diptongos.** Un acento escrito sobre la vocal fuerte (**a, e, o**) de un diptongo causa que toda la sílaba del diptongo se pronuncie con más énfasis y un acento escrito sobre la vocal débil (**i, u**) de un diptongo rompe el diptongo en dos sílabas con el énfasis en la sílaba de la vocal débil. Lee las siguientes palabras con diptongos intactos y separados y ponles acento escrito a las palabras que lo necesiten. Tal vez te ayude dividir las palabras en sílabas antes de decidir si necesitan acento escrito o no.

1. e s t u d i o

2. t a m b i e n

3. p a r q u e

4. D i a n a

5. c o r r e s p o n d e n c i a

6. t r a n s f o r m a c i o n

7. j o y e r i a

8. i m p u e s t o

9. c u i d a d o

10. t o d a v i a

# Juguemos un poco

**Planear un viaje.** Con dos compañeros usen el siguiente mapa de Sudamérica para decidir qué parte de Sudamérica les gustaría visitar en un viaje de dos semanas. Luego consigan más información sobre la geografía, flora y fauna del lugar que piensan visitar. Será necesario ir a la biblioteca y usar algunos libros de referencia: un atlas, una enciclopedia, unos libros de turismo, etc. para encontrar la información que necesitan. Tracen su ruta e informen a la clase sobre su viaje.

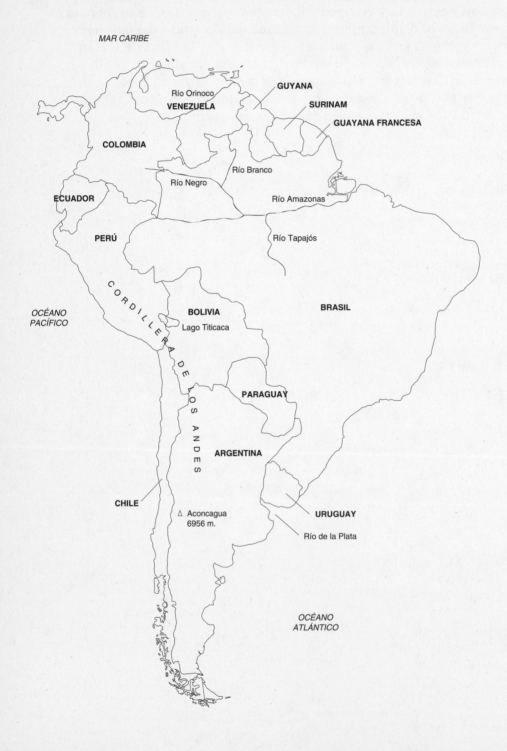

**J**  **Me preocupa el medio ambiente.** Con dos o tres compañeros de clase, prepara una lista de problemas con el medio ambiente en tu ciudad o estado. Discutan posibles soluciones para cada problema. Seleccionen uno de los problemas en su lista que podría servir como proyecto para la clase entera. Describan el proyecto a la clase y traten de convencer a todos a participar.

| Problemas del medio ambiente en mi ciudad o estado | Soluciones a los problemas |
|---|---|
| 1. | |
| 2. | |
| 3. | |
| 4. | |
| 5. | |

**K** **Comparaciones y contrastes.** Usa la enciclopedia para estudiar un país hispano que te gustaría conocer más en detalle. Escribe un informe sobre el país comparándolo con tu propio estado o con los Estados Unidos.

_____

_____

_____

_____

_____

_____

_____

_____

_____

_____

_____

_____

_____

_____

_____

_____

_____

_____

_____

_____

_____

_____

_____

# *Lengua en uso*

## El habla coloquial cubanoamericana

En el habla coloquial de muchos cubanoamericanos aparecen varios cambios fonológicos que son comunes al habla coloquial caribeña y de otras partes del mundo hispano. Por ejemplo, la preposición **para** se reduce a **pa'** y muchas consonantes al final de una palabra desaparecen. Así se dice **verdá** en vez de **verdad** y **estamo** en vez de **estamos**. También la terminación **-ada** se reduce a **-á,** como en **cansá** en vez de **cansada**. Igualmente en algunas palabras se usa la **l** en vez de **r,** como en **luchal** en vez de **luchar**.

**L** **"Milagro en la Ocho y la Doce"**. El autor de este cuento, Roberto G. Fernández, nació en 1951 en Cuba pero llegó a Estados Unidos cuando sólo tenía diez años y es uno de los escritores que mejor refleja la realidad cubanoamericana. El título del cuento "Milagro en la Ocho y la Doce" hace referencia a la Calle Ocho y la Calle Doce, dos calles centrales de La Pequeña Habana, uno de los barrios cubanos más populares de Miami. En la obra narrativa de este escritor cubanoamericano aparece con frecuencia el habla coloquial que usan los cubanoamericanos que viven en la Florida. Reescribe las oraciones coloquiales tomadas del cuento de Roberto G. Fernández usando un lenguaje más formal.

MODELO:  ¡Compre su **ticket pa'** la pelea de gallos aquí!
    **¡Compre su boleto para la pelea de gallos aquí!**

1. Y yo iba de lo más atareada tratando de guiar el **carrito de chopin**...

_____

_____

_____

2. ¿Tú **habla inglé**?

_____

_____

_____

**3.** Sí, Chica, Pepe, el casado con Valentina la **jorobá.**

_____

_____

_____

**4.** Lo peor del caso fue cuando lo trajimos **pa'** la casa...

_____

_____

_____

**5.** La **verda'** es que todavía no estaba convencida...

_____

_____

_____

# Correspondencia práctica

## Cartas informales

Las cartas informales en español, como cualquier comunicación por escrito, tienden a ser más formales que las cartas informales escritas en inglés. Hay que seguir un formato específico y siempre se debe abrir y cerrar la carta con ciertas fórmulas de cortesía. A continuación aparece una carta modelo con el formato apropiado indicado.

**Formato**

- **Tu nombre y tu dirección** se escriben al lado inverso del sobre después de la palabra **Remite** según el siguiente modelo:

**Rte.: Lorenzo Baca**
**1127 Fulton St.**
**San Diego, CA 94118**

CARTA MODELO:

**Nombre de tu ciudad y fecha** → *San Diego, CA*
*4 de marzo de 1999*

*Queridos abuelos:* ← **A quien escribes**

*¿Cómo están? Yo estoy muy bien pero un poco cansado con todo el trabajo en la escuela.*

*Las clases empezaron el lunes y ya tengo tarea que hacer en tres de mis seis clases. Mis profesores son muy exigentes, por lo tanto me imagino que voy a estar muy ocupado este año.*

*¿Cuándo vienen Uds. a visitar? Si vienen en un fin de semana podemos ir a las montañas. Sinceramente, yo necesito unas vacaciones ya, sólo tres días después de empezar las clases. Mamá y papá dicen que si vienen, todos podemos ir a pasar una noche en Big Bear. Es nuestro lugar favorito.*

*Carolina y yo estamos tomando clases de guitarra. A mí me encantan pero a Carolina no. Dice que quiere volver a sus clases de piano. Papá insiste en que tiene que continuar con la guitarra. No sé. Lo más probable es que ella vuelva al piano dentro de poco.*

*Bueno, mamá dice que es hora de cenar. Saludos de mamá, papá y Carolina y un fuerte abrazo de*

**Para cerrar** → *Su nieto,*

**Firma** → *Alex*

**M** **Un fin de semana típico.** Escríbele una carta a un(a) amigo(a) y describe tus clases este año. Menciona a tus profesores favoritos y a tus mejores amigos. No dejes de usar el formulario indicado de una carta informal y de seguir el proceso de redacción recomendado en tu libro de texto.

_____

_____

_____

_____

_____

_____

_____

_____

_____

_____

_____

_____

_____

_____

_____

_____

_____

_____

_____

_____

_____

# ¡A escuchar!

**A**  **¡El mundo al punto!** Escucha a los locutores de este programa de la radio hispana titulado "¡El mundo al punto!", quienes hablarán sobre la televisión en español de Estados Unidos haciendo referencia a la pareja de periodistas del noticiero de mayor popularidad de la televisión hispana: Jorge Ramos y María Elena Salinas. Luego, selecciona la opción correcta para completar las oraciones que aparecen a continuación. Escucha una vez más para verificar tus respuestas.

1. La mayoría de las grandes ciudades de Estados Unidos...

   **a.** no ofrecen televisión en español.

   **b.** ofrecen varios canales de televisión en español.

   **c.** ofrecen por lo menos un canal de televisión en español.

2. Las dos cadenas nacionales de televisión hispana son...

   **a.** Televisa y Univisión.

   **b.** Univisión y Telemundo.

   **c.** Televisa y Telemundo.

3. Jorge Ramos y María Elena Salinas han presentado juntos las noticias de Univisión...

   **a.** desde hace dos años.

   **b.** desde hace casi diez años.

   **c.** desde principios de este año.

**4.** María Elena Salinas...

    **a.** nació en Cuba pero ha vivido en Miami desde hace veinte años.

    **b.** es originaria de Los Ángeles, hija de mexicanos.

    **c.** nació en México pero ha vivido en Los Ángeles los últimos diez años.

**5.** El equipo profesional que produce las noticias que presentan Jorge Ramos y María Elena Salinas todos los días en sus noticieros de media hora son el producto del trabajo y el talento de...

    **a.** una persona, en particular.

    **b.** ellos mismos.

    **c.** un gran número de personas.

**6.** Muchos hispanos prefieren el Noticiero Univisión a los noticieros en inglés de las grandes cadenas norteamericanas porque ...

    **a.** las noticias tienen una perspectiva hispana.

    **b.** las noticias tienen un énfasis sobre lo que sucede en Miami y Los Ángeles.

    **c.** dan los resultados de los juegos de fútbol de Sudamérica.

# Acentuación y ortografía

## Dos vocales fuertes

Como ya sabes, la combinación de una vocal fuerte y una débil o de dos vocales débiles es un diptongo y se pronuncia como una sola sílaba. La combinación de dos vocales fuertes (**a, e, o**) nunca forma un diptongo al estar juntas en una palabra. Dos vocales fuertes siempre se separan y forman dos sílabas.

Ahora escucha a la narradora pronunciar las siguientes palabras con dos vocales fuertes juntas fijándote en cómo siempre forman dos sílabas distintas.

| | | |
|---|---|---|
| le-**er** | em-pl**e-a**-do | cr**e-e**s |
| ta-r**e-a** | id**e-a**s | nor-t**e-a**-me-ri-ca-no |

**B**   **Silabeo con vocales fuertes.** Ahora el narrador va a pronunciar las siguientes palabras. Divídelas en sílabas con líneas oblicuas prestando atención especial a los diptongos y a la separación en dos sílabas de palabras con dos vocales fuertes juntas.

**1.** o e s t e             **6.** c o r e a n o

**2.** c e r e a l          **7.** b o a

**3.** c u a t r o          **8.** p a s e a r

**4.** c a c a o           **9.** d e s i e r t o

**5.** e u r o p e a       **10.** r e a l i s t a

**C**    **Dictado.** Escucha el siguiente dictado e intenta escribir lo más que puedas. El dictado se repetirá una vez más para que revises tu párrafo.

### Chile: tierra de contrastes

_____

_____

_____

_____

_____

_____

_____

_____

_____

_____

_____

_____

_____

_____

_____

_____

_____

_____

_____

_____

_____

_____

_____

# Tesoros de la literatura contemporánea

**D** **Para anticipar.** ¿Qué tipo de vida prefieres, la vida sencilla del campo o la vida de la ciudad, llena de bienes materiales? Para saberlo, contesta estas preguntas.

1. ¿Qué ventajas y desventajas tienen la personas que viven en el campo que no tienen las personas que viven en la ciudad? ¿Y qué tienen las de la ciudad que no tienen las del campo?

_____

_____

_____

_____

2. ¿Cuál es más tranquilo, la ciudad o el campo? ¿más divertido? ¿más sano? ¿más variado? ¿más complicado? ¿más elegante? ¿mejor para niños? ¿mejor para adultos? Explica tus respuestas.

_____

_____

_____

_____

3. ¿Qué efecto tiene el dinero, o la falta de dinero, en la calidad de vida en el campo? ¿En la ciudad? ¿Es necesario tener bastante dinero para vivir bien? ¿Por qué crees eso?

_____

_____

_____

_____

4. ¿Dónde preferirías vivir? ¿Por qué?

_____

_____

_____

_____

# Lectura chilena

Este drama en un acto del dramaturgo chileno, Sergio Vodanovic, es un comentario sobre lo artificial de las distintas estratas de nuestra sociedad. Lo que empieza como una conversación artificial, pronto se convierte en un juego y luego en una inversión en el rol de las dos protagonistas de la obra.

### El delantal blanco
(Primera parte)

*(La playa. Al fondo, una carpa. Sentadas frente a ella, la señora y la empleada. La señora lleva, sobre el traje de baño, un blusón de toalla. La tez está tostada por un largo veraneo. La empleada viste su delantal blanco.)*

LA SEÑORA: *(Gritando hacia su pequeño hijo que se supone está a la orilla del mar.)* ¡Alvarito! ¡Alvarito! ¡No le tire arena a la niñita! ¡Métase al agua! ¡Está rica...! ¡Alvarito, no! ¡No le deshaga el castillo a la niñita! Juegue con ella... Sí, mi hijito..., juegue...

LA EMPLEADA: Es tan peleador...

LA SEÑORA: Salió al padre... Es inútil corregirlo. Tiene una personalidad dominante que le viene de su padre, de su abuela... ¡sobre todo de su abuela!

LA EMPLEADA: ¿Vendrá el caballero mañana?

LA SEÑORA: *(Se encoge de hombros con desgano.)* No sé. Ya estamos en marzo, todas mis amigas han regresado y Álvaro me tiene todavía aburriéndome en la playa. Él dice que quiere que el niño aproveche las vacaciones, pero para mí que es él quien está aprovechando. *(Se saca el blusón y se tiende a tomar el sol.)* ¡Sol! ¡Sol! Tres meses tomando sol. Estoy intoxicada de sol. *(Mirando inspectivamente a la empleada)* ¿Qué haces tú para no quemarte?

LA EMPLEADA: He salido tan poco de la casa...

LA SEÑORA: ¿Y qué querías? Viniste a trabajar, no a veranear recibiendo sueldo, ¿no?

LA EMPLEADA: Sí, señora, yo solo contestaba su pregunta. *(La señora permanece tendida recibiendo el sol. La empleada saca de su bolsa de género, una revista de historietas fotografiadas y principia a leer.)*

LA SEÑORA: ¿Qué haces?

LA EMPLEADA: Leo la revista.

| LA SEÑORA: | ¿La compraste tú? |
|---|---|
| LA EMPLEADA: | Sí, señora. |
| LA SEÑORA: | No se te paga tan mal, entonces, si puedes comprarte tus revistas, ¿eh? (*La empleada se incorpora para ir donde está Alvarito.*) ¡Claro! Tú leyendo y que Alvarito reviente, que se ahogue... |
| LA EMPLEADA: | Pero si está jugando con la niñita... |
| LA SEÑORA: | Si te traje a la playa es para que vigilaras a Alvarito y no para que te pusieras a leer. (*La empleada se incorpora para ir donde está Alvarito.*) ¡No! Lo puedes vigilar desde aquí. Quédate a mi lado, pero observa al niño. ¿Sabes? Me gusta venir contigo a la playa. |
| LA EMPLEADA: | ¿Por qué? |
| LA SEÑORA: | Bueno..., no sé... Será por lo mismo que me gusta venir en el auto, aunque la casa esté a dos cuadras. Me gusta que vean el auto. Todos los días, hay alguien que se detiene para mirarlo y comentarlo... Claro, tú no te das cuenta de la diferencia. Estás acostumbrada a lo bueno... Dime... ¿Cómo es tu casa? |
| LA EMPLEADA: | Yo no tengo casa. |
| LA SEÑORA: | No habrás nacido empleada, supongo. Tienes que haberte criado en alguna parte, debes haber tenido padres... ¿Eres del campo? |
| LA EMPLEADA: | Sí. |
| LA SEÑORA: | Y tuviste ganas de conocer la ciudad, ¿eh? |
| LA EMPLEADA: | No. Me gustaba allá. |
| LA SEÑORA: | ¿Por qué te viniste, entonces? |
| LA EMPLEADA: | Al papá no le alcanzaba... |
| LA SEÑORA: | No me vengas con ese cuento. Conozco la vida de los inquilinos en el campo. Lo pasan bien. Les regalan una cuadra para que la cultiven, tienen alimentos gratis y hasta les sobra para vender. Algunos tienen hasta sus vaquitas... ¿Tu padre tenía vacas? |
| LA EMPLEADA: | Sí, señora. Una. |
| LA SEÑORA: | ¿Ves? ¿Qué más quieren? ¡Alvarito! No se meta tan allá, que puede venir una ola. ¿Qué edad tienes? |
| LA EMPLEADA: | ¿Yo? |
| LA SEÑORA: | A ti te estoy hablando. No estoy loca para hablar sola. |
| LA EMPLEADA: | Ando en los veintiuno... |
| LA SEÑORA: | ¡Veintiuno! A los veintiuno yo me casé. ¿No has pensado en casarte? (*La empleada baja la vista y no contesta.*) ¡Las cosas que se me ocurre preguntar! ¿Para qué quieres casarte? En la casa tienes de todo: comida, una buena pieza, delantales limpios... y, si te casaras... ¿Qué es lo que tendrías? Te llenarías de chiquillos, no más. |

*continuará...*

## Verifiquemos e interpretemos

**E**   **A ver si comprendiste.** ¿Cómo se comparan los dos personajes principales? ¿Son totalmente diferentes o tienen algo en común? Usa este diagrama de Venn para comparar a los dos personajes del acto. En la primera columna pon las cualidades / características de la empleada, en la tercera las de la señora y en el centro las cualidades / características que tienen en común.

**La empleada**

1. _____
2. _____
3. _____
4. _____
5. _____

**La empleada y la señora**

1. _____
2. _____
3. _____
4. _____
5. _____

**La señora**

1. _____
2. _____
3. _____
4. _____
5. _____

**F** **¡A interpretar!** Compara tu diagrama de Venn con los de dos compañeros de clase. Usen sus diagramas y las preguntas a continuación para analizar a las dos personajes.

1. ¿Cuál es la actitud de la señora hacia la sirvienta?

_____

_____

_____

2. ¿Cuáles son los temas de la conversación de las dos protagonistas?

_____

_____

_____

3. ¿Qué tipo de preguntas le hace la señora a la sirvienta? ¿Por qué crees que le hace esas preguntas?

_____

_____

_____

4. ¿De qué manera contesta la sirvienta y por qué contesta así?

_____

_____

_____

5. ¿Qué crees que tienen en común las dos mujeres?

_____

_____

_____

6. ¿Qué cualidades tiene la sirvienta que crees que debe tener la señora? ¿Tiene la señora cualidades que debería tener la sirvienta? ¿Cuáles son?

_____

_____

_____

7. ¿Cómo crees que van a cambiar las cosas en la segunda parte del acto?

_____

_____

_____

**G** **Escritura relacionada.** Imagínate que estás en la playa y escuchas la conversación entre la señora y la empleada. No quieres interrumpir ni meterte en la conversación pero sientes que debes reaccionar a lo que observas. Escríbele una carta a la señora o a la empleada y expresa tus inquietudes, preocupaciones y opiniones sobre lo que escuchaste.

_____

_____

_____

_____

_____

_____

_____

_____

_____

_____

_____

_____

_____

_____

_____

_____

_____

_____

_____

_____

_____

_____

_____

# ¡A deletrear!

**Práctica con dos vocales fuertes.** Separa las siguientes palabras en sílabas y pon acentos en las que los necesiten. Tal vez te ayude subrayar dónde va el golpe antes de decidir si necesitas poner acento escrito o no.

1. r e a l e s

2. p e t r o l e o

3. c a u c h o

4. f e a s

5. v e o

6. M a t e o

7. n o r o e s t e

8. i d e a l

9. t e a t r a l

10. p e o r e s

# *Juguemos un poco*

**I.** **Una estampita de mi pasado.** ¿Qué sabes de tu niñez? Pregúntales a tus padres lo siguiente. Luego comparte las respuestas con un compañero de clase.

**1.** Cuéntame del día que nací. ¿Cuánto pesé? ¿Qué tipo de día era?

_____

_____

_____

_____

**2.** ¿Cuáles fueron mis primeras palabras?

_____

_____

_____

_____

**3.** ¿Cuándo empecé a dar mis primeros pasitos?

_____

_____

_____

_____

**4.** ¿Cuál fue la cosa más graciosa que hice de niño(a)?

_____

_____

_____

_____

**5.** ¿Cuál fue la peor travesura que hice?

_____

_____

_____

_____

**6.** ¿Cómo me porté el primer día de kinder?

_____

_____

_____

_____

**7.** ¿Tenía algún juguete favorito? ¿Un libro favorito? ¿Una cobijita favorita? ¿Qué pasó con ellos? ¿Todavía existen?

_____

_____

_____

_____

**8.** ¿Qué momentos recuerdas más de mí? ¿Cuáles quieres recordar para siempre y cuáles quieres olvidar completamente?

_____

_____

_____

_____

**J**

**El clima y las memorias.** A veces ciertas condiciones del clima nos hacen recordar ciertas experiencias memorables de la niñez. En el siguiente cuadro apunta experiencias memorables de tu niñez que te hacen recordar estas condiciones de tiempo. Después comparte tus memorias con dos compañeros de clase. Seleccionen las más extraordinarias y cuéntenselas al resto de la clase.

| Clima / tiempo | Experiencia memorable |
|---|---|
| 1. una tormenta | |
| 2. llovizna | |
| 3. un día muy nublado | |
| 4. un clima húmedo | |
| 5. un día soleado | |
| 6. un arco iris | |
| 7. un día de mucho viento | |
| 8. un día de primavera | |

**K** **Un día que nunca olvidaré.** Selecciona un día memorable de los que anotaste en la actividad anterior y descríbelo en detalle en uno o dos párrafos. Si tienes fotos del evento, inclúyelas con tu composición.

_____

_____

_____

_____

_____

_____

_____

_____

_____

_____

_____

_____

_____

_____

_____

_____

_____

_____

_____

_____

# ¡A explorar!

## Variantes coloquiales: el pretérito de *tú*

Como hemos visto anteriormente, la lengua es algo vivo, vibrante y que cambia constantemente. Muchos de los cambios se efectúan al adaptarse la lengua a cambios en la sociedad, ya sea nuevos productos, invenciones, diversiones, etc. Pero los cambios ocurren por muchas otras razones. Un cambio interesante que ocurre en ciertas partes de México y varios otros países, inclusive en el suroeste de Estados Unidos, es la tendencia a trasponer la **-s** del pretérito de la segunda persona singular, **tú.** Esta tendencia a decir *fuites* en vez de **fuiste**, *dijites* en vez de **dijiste**, *trajites* en vez de **trajiste**, etc., predomina en el habla campesina. Una variación que también se oye con frecuencia en el habla popular es la de agregar otra **s** *(fuistes, trajistes, dijistes,* etc.). En el mundo hispanohablante en general, tanto la omisión de esta **s** como el hecho de agregarla, con frecuencia se identifica con una falta de educación formal. Por lo tanto, es importante en la lengua formal no trasponer esta **s**.

**L** **Lengua campesina.** Escribe de nuevo estas oraciones y cambia las expresiones populares que aparecen en **negrilla** a un español más general. Intenta reconocer las otras palabras coloquiales además de las formas verbales del pretérito.

1. ¿**Asina** que no **trajistes** nada **pa** comer?

   _____
   _____
   _____
   _____

2. Ayer me **dijites** que **nadien** te había **escribido**.

   _____
   _____
   _____
   _____

**3.** ¿Por qué no **venistes** antes?

_____

_____

_____

_____

**4.** Lo **mesmo** le **prometites** a Juan.

_____

_____

_____

_____

**5.** El año pasado **vendistes muncho** frijol.

_____

_____

_____

_____

**6.** ¿**Fuites** a avisarle al **dotor** que María **tá** muy enferma?

_____

_____

_____

_____

# ¡A escuchar!

**A** **¡El mundo al punto!** Escucha a los locutores de este programa de la radio hispana titulado "¡El mundo al punto!", quienes hablarán sobre los anuncios comerciales en español. Luego, selecciona la opción correcta para completar las oraciones que aparecen a continuación. Escucha una vez más para verificar tus respuestas.

**1.** El premio que otorga anualmente la industria de la publicidad en español en Estados Unidos se llama...

   **a.** "Nosotros".

   **b.** "Se habla español".

   **c.** "Emmy en español".

**2.** El hecho de que en 1995 el mercado hispano de Estados Unidos tenía un poder de compra anual de 200 mil millones de dólares, ha...

   **a.** interesado principalmente a compañías hispanas del extranjero.

   **b.** llamado la atención de muchas compañías europeas.

   **c.** interesado bastante a grandes compañías estadounidenses.

**3.** Esthela Alarcón-Teagle, la creadora del anuncio comercial ganador, afirma que...

   **a.** las grandes compañías usualmente no hacen publicidad en español en Estados Unidos.

   **b.** a las cadenas de televisión en español no les interesa tener anuncios de las grandes compañías estadounidenses.

   **c.** las grandes compañías han descubierto el mercado hispano de Estados Unidos y realizan campañas de publicidad en español.

**4.** Esthela Alarcón-Teagle cree que...

    **a.** basta con traducir los comerciales del inglés al español.

    **b.** los anuncios traducidos del inglés usualmente no reflejan la mentalidad hispana.

    **c.** los comerciales en inglés son siempre mejores.

**5.** El comercial ganador intenta dar publicidad a _____ del Hospital White Memorial de Long Beach, California.

    **a.** los servicios de maternidad

    **b.** los servicios de emergencia

    **c.** al avanzado equipo de cardiólogos

**6.** Roberto Hernández, el anfitrión del programa "¡El mundo al punto!" dice que se identifica con _____ que aparece en los comerciales.

    **a.** el hospital

    **b.** la madre

    **c.** el bebé

## Acentuación y ortografía

### Palabras parecidas

En español, hay palabras que se escriben exactamente iguales excepto una lleva acento escrito y otra no. Estas **palabras parecidas** no siguen las reglas de acentuación y siempre llevan acento escrito para diferenciarse la una de la otra. A continuación aparecen dos listas de palabras parecidas que siempre llevan acento escrito: las **palabras interrogativas** y **palabras monosílabas** o de **dos sílabas**.

| Palabras interrogativas | | Palabras de una o dos sílabas | | | |
|---|---|---|---|---|---|
| ¿cómo? | ¿dónde? | el | *(the)* | él | *(he)* |
| ¿cuál(es)? | ¿adónde? | mi | *(my)* | mí | *(me)* |
| ¿cuándo? | ¿de dónde? | si | *(if)* | sí | *(yes)* |
| ¿cuánto(a)? | ¿por qué? | solo | *(alone)* | sólo | *(only)* |
| ¿cuántos(as)? | ¿qué? | te | *(you)* | té | *(tea)* |
| | ¿quién(es)? | tu | *(you)* | tú | *(your)* |

**B** **Práctica con palabras parecidas.** Para repasar lo que ya sabes de la gran poeta chilena Gabriela Mistral, subraya la palabra entre paréntesis que mejor complete cada comentario que sigue.

1. ¿(Donde / Dónde) y (cuando / cuándo) nació?

   Lucila Godoy Alcayaga nació en 1889 en el norte de Chile (donde / dónde) se crió y se dedicó a la enseñanza.

2. ¿(Que / Qué) le pasó a los diecisiete años y (como / cómo) sobrevivió?

   Su novio se suicidó (cuando / cuándo) ella (solo / sólo) tenía diecisiete años. Ella encontró que (si / sí) escribía poesía, podía sobrevivir a la tristeza y la soledad que sentía.

3. ¿(Cuando / Cuándo) recibió su primer premio?

   Recibió su primer premio en 1914 (cuando / cuándo) publicó *Los sonetos de la muerte* bajo el nombre de Gabriela Mistral. Pero (el / él) mejor libro de esta poeta chilena fue *Desolación,* que se publicó en 1922.

4. ¿(Que / Qué) otros premios recibió?

   En 1945 se le otorgó (el / él) Premio Nóbel de Literatura. Ningún escritor latinoamericano había recibido este honor.

5. ¿(Que / Qué) opinas (tu / tú) de su poesía?

   En (mi / mí) opinión, Gabriela Mistral está (sola / sóla) entre las personas que han sobrevivido una gran tragedia y expresado su tristeza y desolación en poesía.

**Dictado.** Escucha el siguiente dictado e intenta escribir lo más que puedas. El dictado se repetirá una vez más para que revises tu párrafo.

**Gabriela Mistral**

_____

_____

_____

_____

_____

_____

_____

_____

_____

_____

_____

_____

_____

_____

_____

_____

_____

_____

_____

_____

# Tesoros de la literatura contemporánea

**D** **Para anticipar.** Contesta las siguientes preguntas, luego lee la segunda parte de *El delantal blanco* para ver cómo contestan preguntas muy similares las dos protagonistas.

1. ¿Qué cualidades buscas en tu futuro(a) esposo o esposa: que sea guapo(a), inteligente, simpático(a),... que tenga clase, dinero, ambición,...? De todas estas cualidades, ¿cuáles consideras las dos más importantes? ¿Por qué?

_____

_____

_____

2. ¿Si te enamoraras de una persona pobre, te casarías con esa persona o esperarías hasta conocer a otra persona? ¿Por qué? ¿Qué importancia tiene el dinero para ti?

_____

_____

_____

3. ¿Es importante que tu futuro(a) esposo(a) tenga clase, o sea que sepa portarse entre la gente culta, que tenga buen gusto en el vestir, y que tenga aire de distinción?

_____

_____

_____

4. ¿Qué papel hace la ropa que llevamos en determinar quién somos? ¿Crees que si vistes lujosa y elegantemente, cambia tu personalidad? ¿Y crees lo opuesto, que si vistes como una persona cualquiera acabas por ser tal persona? Explica tu respuesta.

_____

_____

_____

# Lectura chilena

Ésta es una continuación del drama en un acto del dramaturgo chileno, Sergio Vodanovic. En esta parte de la obra, la señora y la empleada conversan sobre diferentes perspectivas de dos clases sociales.

### El delantal blanco
(Segunda parte)

LA EMPLEADA: Me gustaría casarme...

LA SEÑORA: ¡Tonterías! Cosas que se te ocurren por leer historias de amor en revistas baratas... Acuérdate de esto: Los príncipes azules ya no existen. No es el color lo que importa sino el bolsillo. Cuando mis padres no me aceptaban un pollito porque no tenía plata, yo me indignaba, pero llegó Álvaro con sus industrias y sus fondos y no quedaron contentos hasta que lo casaron conmigo. A mí no me gustaba porque era gordo y tenía la costumbre de sorberse los mocos, pero después del matrimonio, una se acostumbra a todo. Y se llega a la conclusión de que todo da lo mismo, salvo la plata. Yo tenía plata, tú no tienes. Ésa es toda la diferencia entre nosotros. ¿No te parece?

LA EMPLEADA: Sí, pero...

LA SEÑORA: ¡Ah! ¿Lo crees? Pero es mentira. Hay algo que es más importante que la plata: la clase. Eso no se compra. Se tiene o no se tiene. Álvaro no tiene clase. Yo, sí la tengo, podría vivir en una pocilga y todos se darían cuenta de que soy alguien. No una cualquiera. Alguien.

LA EMPLEADA: Sí, señora.

LA SEÑORA: A ver... Pásame esta revista. *(La empleada lo hace. La señora la hojea. Mira algo y se ríe abiertamente.)* ¿Y esto lees tú?

LA EMPLEADA: Me entretengo, señora.

LA SEÑORA: ¡Qué ridículo! Mira a este roto vestido de smoking. Cualquiera se da cuenta que está tan incómodo en él como un hipopótamo con faja. *(Vuelve a mirar en la revista.)* ¡Y es el conde Lamarquina! ¡El conde Lamarquina! A ver... ¿Qué es lo que dice el conde? *(Leyendo.)* "Hija mía, no permitiré jamás que te cases con Roberto. Él es un plebeyo. Recuerda que por nuestras venas corre sangre azul". ¿Y ésta es la hija del conde?

| | |
|---|---|
| LA EMPLEADA: | Sí. Se llama María. Es una niña sencilla y buena. Está enamorada de Roberto, que es el jardinero del castillo. El conde no lo permite. Pero..., ¿sabe? Yo creo que todo va a terminar bien. Porque en el número anterior, Roberto le dijo a María que no había conocido a sus padres, y cuando no se conoce a los padres, es seguro que ellos son gente rica y aristocrática que perdieron al niño chico o lo secuestraron... |
| LA SEÑORA: | ¿Y tú crees todo eso? |
| LA EMPLEADA: | Es tan bonito, señora... |
| LA SEÑORA: | ¿Qué es tan bonito? |
| LA EMPLEADA: | Que lleguen a pasar cosas así. Que un día cualquiera, uno sepa que es otra persona, que en vez de ser pobre, se es rica; que en vez de ser nadie, se es alguien, así como dice usted... |
| LA SEÑORA: | ¿Pero no te das cuenta que no puede ser? Mira a la hija. ¿Me has visto a mí usando alguna vez aros así? ¿Has visto a alguna de mis amigas con una cosa tan espantosa? ¿Y el peinado? Es detestable. ¿No te das cuenta que una mujer así no puede ser aristócrata? A ver... ¿sale fotografiado aquí el jardinero? |
| LA EMPLEADA: | Sí. En los cuadros finales. (*Le muestra en la revista. La señora ríe divertida.*) |
| LA SEÑORA: | ¿Y éste crees tú que puede ser el hijo de un aristócrata? ¿Con esa nariz? ¿Con ese pelo? Mira... Imagínate que mañana me rapten a Alvarito. ¿Crees tú que va a dejar por eso, de tener su... aire de distinción? |
| LA EMPLEADA: | ¡Mire, señora! Alvarito le botó el castillo de arena a la niñita de una patada. |
| LA SEÑORA: | ¿Ves? Tiene cuatro años y ya sabe lo que es mandar, lo que es no importarle los demás. Eso no se aprende. Viene en la sangre. |
| LA EMPLEADA: | (*Incorporándose.*) Voy a ir a buscarlo. |
| LA SEÑORA: | Déjalo. Se está divirtiendo. (*La empleada se desabrocha el primer botón de su delantal y hace un gesto que demuestra estar acalorada.*) ¿Tienes calor? |
| LA EMPLEADA: | El sol está picando fuerte. |
| LA SEÑORA: | ¿No tienes traje de baño? |
| LA EMPLEADA: | No. |
| LA SEÑORA: | ¿No te has puesto nunca un traje de baño? |

| | |
|---|---|
| LA EMPLEADA: | ¡Ah, sí! |
| LA SEÑORA: | ¿Cuándo? |
| LA EMPLEADA: | Antes de emplearme. A veces, los domingos, hacíamos excursiones a la playa en el camión de una amiga. |
| LA SEÑORA: | ¿Y se bañaban? |
| LA EMPLEADA: | En la playa grande de Cartagena. Arrendábamos trajes de baño y pasábamos todo el día en la playa. Llevábamos de comer y... |
| LA SEÑORA: | *(Divertida.)* ¿Arrendaban trajes de baño? |
| LA EMPLEADA: | Sí. Una señora que arrienda en la misma playa. |
| LA SEÑORA: | Una vez nos detuvimos con Álvaro en Cartagena a echar gasolina al auto y miramos a la playa. ¡Era tan gracioso! ¡Y los trajes de baño arrendados! Unos eran tan grandes que hacían bolsas por todos los lados, y otros quedaban tan chicos que las mujeres andaban con medio traste afuera. ¿De cuáles arrendabas tú? ¿De los grandes o de los chicos? *(La empleada mira al suelo taimada.)* Debe ser curioso... Mirar el mundo desde un traje de baño arrendado o envuelta en un vestido barato o con un uniforme de empleada, como tú. Algo parecido le debe pasar a esa gente que se fotografía para estas historietas: se ponen un smoking o un traje de baile y debe ser diferente a la forma como se sienten ellos mismos, como miran a los demás... Cuando yo me puse mi primer par de medias, el mundo entero cambió para mí. Los demás eran diferentes, yo era diferente y el único cambio efectivo era que tenía puesto un par de medias. Dime.., ¿cómo se ve el mundo cuando se está vestida con un delantal blanco? |
| LA EMPLEADA: | *(Tímidamente.)* Igual.., la arena tiene el mismo color... las nubes son iguales... Supongo... |
| LA SEÑORA: | Pero no... Es diferente. Mira. Yo, con este traje de baño, con este blusón de toalla, tendida sobre la arena, sé que estoy en mi "lugar", que esto me pertenece. En cambio, tú, vestida como empleada, sabes que la playa no es tu lugar, y eso te debe hacer ver todo distinto. |
| LA EMPLEADA: | No sé. |
| LA SEÑORA: | Mira. Se me ha ocurrido algo. Préstame tu delantal. |
| LA EMPLEADA: | ¿Cómo? |
| LA SEÑORA: | Préstame tu delantal. |
| LA EMPLEADA: | Pero..., ¿Para qué? |
| LA SEÑORA: | Quiero saber como se ve el mundo, qué apariencia tiene la playa, vista desde un delantal de empleada. |

| LA EMPLEADA: | ¿Ahora? |
|---|---|
| LA SEÑORA: | Sí. Ahora. |
| LA EMPLEADA: | Pero es que... No tengo vestido debajo. |
| LA SEÑORA: | *(Tirándose el blusón.)* Toma. Ponte esto. |
| LA EMPLEADA: | Voy a quedar en calzones. |
| LA SEÑORA: | Es lo suficientemente largo para cubrirte. Y en todo caso, vas a mostrar menos que lo que mostrabas con los trajes de baño que arrendaban en Cartagena. *(Se levanta y obliga a levantarse a la empleada. Prácticamente obliga a la empleada a entrar a la carpa y luego lanzar al interior el blusón de toalla. Se dirige al primer plano y le habla a su hijo.)* Alvarito, métase un poco al agua. Mójese las patitas siquiera... No sea tan de rulo... ¡Eso es! ¿Ve que es rica el agüita? *(Se vuelve hacia la carpa, y habla al interior de ella.)* ¿Estás lista? *(Entra a la carpa. Después de un instante, sale la empleada vestida con el blusón de toalla. Se ha prendido el pelo y su aspecto ya difiere algo de la tímida muchacha que conocemos. Con delicadeza se tiende sobre la arena. Sale la señora abotonándose aún su delantal. Se va a sentar delante de la empleada, pero se vuelve de inmediato.)* No. Adelante no. Una empleada, en la playa se sienta siempre un poco más atrás de su patrona. *(Se sienta sobre sus pantorrillas y mira divertida en todas direcciones. La empleada cambia de postura con displicencia. La señora toma la revista de la empleada y principia a leerla. En un comienzo hay una sonrisa irónica en sus labios que desaparece al irse interesando en la lectura. La empleada, con naturalidad, toma de la bolsa de playa de la señora un frasco de aceite bronceador y principia a extenderlo con lentitud por sus piernas. La señora la ve. Intenta una reacción reprobatoria pero no atina a decir sino...)* ¿Qué haces? *(La empleada no contesta. La señora opta por seguir la lectura, vigilando, de vez en vez, con la vista, lo que hace la empleada. Ésta se ha sentado ahora, y se mira detenidamente las uñas.)* |

*continuará . . .*

# Verifiquemos e interpretemos

**E**	**A ver si comprendiste.** En los cuadros de "mente abierta" que se encuentran a continuación, escribe unas cinco citas de la señora y otras cinco de la empleada que, en tu opinión, muestren sus verdaderas personalidades.

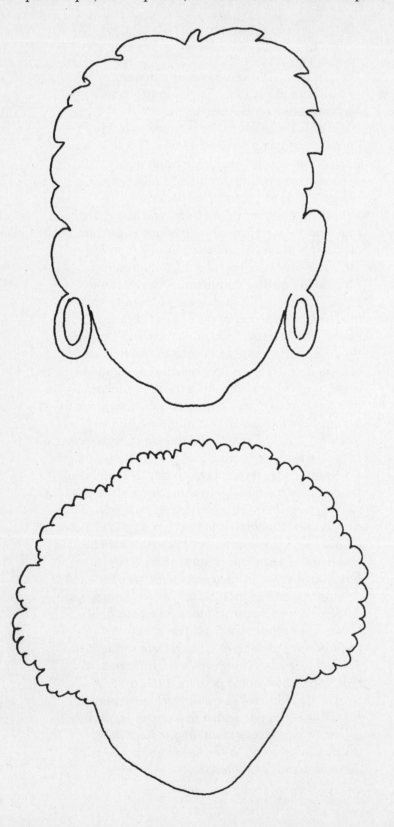

**F**

**¡A interpretar!** ¿Qué piensa tu compañero sobre tus respuestas de las citas que anotaste? Compara tus diagramas "mente abierta" con los de dos compañeros de clase. Después contesten las siguientes preguntas.

1. ¿Qué influencia tiene la clase social de cada mujer sobre la manera que habla?

   _____

   _____

   _____

   _____

2. ¿Qué influencia tienen las experiencias y la manera que se crió la señora sobre la manera que actúa? ¿Y la empleada?

   _____

   _____

   _____

   _____

3. ¿Qué cambios de personalidad crees que habrá cuando cambien de trajes? ¿Cambiará su comportamiento? ¿Cómo?

   _____

   _____

   _____

   _____

4. ¿Crees que al cambiar de traje también cambiará su manera de pensar y hablar? ¿Por qué sí o por qué no?

   _____

   _____

   _____

   _____

**Escritura relacionada.** Escoje una de las citas que dijo la señora o la empleada que te causó una reacción. ¿Cómo reaccionarías a esa frase si alguien te la hubiera dicho a ti? Imagínate que eres la persona a quien se le dirigió esa cita. Escribe un monólogo interior de lo que estarías pensando al oír tal comentario.

_____

_____

_____

_____

_____

_____

_____

_____

_____

_____

_____

_____

_____

_____

_____

_____

_____

_____

_____

_____

_____

# ¡A deletrear!

**H** **Práctica con palabras parecidas.** Escribe una oración con las siguientes palabras.

**1.** té _____

_____

_____

**2.** sólo _____

_____

_____

**3.** tú _____

_____

_____

**4.** mi _____

_____

_____

**5.** adónde _____

_____

_____

# Juguemos un poco

**I** **Una encuesta.** Todos reaccionamos de distinta manera a los anuncios comerciales. Completa este cuadro con tus impresiones de los mismos. Luego, compara tus impresiones con las de dos compañeros de clase e informen a la clase de los anuncios que aparecieron en las tres listas.

| Anuncios comerciales | Producto o servicio | Resumen del anuncio |
|---|---|---|
| 1. El más cómico | | |
| 2. El más dramático | | |
| 3. El de más beneficio para la sociedad | | |
| 4. El más educativo | | |
| 5. El más ridículo | | |

**J** **Siempre he querido escribir comerciales.** Con dos compañeros de clase, escribe en una hoja aparte un anuncio comercial para uno de los productos de la encuesta que llevaron a cabo en la actividad anterior. Presenten el anuncio a toda la clase. Después, que la clase escoja el anuncio más cómico, más dramático, de más beneficio a la sociedad, el más educativo y el más ridículo.

**K** **Una carta al director de la estación.** Escríbele una carta al director de una estación de televisión en tu área para decirle qué tipo de programas se necesitan para la comunidad hispana en Estados Unidos. Usa el formato para escribir una carta formal.

_____

_____

_____

_____

_____

_____

_____

_____

_____

_____

_____

_____

_____

_____

_____

_____

_____

_____

_____

_____

# ¡A explorar!

## Signos de puntuación que indican entonación

En español, en contraste con el inglés, los **signos de exclamación** y los **signos de interrogación** se escriben al principio tanto como al final de una exclamación o pregunta. Esto le permite a la persona que lee usar la entonación debida al exclamar o preguntar. A continuación, aparece una explicación de cuándo usar los signos de puntuación que indican entonación.

- Los **signos de exclamación** (¡ !) se escriben al principio y al final de una exclamación. Fíjate que el signo de exclamación al principio de la exclamación siempre está invertido.

  ¡Compre lo mejor,... *Doña Arepa!*

  ¡Ay! ¡Me duele todo!

- Los **signos de interrogación** (¿?) se escriben al principio y al final de una pregunta. Fíjate que como el signo de exclamación, el signo de interrogación al principio de la pregunta siempre está invertido.

  ¿Quién te dio permiso para entrar?

  ¿Por qué no te pusiste loción protectora?

- Las **comillas** (" ") se usan para indicar una cita (las palabras exactas) de un texto o de una persona y con los títulos de cuentos, artículos y poemas.

  Una niña que es inválida
  dijo: "¿Cómo danzo yo?"

  Cuando la maestra preguntó: "¿De dónde vienen esos versos?", yo pude decirle que son los primeros versos del poema "Los que no danzan", de *Desolación,* una colección de poemas de Gabriela Mistral.

 Fíjate que en contraste con el inglés, los signos de puntuación al final de una cita en español siempre aparecen fuera, no dentro de las comillas a menos que la puntuación sea parte de la cita misma.

**L** **Primera visita a Chile.** Chavela, una estudiante del gran estado de Texas, le manda una tarjeta postal a su amigo Carlos donde le cuenta lo que hizo la primera semana en su primera visita a Chile. A Chavela se le olvidaron algunos signos de exclamación, de interrogación y las comillas. Pon los signos de puntuación que hacen falta en su mensaje.

Querido Carlos:

Hola! Cómo estas? Espero que muy bien porque... yo estoy sumamente feliz! No lo vas a creer pero la semana pasada fuimos a esquiar! En julio! Portillo, uno de los centros de esquí más populares con los profesionales, es maravilloso! Tiene una excelente discoteca, varios restaurantes, salón de belleza y hasta niñeras para que los adultos puedan irse a esquiar sin preocuparse por los niños. Una cosa que no te gustaría a ti es que los varones tienen que llevar chaqueta en el comedor principal.

Anoche en la discoteca conocí a dos miembros del equipo olímpico de Estados Unidos. Cuando le pedí a uno su autógrafo, me preguntó muy amistosamente: Quieres un boleto gratis para la Olimpiada en febrero? Yo le dije que sí, pero cuando le pedí uno para ti, dijo que tenía que irse y no lo he vuelto a ver. El otro muchacho es encantador también! Él me dio su autógrafo en una foto de él con el siguiente mensaje: "Para Chavela, mi nueva amiga tejana. Con mucho cariño, de tu admirador, Tommy Moe. ¡Te puedes imaginar lo contenta que eso me puso Esta noche vamos a cenar juntos. Por eso, tengo que empezar a arreglarme ya.

Sin más se despide de ti, tu novia que no te olvida. Recibe mis besos y abrazos.

Chavela

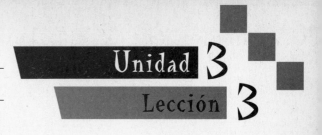
# ¡A escuchar!

**A**

**¡El mundo al punto!** Escucha a los locutores de este programa de la radio hispana, quienes hablarán sobre la celebración mexicana que se conoce como el Día de los Muertos. Marca si cada oración que sigue es **cierta (C)**, **falsa (F)** o si no tiene relación con lo que escuchaste **(N/R)**. Si la oración es falsa, corrígela. Escucha una vez más para verificar tus respuestas.

**C   F   N/R**   **1.** La celebración mexicana que se conoce como el Día de los Muertos se originó en España.

_____

**C   F   N/R**   **2.** Aunque esta celebración es muy popular por todo México, ha alcanzado mayor popularidad en los estados de Oaxaca y Michoacán.

_____

**C   F   N/R**   **3.** La celebración ocurre el primero y el dos de noviembre de cada año.

_____

**C   F   N/R**   **4.** Los altares familiares incluyen elegantes comidas, bebidas y frutas que los difuntos nunca pudieron comprar.

_____

| C | F | N/R | 5. No hay diferencia entre el Día de los Muertos y *Halloween*. |

---

| C | F | N/R | 6. En Los Ángeles más de 200 escuelas incluyen en su programa celebraciones durante el Día de los Muertos. |

---

## Pronunciación y ortografía

### El sonido /k/ y las letras *c, q* y *k*

Para aprender a deletrear correctamente, es muy importante entender la relación entre la pronunciación y la ortografía. Unos sonidos tienen sólo una manera de escribirse, por ejemplo, el sonido **/f/** que siempre se escribe **f**. Otros sonidos tienen varias maneras de escribirse. Por ejemplo, observa el deletreo del sonido **/k/** delante de las vocales mientras escuchas a la narradora leer las siguientes palabras.

| **ca** | **ca**ja | expli**car** | **ka**rate |
| **co** | **co**nfiar | lógi**co** | **ko**ala |
| **cu** | **cu**ento | encu**esta** | **ku**rdo |
| **que** | **que**ría | par**que** | **ke**rosén |
| **qui** | **qui**ero | a**quí** | **ki**lo |

**B**

**Práctica con el sonido /k/.** Ahora la narradora va a leer las siguientes palabras. Escribe las letras del sonido **/k/** y vocales que faltan. Recuerda que el sonido **/k/** puede escribirse **c, q** o **k**.

1. ___ ___ r r e r

2. a ___ ___ ___ l

3. ___ ___ l ó m e t r o

4. e n ___ ___ n t r a r

5. ___ ___ n t e s t a r

6. ___ ___ ___ s t i o n a r i o

7. ___ ___ t c h u p

8. b o s ___ ___ ___

9. ___ ___ j e r o

10. b a n ___ ___ s

# Tesoros de la literatura contemporánea

**C** **Para anticipar.** Al final de la segunda parte de *El delantal blanco* del dramaturgo chileno, Sergio Vodanovic, las dos protagonistas decidieron cambiar de ropa para ver si las haría sentirse diferentes. ¿Cómo crees que les va a afectar el cambio de ropa? Contesta las siguientes preguntas y luego, lee la tercera parte y decide si acertaste o no.

**1.** Ahora que la señora lleva el delantal, ¿crees que podrá portarse como una empleada? ¿Podrá portarse como señora la empleada? ¿Por qué crees eso?

_____

_____

_____

**2.** ¿A quién crees que le va a gustar más el juego? ¿Por qué?

_____

_____

_____

**3.** ¿Cómo te imaginas van a reaccionar las otras personas en la playa? ¿Van a quedar convencidas que la empleada es la señora y la señora es la empleada? ¿Querrán las dos protagonistas convencer a todo el mundo? ¿Por qué crees eso?

_____

_____

_____

**4.** ¿Cómo terminará este juego, en buenas o malas relaciones entre las dos mujeres? Explica tu conclusión.

_____

_____

_____

# Lectura chilena

Aquí presentamos el final del drama en un acto del dramaturgo chileno, Sergio Vodanovic.

## El delantal blanco
(Tercera parte)

*(La Señora opta por seguir la lectura, vigilando, de vez en vez, con la vista, lo que hace la empleada. Ésta se ha sentado ahora, y se mira detenidamente las uñas.)*

LA SEÑORA: ¿Por qué te miras las uñas?

LA EMPLEADA: Tengo que arreglármelas.

LA SEÑORA: Nunca antes te había visto mirarte las uñas.

LA EMPLEADA: No se me había ocurrido.

LA SEÑORA: Este delantal acalora.

LA EMPLEADA: Son los mejores y más durables.

LA SEÑORA: Lo sé. Los compré yo.

LA EMPLEADA: Le queda bien.

LA SEÑORA: *(Divertida.)* Y tú no te ves nada de mal con esa tenida. *(Se ríe.)* Cualquier se equivocaría. Más de un jovencito te podría hacer la corte... ¡Sería como para contarlo!

LA EMPLEADA: Alvarito se está metiendo muy adentro. Vaya a vigilarlo.

LA SEÑORA: *(Se levanta rápidamente y se adelanta.)* ¡Alvarito! ¡Alvarito! No se vaya tan adentro. Puede venir una ola. *(Recapacita de pronto y se vuelve desconcertada hacia la empleada.)* ¿Por qué no fuiste tú?

LA EMPLEADA: ¿A dónde?

LA SEÑORA: ¿Por qué me dijiste que yo fuera a vigilar a Alvarito?

LA EMPLEADA: *(Con naturalidad)* Usted lleva el delantal blanco.

LA SEÑORA: Te gusta el juego, ¿eh? *(Una pelota de goma, impulsada por un niño que juega cerca, ha caído a los pies de la empleada. Ella mira y no hace ningún movimiento. Luego, mira a la señora. Ésta, instintivamente, se dirige a la pelota y la tira en la dirección en que vino. La empleada busca en la bolsa de la señora y se pone sus anteojos para el sol. La señora dice molesta.)* ¿Quién te ha autorizado para que uses mis anteojos?

LA EMPLEADA: ¿Cómo se ve la playa vestida con un delantal blanco?

LA SEÑORA: Es gracioso. ¿Tú, cómo ves la playa ahora?

LA EMPLEADA: Es gracioso.

LA SEÑORA: ¿Dónde está la gracia?

LA EMPLEADA: Es que no hay diferencia.

LA SEÑORA: ¿Cómo?

| | |
|---|---|
| LA EMPLEADA: | Usted con el delantal blanco es la empleada: yo con este blusón y los anteojos oscuros, soy la señora. |
| LA SEÑORA: | ¿Cómo? ¿Cómo te atreves a decir eso? |
| LA EMPLEADA: | ¿Se hubiera molestado en recoger la pelota si no estuviese vestida de empleada? |
| LA SEÑORA: | Estamos jugando. |
| LA EMPLEADA: | ¿Cuándo? |
| LA SEÑORA: | Ahora. |
| LA EMPLEADA: | ¿Y antes? |
| LA SEÑORA: | ¿Antes? |
| LA EMPLEADA: | Sí. Cuando yo estaba vestida de empleada... |
| LA SEÑORA: | Eso no es un juego. Es la realidad. |
| LA EMPLEADA: | ¿Por qué? |
| LA SEÑORA: | Porque sí. |
| LA EMPLEADA: | Un juego..., un juego más largo..., como el "paco-ladrón". A unos les corresponde ser "pacos"; a otros "ladrones". |
| LA SEÑORA: | *(Indignada.)* ¡Usted se está insolentando! |
| LA EMPLEADA: | No me grites. La insolente eres tú. |
| LA SEÑORA: | ¿Qué significa eso? ¿Usted me está tuteando? |
| LA EMPLEADA: | ¿Y acaso no me tratas de usted? |
| LA SEÑORA: | ¿Yo? |
| LA EMPLEADA: | Sí. |
| LA SEÑORA: | ¡Basta ya! ¡Se acabó este juego! |
| LA EMPLEADA: | ¡A mí me gusta! |
| LA SEÑORA: | ¡Se acabó! *(Se acerca amenazadoramente a la Empleada)* |
| LA EMPLEADA: | *(Firme.)* ¡Retírese! *(La señora se detiene, sorprendida.)* |
| LA SEÑORA: | ¿Te has vuelto loca? |
| LA EMPLEADA: | Me he vuelto señora. |
| LA SEÑORA: | Te puedo despedir en cualquier momento. *(la empleada explota en grandes carcajadas como si lo que hubiera oído fuera el chiste más gracioso que jamás haya escuchado.)* ¿De qué te ríes? |
| LA EMPLEADA: | *(Sin dejar de reír.)* ¡Es tan ridículo! |
| LA SEÑORA: | ¿Qué? ¿Qué es tan ridículo? |
| LA EMPLEADA: | Que me despida... ¡Vestida así! ¿Dónde se ha visto a una empleada despedir a su patrona? |
| LA SEÑORA: | ¡Sácate esos anteojos! ¡Sácate el blusón! ¡Son míos! |
| LA EMPLEADA: | ¡Vaya a ver al niño! |

| | |
|---|---|
| LA SEÑORA: | Se acabó este juego, te he dicho. O me devuelves mis cosas o te las saco. |
| LA EMPLEADA: | ¡Cuidado! No estamos solas en la playa. |
| LA SEÑORA: | ¿Y qué hay con eso? ¿Crees que por estar vestida con uniforme blanco no van a reconocer quién es la empleada y quién es la señora? |
| LA EMPLEADA: | *(Serena)* No me levante la voz. *(La señora, exasperada, se lanza sobre la empleada y trata de sacarle el blusón a la fuerza.)* |
| LA SEÑORA: | *(Mientras forcejea.)* ¡China! ¡Ya te voy a enseñar quién soy! ¿Qué te has creído? ¡Te voy a meter presa! *(Un grupo de bañistas han acudido al ver la riña. Lo componen dos jóvenes, una muchacha y un señor de edad madura y de apariencia muy distinguida. Antes que puedan intervenir, la empleada ya ha dominado la situación manteniendo bien sujeta a la señora de espalda contra la arena. Ésta sigue gritando "ad libitum" expresiones como "rota cochina", "ya te las vas a ver con mi marido"..., "te voy a mandar presa"..., "esto me pasa por ser considerada", etc.)* |
| UN JOVEN: | ¿Qué sucede? |
| EL OTRO JOVEN: | ¿Es un ataque? |
| LA JOVENCITA: | Se volvió loca. |
| UN JOVEN: | Debe ser efecto de una insolación. |
| EL OTRO JOVEN: | ¿Podemos ayudarla? |
| LA EMPLEADA: | Sí. Por favor. Llévensela. Hay una posta por aquí cerca. |
| EL OTRO JOVEN: | Yo soy estudiante de medicina. Le pondré una inyección para que duerma por un buen tiempo. |
| LA SEÑORA: | ¡Imbéciles! ¡Yo soy la patrona! Me llamo Patricia Hurtado. Mi marido es Álvaro Jiménez, el político. |
| LA JOVENCITA: | *(Riéndose)* Cree ser la señora. |
| UN JOVEN: | Está loca. |
| EL OTRO JOVEN: | Sólo un ataque de histeria. |
| UN JOVEN: | Llevémosla. |
| LA EMPLEADA: | Yo no los acompaño... Tengo que cuidar a mi hijito. Está ahí, bañándose. |
| LA SEÑORA: | ¡Es una mentirosa! ¡Nos cambiamos de vestido sólo por jugar! Ni siquiera tiene traje de baño... ¡Debajo del blusón está en calzones! ¡Mírenla! |
| EL OTRO JOVEN: | *(Haciéndole un gesto al joven.)* ¡Vamos! Tú la tomas por los pies y yo por los brazos. |
| LA JOVENCITA: | ¡Qué risa! Dice que la señora está en calzones... *(Los dos jóvenes toman a la señora y se la llevan mientras ésta se resiste y sigue gritando.)* |

| LA SEÑORA: | ¡Suéltenme! ¡Yo no estoy loca! ¡Es ella! ¡Llamen a Alvarito! ¡Él me reconocerá! *(Mutis de los dos jóvenes llevando en peso a la señora. La empleada se tiende sobre la arena como si nada hubiese sucedido, aprontándose para un prolongado baño de sol.)* |
| EL CABALLERO DISTINGUIDO: | ¿Está bien usted? ¿Puedo serle útil en algo? |
| LA EMPLEADA: | *(Mira inspectivamente al caballero distinguido y sonríe útil con amabilidad.)* Gracias. Estoy bien. |
| EL CABALLERO DISTINGUIDO: | Es el símbolo de nuestros tiempos. Nadie parece darse cuenta, pero a cada rato, en cada momento, sucede algo así. |
| LA EMPLEADA: | ¿Qué? |
| EL CABALLERO DISTINGUIDO: | La subversión del orden establecido. Los viejos quieren ser jóvenes; los jóvenes quieren ser viejos; los pobres quieren ser ricos y los ricos quieren ser pobres. Sí, señora. Asómbrese usted. También hay ricos que quieren ser pobres. Mi nuera va todas las semanas a tejer con las mujeres de poblaciones obreras... ¡Y le gusta hacerlo! *(Transición.)* ¿Cuánto tiempo hace que está con usted? |
| LA EMPLEADA: | ¿Quién? |
| EL CABALLERO DISTINGUIDO: | Su empleada. |
| LA EMPLEADA: | *(Dudando. Haciendo memoria.)* Poco más de un año. |
| EL CABALLERO DISTINGUIDO: | ¿Y así le paga a usted? ¡Pretendiendo hacerse pasar por una señora! ¡Como si no se reconociera a primera vista quién es quién! *(Transición)* ¿Sabe usted por qué suceden las cosas? |

| | |
|---|---|
| LA EMPLEADA: | *(Muy interesada.)* ¿Por qué? |
| EL CABALLERO DISTINGUIDO: | *(Con aire misterioso.)* El comunismo... |
| LA EMPLEADA: | ¡Ah! |
| EL CABALLERO DISTINGUIDO: | *(Tranquilizador.)* Pero no nos inquietemos. El orden está restablecido. Al final, siempre el orden se restablece. Es un hecho. Sobre eso no hay discusión. Ahora, con su permiso, señora. Voy a hacer mi "footing" diario. Es muy conveniente a mi edad. Para la circulación, ¿sabe? Y usted quede tranquila. El sol es el mejor sedante. A sus órdenes, señora. *(Inicia el mutis. Se vuelve.)* Y no sea muy dura con su empleada. Después de todo..., tal vez tengamos algo de culpa nosotros mismos... ¿Quién puede decirlo? *(El caballero distinguido hace mutis. La empleada se tiende de espaldas para recibir el sol en la cara. De pronto se acuerda de Alvarito y se incorpora. Mira a Alvarito con ternura, y con suavidad le dice.)* |
| LA EMPLEADA: | Alvarito... Cuidado al sentarse en esa roca..., se puede hacer una nana... Eso es, corra por la arenita... Eso es, mi hijito... mi hijito... *(Y mientras la empleada mira con deleite maternal cómo Alvarito juega a la orilla del mar, se cierra lentamente el telón.)* |

## Verifiquemos e interpretemos

**D** **A ver si comprendiste.** Completa los siguientes cuadros de secuencia de acciones de esta parte de *El delantal blanco* para mostrar cinco acciones claves en la transformación de la señora en empleada y de la empleada en señora.

### TRANSFORMACIÓN DE PERSONAJES

**La señora**          **La empleada**

**E** ¡A interpretar! Compara tus cuadros de secuencia de acciones con los de dos compañeros y pónganse de acuerdo en las cinco acciones que los tres consideren que son las más importantes en cada transformación. Informen a la clase de sus conclusiones.

**F** **Escritura relacionada.** Aunque el drama termina sin decirnos el resultado final, ¿qué crees que pasará? Haz el papel del dramaturgo Sergio Vodanovic y escribe una breve conclusión a este acto. Usa este espacio para organizar tus ideas. Escribe la conclusión en una hoja aparte.

_____

_____

_____

_____

_____

_____

_____

_____

_____

_____

_____

_____

# ¡A deletrear!

**G** **Deletreo con las letras c, q y k.** Recuerda que el sonido /k/ delante de una vocal puede escribirse con **c, q** o **k.** Escribe las letras del sonido /k/ y vocales que faltan en las siguientes palabras.

1. b a n ___ ___

2. ___ ___ l c h ó n

3. ___ ___ ___ s o

4. e n ___ ___ n t r a r

5. n u n ___ ___

6. e d u ___ ___ c i ó n

7. ___ ___ ___ é n

8. ___ ___ n s i d e r a r

9. e s ___ ___ ___ l a

10. ___ ___ ___ m a d u r a

# Juguemos un poco

**H** **Así éramos de niños.** En el siguiente diagrama de Venn, descríbete de niño(a) con cinco adjetivos en la columna de la izquierda y pídele a tu compañero(a) que se describa en la columna de la derecha. Luego, escriban en la columna del centro lo que tenían en común. Informen a la clase lo que descubrieron.

### Así éramos de niños

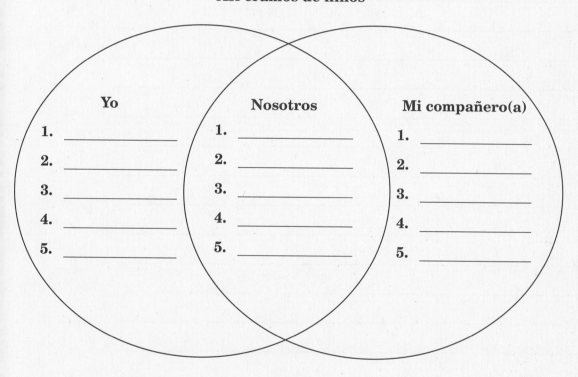

**Yo**

1. _____
2. _____
3. _____
4. _____
5. _____

**Nosotros**

1. _____
2. _____
3. _____
4. _____
5. _____

**Mi compañero(a)**

1. _____
2. _____
3. _____
4. _____
5. _____

**I** **Los cuentos de mi familia.** Pídele a un pariente o a un amigo que te cuente una historia que se ha conservado a través de generaciones dentro de su familia. Puede ser un cuento de la tradición oral o un cuento de algún miembro de la familia. Asegúrate de conseguir la siguiente información: el título, nombres y descripción de los personajes, origen del cuento, y por qué se ha preservado. En grupos de tres, túrnense para contar sus cuentos y decidan cuál de los tres debe contarle su historia al resto de la clase.

**J** **Había una vez.** Escribe un resumen de uno de los relatos que escuchaste en tu grupo. Menciona el título, los nombres y una descripción de los personajes, el origen del cuento y explica por qué se ha preservado tanto tiempo.

_____

_____

_____

_____

_____

_____

_____

_____

_____

_____

_____

_____

_____

_____

_____

_____

_____

_____

_____

_____

_____

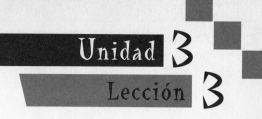

# Lengua en uso

## "Cognados" falsos

Hay palabras en español que son parecidas en forma a palabras en inglés pero tienen significados diferentes. Estas palabras se conocen como "cognados" falsos y son palabras que con frecuencia causan confusión si no se les presta atención. Por ejemplo, aunque el verbo **soportar** se parece al verbo *to support,* tiene un significado completamente diferente en español al que tiene en inglés. Si, por ejemplo, en español quisieras decir *My parents support me,* no dirías **Mis padres me soportan,** sino **Mis padres me mantienen** o **Mis padres me apoyan.** Para decir **Mis padres me soportan** en inglés, tendrías que decir *My parents tolerate me.* En español hay una gran diferencia entre los verbos **soportar** *(to tolerate)* y **mantener/apoyar** *(to support).*

Estudia los siguientes ejemplos de "cognados" falsos y memorízalos, porque es la única manera de evitar problemas con ellos.

1. **realizar:** completar, lograr
   *to realize:* darse cuenta

   > Mi hermana quiere **realizar** su meta de ser dentista.

   > Ahora **me doy cuenta** que mis padres tenían razón.

2. **asistir:** estar presente
   *to assist:* atender

   > El verano pasado **asistí** a cursos de computación.

   > Me gusta comprar pan en esa panadería porque los dueños **atienden** a sus clientes con mucha cortesía.

3. **aplicar:** usar, poner en práctica
   *to apply for a job:* hacer una solicitud para conseguir un empleo

   > Es importarte **aplicar** lo que se aprende en la escuela.

   > ¿Vas a **hacer solicitud** para el puesto que acaban de anunciar?

4. **aplicación:** acción y efecto de aplicar; esmero
   *job application:* solicitud de empleo

   > En el laboratorio es importante **la aplicación** de las fórmulas químicas.

   > Todos los veranos es necesario llenar varias **solicitudes de empleo.**

**K** **Amigos falsos.** Traduce del inglés al español las siguientes oraciones poniendo atención especial en los "cognados" falsos.

1. *Juan now realizes that he knows a lot of Spanish.*

   _____

   _____

   _____

   _____

2. *If I go to college, my parents say that they will support me.*

   _____

   _____

   _____

   _____

3. *My brother Antonio attended a small university.*

   _____

   _____

   _____

   _____

4. *In order to get a good summer job, you need to apply early.*

   _____

   _____

   _____

   _____

5. *I didn't realize that there was a deadline for sending this job appplication.*

   _____

   _____

   _____

   _____

# Correspondencia práctica

## Nota formal

Cuando es necesario escribir una nota formal, ya sea para invitar, aceptar o rechazar una invitación, para agradecer un favor o para felicitar a una persona, la lengua española escrita tiende a ser más formal que el inglés escrito. En estos casos, hay ciertas fórmulas de cortesía que tienden a usarse al empezar una nota formal de este tipo. A continuación aparecen algunas de estas fórmulas.

### Para invitar

El 29 del febrero vamos a celebrar mi cumpleaños y nos encantaría que nos acompañes...

Qué gusto nos daría a mis papás y a mí, por supuesto, si vinieras a pasar Navidad con nosotros...

### Para aceptar

No sabes cuánto agradezco tu amable invitación y el gusto que me da saber que podré pasar el mes de julio con ustedes...

Imagina la alegría que sentí al recibir tu invitación. ¿Cómo podría no aceptar?...

### Para no aceptar

Acabo de recibir tu amable invitación pero desafortunadamente no podré aceptar...

Imagina la tristeza que me dio al saber que no podré asistir al bautizo de...

### Para agradecer

Te escribo para darte las gracias por la exquisita cena que nos preparaste...

Te envío estas líneas para expresar mi profundo agradecimiento por toda tu ayuda la semana pasada...

### Para felicitar

Me permito felicitarte hoy en el día de tu graduación...
No te imaginas la alegría que sentí al saber que conseguiste un puesto con...

Te deseo muchas felicidades en la ocasión de tu graduación y que tengas mucho éxito en tu nueva profesión...

**L** **Nota formal.** Piensa en alguien que recientemente te haya invitado a hacer algo especial o que ha hecho algo especial para ti o que está por hacer algo especial, como graduarse o casarse. Escríbele una carta a esa persona aceptando, rechazando, agradeciendo o felicitándola. Ten cuidado de usar el formato apropiado y tu versión de estas fórmulas de cortesía al empezar tu carta.

_____

_____

_____

_____

_____

_____

_____

_____

_____

_____

_____

_____

_____

_____

_____

_____

_____

_____

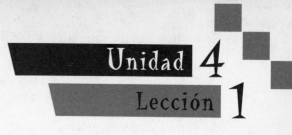
# ¡A escuchar!

A

**¡El mundo al punto!** Escucha a los locutores de este programa de la radio hispana titulado "¡El mundo al punto!", quienes hablarán sobre la maravilla de Machu Picchu. Luego, selecciona la opción correcta para completar las oraciones que aparecen a continuación. Escucha una vez más para verificar tus respuestas.

1. Machu Picchu es una fortaleza construida en...

   **a.** un desierto cerca del lago Titicaca.

   **b.** un valle junto a la costa del Pacífico.

   **c.** un estrecho altiplano de los Andes.

2. Existe una controversia sobre si el profesor norteamericano Hiram Bingham verdaderamente "descubrió" Machu Picchu en 1911 porque...

   **a.** el investigador alemán Wilhelm von Humboldt ya había explorado estas ruinas.

   **b.** los residentes indígenas ya sabían de su existencia.

   **c.** no tenía permiso del gobierno peruano para explorar esa zona.

3. Machu Picchu era una fortaleza y un centro urbano...

   **a.** tan grande e importante como Cuzco.

   **b.** que parece que nunca tuvo una gran importancia en la cultura inca.

   **c.** que refleja la influencia de la arquitectura española.

**4.** Se ha descubierto que alrededor de Machu Picchu...

    **a.** los terrrenos son rocosos y por eso imposibilitaron cualquier cultivo.

    **b.** no había agua y por lo tanto tampoco existía agricultura.

    **c.** había terrazas y canales que facilitaban la agricultura intensiva.

**5.** El sistema de construcción que se empleó en los grandes edificios de Machu Picchu consistía...

    **a.** en el uso extensivo de madera y es por eso que casi nada queda de los edificios originales.

    **b.** en moler las piedras y añadir agua hasta formar una especie de cemento.

    **c.** en labrar grandes piedras y colocarlas una sobre otra sin uso de mortero o cemento.

**6.** Alicia y Roberto pudieron presenciar el amanecer en Machu Picchu debido a que...

    **a.** se quedaron en el Hotel de Turistas que hay cerca de las ruinas.

    **b.** acamparon entre las ruinas una noche.

    **c.** llegaron por helicóptero desde Cuzco.

# Acentuación y ortografía

## El sonido /s/ y las letras *s, c* y *z*

En la lección anterior aprendiste que algunos sonidos se deletrean de varias maneras. Observa cómo el sonido /s/ se puede escribir con **s, c** o **z** mientras escuchas a la narradora leer las siguientes palabras.

| | | | | |
|---|---|---|---|---|
| **sa** o **za** | **sa**car | pa**s**ado | **za**rcillo | pobre**za** |
| **so** o **zo** | **so**nreír | te**s**oros | **zo**na | perezo**so** |
| **su** o **zu** | **su**spirar | ba**s**ura | **zu**rdo | a**zú**car |
| **se** o **ce** | **se**mana | ob**s**ervar | **ce**ntro | cono**ce**r |
| **si** o **ci** | **si**empre | expre**si**ón | **ci**udad | de**ci**dir |

**B**    **Práctica con el sonido /s/.** Ahora la narradora va a leer las siguientes palabras. Escribe las letras del sonido /s/ y vocales que faltan.

**1.** n e r v i o \_\_\_ \_\_\_

**2.** t r i s t e \_\_\_ \_\_\_

**3.** \_\_\_ \_\_\_ p o n e r

**4.** u n i v e r \_\_\_ \_\_\_ d a d

**5.** m u \_\_\_ \_\_\_ o

**6.** \_\_\_ \_\_\_ p e r v i s a r

**7.** u t i l i \_\_\_ \_\_\_ r

**8.** t e l e v i \_\_\_ \_\_\_ r

**9.** r a t o n \_\_\_ \_\_\_ t o s

**10.** \_\_\_ \_\_\_ e ñ o s

**C** **Dictado.** Escucha el siguiente dictado e intenta escribir lo más que puedas. El dictado se repetirá una vez más para que revises tu párrafo.

### El imperio de los incas

_____

_____

_____

_____

_____

_____

_____

_____

_____

_____

_____

_____

_____

_____

_____

_____

_____

_____

_____

_____

# Tesoros de la literatura contemporánea

**D**    **Para anticipar.** César Vallejo escribió este poema después de presenciar la Guerra Civil Española que empezó en 1936. Antes de leer el poema contesta estas preguntas para ver qué sabes de las guerras civiles. Compara tus respuestas con las de dos compañeros de clase.

1. ¿Qué es una "guerra civil"? ¿En qué se diferencia de otras guerras?

   _____

   _____

   _____

2. ¿Por qué no es fácil saber en una guerra civil quiénes son amigos y quiénes son enemigos?

   _____

   _____

   _____

3. En las guerras civiles, a veces personas de la misma familia acaban por matarse el uno al otro; ¿cómo es posible esto?

   _____

   _____

   _____

4. Si fueras soldado en una guerra civil en Estados Unidos, ¿podrías matar a otras personas?, ¿a estadounidenses hispanos? Explica tu respuesta.

   _____

   _____

   _____

5. Si vieras a un soldado herido y sospecharas que era de las fuerzas enemigas, ¿cómo reaccionarías? ¿Lo acabarías de matar? ¿Lo ayudarías? ¿Lo ignorarías? ¿Por qué?

   _____

   _____

   _____

## Lectura peruana

Vas a leer un poema escrito por César Vallejo (1893-1938), un poeta peruano considerado uno de los grandes renovadores de la poesía escrita en español. "Masa", el poema que aparece en esta sección, es parte de su libro *España, aparta de mí este cáliz* (1940) que se publicó póstumamente.

### Masa

Al fin de la batalla,
y muerto el combatiente, vino hacia él un hombre
y le dijo: "¡No mueras, te amo tanto!"
Pero el cadáver ¡ay! siguió muriendo.

Se le acercaron dos y repitiéronle:
"¡No nos dejes! ¡Valor! ¡Vuelve a la vida!"
Pero el cadáver ¡ay! siguió muriendo.

Acudieron a él veinte, cien, mil, quinientos mil,
clamando: "¡Tanto amor y no poder nada contra la muerte!"
Pero el cadáver ¡ay! siguió muriendo.

Le rodearon millones de individuos,
con un ruego común: "¡Quédate hermano!"
Pero el cadáver ¡ay! siguió muriendo.

Entonces, todos los hombres de la tierra
le rodearon; les vio el cadáver triste, emocionado;
incorporóse lentamente,
abrazó al primer hombre; echóse a andar...

# Verifiquemos e interpretemos

**E**     **A ver si comprendiste.** Contesta las siguientes preguntas sobre algunas de la palabras o frases que se encuentran en este poema.

1. ¿Qué significa la palabra "batalla"? Escribe un sinónimo.

_____

_____

_____

2. ¿Usualmente quiénes son los "combatientes" en una guerra? ¿La mayoría de los combatientes son jóvenes o son adultos mayores de cuarenta años? ¿Qué importancia tiene la edad?

_____

_____

_____

3. ¿Qué es un "cadáver"?

_____

_____

_____

4. ¿Qué significa el verbo "acudir"? Escribe una palabra que tenga un significado parecido.

_____

_____

_____

5. ¿Por qué crees que se repite al final de las primeras cuatro estrofas el verso "Pero el cadáver ¡ay! siguió muriendo"?

_____

_____

_____

6. ¿Qué quiere decir "incorporóse"? ¿Qué es lo que hace el cadáver para hacer esto?

_____

_____

_____

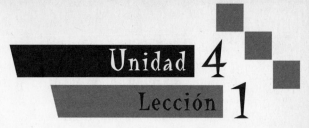

Unidad 4

Lección 1

**F** ¡**A interpretar!** Contesta las siguientes preguntas llenando los espacios correspondientes. Usa tu propio lenguaje al contestar cada una de estas preguntas.

1. ¿Qué simboliza el título del poema, "Masa"?

_____

_____

_____

2. ¿Dónde y cuándo tiene lugar la primera estrofa?

_____

_____

_____

3. ¿Cómo reacciona el cadáver en la segunda estrofa?

_____

_____

_____

4. ¿Cómo interpretas el ruego común que se incluye en la tercera estrofa?

_____

_____

_____

5. ¿Cómo se resuelve el poema? ¿Qué es lo que hace el cadáver del combatiente al final del poema? ¿Por qué crees que hace esto?

_____

_____

_____

**Masa.** Escribe una breve composición sobre el título de este poema. ¿Por qué crees que escogió el poeta este título? ¿Cómo interpretas el título? ¿Cómo está relacionado el título al mensaje que el poeta quería comunicar en este poema? Usa este espacio para organizar tus ideas. Escribe tu interpretación en hoja aparte.

_____

_____

_____

_____

_____

_____

_____

_____

_____

_____

_____

_____

_____

# ¡A deletrear!

H **Práctica con el sonido /s/ y las letras s, c y z.** Recuerda que el sonido /s/ se puede escribir con **s, c** o **z.** Escribe las letras del sonido /s/ y vocales que faltan en las siguientes palabras.

**1.** p e r e ___ ___ s o

**2.** t e l e v i ___ ___ r

**3.** ___ ___ e r t e

**4.** t e r r a ___ ___

**5.** ___ ___ p a r a r

**6.** ___ ___ p a t i l l a

**7.** b l u ___ ___

**8.** v e r g ü e n ___ ___

**9.** l á p i ___ ___ s

**10.** p o b r e ___ ___ t o

# Juguemos un poco

**I**  **Cambios en los últimos tres años.** ¿Cuánto ha cambiado tu vida en los
últimos tres años? En el siguiente cuadro escribe las actividades de tu
rutina hace tres años y tus actividades ahora. Comparte tu cuadro con dos
compañeros de clase y decidan quién ha tenido más cambios en su rutina.
Informen a la clase de lo que encuentren.

| Pasatiempos | Rutina de hace 3 años | Rutina actual |
|---|---|---|
| **1.** quehaceres | | |
| **2.** deportes | | |
| **3.** tarea | | |
| **4.** pasatiempos | | |

**J** **Las cosas del pasado.** En el diagrama araña que se encuentra a continuación anota dos cosas que se hayan guardado en tu familia por generaciones. Luego, en los renglones de abajo, explica la importancia o el valor que estos "tesoros familiares" tienen para tu familia. Usa tu diagrama para explicarle a dos compañeros los "tesoros" que se han guardado en tu familia. Informen a la clase cuál de todos los tesoros fue el más interesante.

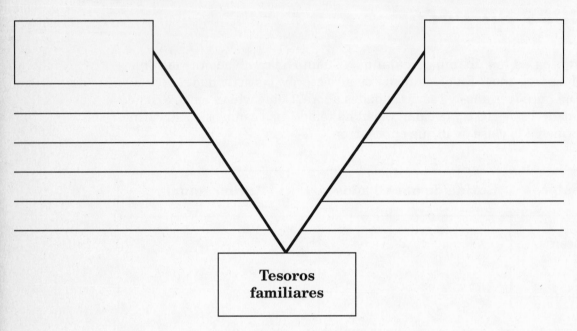

Tesoros familiares

**K** **Así era la vida.** Entrevista a un abuelo o a una persona anciana de la comunidad y pregúntale sobre uno de los siguientes temas. Luego escribe un informe sobre lo que descubriste.

**a.** un tesoro familiar

**b.** un evento que me impactó la vida

**c.** un recuerdo especial de mi niñez

# ¡A explorar!

## Signos de puntuación que indican pausas

Los dos signos de puntuación más importantes que indican pausas tanto en inglés como en español son el **punto** y la **coma.** A continuación se explica cómo usar estos signos.

- La **coma (,)** indica una pausa corta.

  De los muchos grandes líderes incaicas, el más responsable por las grandezas que todavía sobreviven en Perú es Pachacútec, el noveno Inca.

- El **punto seguido (.)** indica pausa entre oraciones dentro de un párrafo. El **punto aparte** o **punto final** separa, en dos párrafos, conceptos que no tienen relación inmediata.

  Pachacútec hizo reconstruir la capital de Cuzco. Bajo su dirección, también se construyeron imponentes fortalezas y grandes templos y palacios. Bajo Pachacútec también se construyeron los primeros caminos del imperio inca.

  Pachacútec conquistó muchos pueblos y fue muy severo con sus enemigos. Pero también protegió a todos en su imperio y respetó las tradiciones y creencias de su gente.

**L** **Pachacútec, el gran Inca.** Para saber algo más de este monarca peruano, lee los párrafos que siguen y escribe la puntuación: comas, puntos seguidos y puntos aparte donde sea necesario.

A Pachacútec se le ha comparado con el macedonio Alejandro Magno y con el emperador francés Napoleón Cuando Pachacútec llegó a ser el Inca su reino se extendía menos de ochenta millas Cuando murio en 1471 el imperio ya tenía una extensión de más de quinientas millas

Una leyenda dice que Pachacútec se enamoró de una hermosa mujer de Ica una ciudad en la costa de Perú Cuando ella le confesó a Pachacútec que amaba a otro el Inca impresionado por su honestidad le ofreció lo que deseara Ella pidió un canal de irrigación para su pueblo y el Inca lo mandó a construir El impresionante canal de Pachacútec todavía se usa en la ciudad de Ica

# ¡A escuchar!

**A** ¡El mundo al punto! Escucha a los locutores de este programa de la radio hispana titulado "¡El mundo al punto!", quienes hablarán sobre las tumbas reales de Sipán. Luego, selecciona la opción correcta para completar las oraciones que aparecen a continuación. Escucha una vez más para verificar tus respuestas.

**1.** Las tumbas reales de Sipán han sido identificadas con...

  **a.** la dinastía que estableció el imperio incaico.

  **b.** la cultura moche que floreció en el norte del Perú siglos antes del imperio incaico.

  **c.** una cultura hasta entonces totalmente desconocida.

**2.** Alicia y Roberto acaban de asisitir a una exhibición titulada "Las tumbas reales de Sipán" presentada en...

  **a.** el Museo Nacional de Lima, Perú.

  **b.** el Museo de Bruning de Lambayaque, Perú.

  **c.** el Museo Nacional de Historia Natural del *Smithsonian Institute* en Washington, D.C.

**3.** La primera tumba fue descubierta y explorada en Sipán por...

  **a.** arqueólogos de la Sociedad Geográfica Nacional de Estados Unidos.

  **b.** *huaqueros* o sea saqueadores de ruinas precolombinas en el Perú.

  **c.** arqueólogos alemanes que estudiaban esa región.

**4.** El Dr. Walter Alva, quien localizó y dirigió la exploración científica de las tumbas de Sipán...

    **a.** es un arqueólogo peruano y director de un museo en Lambayeque, Perú.

    **b.** es un arqueólogo español radicado en el Perú.

    **c.** es un arqueólogo de la Universidad de Yale.

**5.** Lo que más le impresionó a Roberto de la exhibición "Las tumbas reales de Sipán" fue...

    **a.** la gran cantidad de objetos de oro y plata.

    **b.** la elegancia de los textiles exhibidos.

    **c.** el maniquí vestido con los objetos encontrados en una de las tumbas.

**6.** La condecoración que el gobierno peruano concedió al Dr. Walter Alva por su destacada labor en la arqueología fue...

    **a.** la Orden de los Caballeros de Colón.

    **b.** la Orden del Sol.

    **c.** la Orden del Conquistador Pizarro.

# Pronunciación y ortografía

**B**

**Repaso de los sonidos /k/ y /s/ y las letras c, q, k, s y z.** En las lecciones anteriores aprendiste que el sonido **/k/** se escribe con las letras **c, q o k** y que el sonido **/s/** se escribe con **c, s o z**. Ahora escucha al narrador leer varias palabras con estos sonidos y escribe las letras que faltan en cada palabra.

**1.** a n ___ ___ ___ n o      **6.** ___ ___ n o ___ ___ r

**2.** a ___ ___ m b r a d o      **7.** e s ___ ___ n d e r ___ ___

**3.** ___ ___ b i o      **8.** ___ ___ c h i n o

**4.** ___ ___ m p o      **9.** a u n ___ ___ ___

**5.** a ___ ___ ___      **10.** e d i f i ___ ___ ___

**C**    **Dictado.** Escucha el siguiente dictado e intenta escribir lo más que puedas. El dictado se repetirá una vez más para que revises tu párrafo.

### Pachacútec, el gran Inca

_____

_____

_____

_____

_____

_____

_____

_____

_____

_____

_____

_____

_____

_____

_____

_____

_____

_____

_____

_____

_____

_____

_____

# Tesoros de la literatura contemporánea

**D**  **Para anticipar.** En la mitología y las leyendas hay muchos cuentos de dragones y animales monstruosos. Al contestar estas preguntas, piensa en tu niñez y los cuentos de monstruos que más te gustaban.

1. ¿Cuál era tu cuento favorito de monstruos? ¿Por qué te gustaba?

_____

_____

_____

_____

2. ¿Era tu monstruo favorito benévolo o malévolo? ¿Por qué? ¿Qué hacía?

_____

_____

_____

_____

_____

3. ¿Qué le pasó a tu monstruo favorito al final? ¿Murió? ¿Quién lo mató? ¿Cómo lo mataron?

_____

_____

_____

_____

4. ¿Por qué crees que hay tantos cuentos de monstruos? ¿Habrá monstruos reales en alguna parte? Explica tu respuesta.

_____

_____

_____

_____

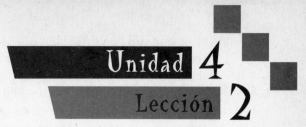

Unidad 4

Lección 2

## Lectura peruana

En la literatura latinoamericana existen escritores que intentan reflejar en sus obras la rica tradición oral de los pueblos indígenas de América. Uno de estos escritores es el peruano Ciro Alegría (1909–1967), conocido por su novela *El mundo es ancho y ajeno* (1941). Es considerado como el renovador de la novela indigenista en el Perú.

### Panki y el guerrero

Allá lejos, en esa laguna de aguas negras que no tiene caño de entrada ni salida y está rodeada de alto bosque, vivía en tiempos viejos una enorme panki°. Da miedo tal laguna sombría y sola, cuya oscuridad apenas refleja los árboles, pero más temor infundía cuando aquella panki, tan descomunal como otra no se ha visto, acechaba desde allí.

    Claro que los aguarunas° enfrentamos debidamente a las boas de agua, llamadas por los blancos leídos anacondas. Sabemos disparar la lanza y clavarla en media frente. Si hay que trabarse en lucha, resistiendo la presión de unos anillos que amasan carnes y huesos, las mordemos como tigres o las cegamos como hombres, hundiéndoles los dedos en los ojos. Las boas huyen al sentir los dientes en la piel o al caer aterradamente en la sombra. Con cerbatana°, les metemos virotes° envenenados y quedan tiesas. El arpón° es arma igualmente buena. De muchos modos más, los aguarunas solemos vencer a las pankis.

    Pero en aquella laguna de aguas negras, misteriosa hasta hoy, apareció una panki que tenía realmente amedrentado° al pueblo aguaruna. Era inmensa y dicen que casi llenaba la laguna, con medio cuerpo recostado en el fondo de barro y el resto erguido, hasta lograr que asomara la cabeza. Sobre el perfil del agua, en la manchada cabeza gris, los ojos brillaban como dos pedruscos° pulidos. Si cerrada, la boca oval semejaba la concha de una tortuga gigantesca; si abierta, se ahondaba negreando. Cuando la tal panki resoplaba, oíase el rumor a gran distancia. Al moverse, agitaba las aguas como un río súbito. Reptando por el bosque, era como si avanzara una tormenta. Los asustados animales no osaban° ni moverse y la panki los engullía° a montones. Parecía pez del aire.

    Al principio, los hombres imaginaron defenderse. Los virotes envenenados con curare, las lanzas y arpones fuertemente arrojados, de nada servían. La piel reluciente de panki era también gruesa y los dardos valían como esa nigua°

boa, serpiente de gran tamaño

tribu de indígenas amazonas

tubo para lanzar proyectiles soplando; pequeños proyectiles; dardo para pescar peces grandes; atemorizado

piedras pequeñas

se atrevían devoraba

insecto

mínima del bosque, y las lanzas y arpones quedaban como menudas espinas en la abultada bestia. Ni pensar en lucha cuerpo a cuerpo. La maldita panki era demasiado poderosa y engullía a los hombres tan fácilmente como a los animales. Así fue que los aguarunas no podían siquiera pelear. Los solos ojos fijos de panki paralizaban a una aldea y era aparentemente invencible. Después de sus correrías, tornaba a la laguna y allí estábase durante días, sin que nadie osara ir apenas a verla de lejos. Era una amenaza escondida en esa laguna escondida. Todo el bosque temía el abrazo de panki.

Habiendo asolado° una ancha porción de selva, debía llegar de seguro a cierta aldea aguaruna donde vivía un guerrero llamado Yacuma. Este memorable hombre del bosque era tan fuerte y valiente como astuto. Diestro en el manejo de todas las armas, ni hombre ni animales lo habían vencido nunca. El guerrero Yacuma resolvió ir al encuentro de la serpiente, pero no de simple manera. Coció una especie de olla, en la que metió la cabeza y parte del cuerpo, y dos cubos más pequeños en los que introdujo los brazos. La arcilla° había sido mezclada con ceniza de árbol para que adquiriera una dureza mayor. Con una de las manos sujetaba un cuchillo forrado en cuero. Protegido, disfrazado y armado así, Yacuma avanzó entre el bosque a orilla de la laguna. Resueltamente entró al agua mientras, no muy lejos, en la chata cabezota acechante°, brillaban los ojos ávidos de la fiera panki. La serpiente no habría de vacilar, sea porque le molestara que alguien llegase a turbar su tranquilidad, porque tuviese ya hambre o por natural costumbre, estiróse hasta Yacuma y abriendo las fauces°, lo engulló. La protección ideada hizo que, una vez devorado, Yacuma llegara sin sufrir mayor daño hasta donde palpitaba el corazón de la serpiente. Entonces, quitóse las ollas de greda° y ceniza, desnudó su cuchillo y comenzó a dar recios tajos al batiente corazón. Era tan grande y sonoro como un maguaré°. Mientras tanto, panki se revolvía de dolor y dando tremendos coletazos. La laguna parecía un hervor de anillos. Aunque el turbión de sangre y entrañas revueltas lo tenía casi ahogado, Yacuma acuchilló hasta destrozar el corazón de la señuda panki. La serpiente cedió, no sin trabajo porque las pankis mueren lentamente y más ésa. Sintiéndola ya inerte, Yacuma abrió un boquete por entre las costillas, salió como flecha sangrienta y alcanzó la orilla a nado.

No pudo sobrevivir muchos días. Los líquidos de la boa de agua le rajaron las carnes y acabó desangrado. Y así fue como murió la más grande y feroz panki y el mejor guerrero aguaruna también murió, pero después de haberla vencido.

Todo esto ocurrió hace mucho tiempo, nadie sabe cuánto. Las lunas no son suficientes para medir la antigüedad de tal historia. Tampoco las crecientes de los ríos ni la memoria de los viejos que conocieron a otros más viejos.

Cuando algún aguaruna llega al borde de la laguna sombría, si quiere da voces, tira arpones y observa. Las prietas aguas negras siguen quietas. Una panki como la muerta por el guerrero Yacuma, no ha surgido más.

devastado

tierra

vigilante

boca

tierra

animal del
 Amazonas

## Verifiquemos e interpretemos

**E**   **A ver si comprendiste.** Usando tus propias palabras en la figura de la boa escribe las características que la describen. Igualmente en la figura que representa a Yacuma escribe varias características que lo distinguen a él.

Yacuma                    Panki

**F**   **¡A interpretar!** Contesta las siguientes preguntas.

1.  ¿Cuándo ocurre la acción que se narra en el cuento "Panki y el guerrero"? ¿Hace unos pocos años o hace mucho tiempo?

_____

_____

_____

_____

**2.** ¿Cómo mataban los indios aguarunas a las boas de agua?

_____

_____

_____

_____

**3.** ¿Qué les hacía la panki a los animales que atacaba?

_____

_____

_____

_____

**4.** ¿Cómo decide Yacuma acabar con la panki?

_____

_____

_____

_____

**5.** ¿Qué le pasa al final del cuento a Yacuma?

_____

_____

_____

_____

**6.** ¿Por qué podemos decir que Yacuma es el héroe del cuento?

_____

_____

_____

_____

G **Leyenda fantástica.** En otras mitologías del mundo aparecen dragones u otros grandes animales feroces. Imagínate que eres un(a) escritor(a) de leyendas fantásticas y estás escribiendo un cuento sobre un animal grande y feroz que aterrorizaba a tu pueblo o ciudad hasta que un día una niña llamada Jasmín decide acabar con este terrible animal. Escribe la sección de este cuento que tiene como subtítulo: "Cómo Jasmín acabó con el monstruo". Usa este espacio para organizar tus ideas. Luego escribe tu cuento en una hoja aparte.

_____

_____

_____

_____

_____

_____

_____

_____

_____

_____

_____

_____

# ¡A deletrear!

H **Práctica con los sonidos /k/ y /s/ y las letras *c, q, k, s* y *z*.** En las siguientes palabras se han eliminado las sílabas con el sonido /k/ o /s/. Escribe las letras que faltan en cada palabra.

1. ___ ___ m e r

2. r a t o n ___ ___ t o

3. ___ ___ p e r v i s a r

4. i z ___ ___ ___ e r d a

5. a ___ ___ s t u m b r a r s e

6. ___ ___ ___ v e

7. ___ ___ n a r

8. ___ ___ ___ r í a m o s

9. ___ ___ n c u r s o

10. ___ ___ ___ n t a

# Juguemos un poco

**I**   **Así era yo.** ¿Cómo has cambiado desde que eras niño(a)? Escribe tres características que tenías en cada una de las categorías que se encuentran a continuación. Compara tu cuadro con el de dos compañeros de clase y decidan quién ha cambiado más. Informen a la clase de cómo ha cambiado esa persona.

| ASÍ ERA YO | | | |
|---|---|---|---|
| | **De niño(a)** | **En la primaria** | **En la secundaria** |
| **1.** con mis padres | | | |
| **2.** con mis amigos | | | |
| **3.** con mis maestros | | | |

**J**   **Abuelito, cuéntame de tu vida.** Entrevista a tu abuelo(a) o a otro pariente sobre su juventud. Usa las siguientes preguntas como base y añade otras preguntas según la información que te dé el(la) entrevistado(a). Luego hazles un resumen a tres compañeros de clase y escucha mientras ellos te cuentan lo que descubrieron.

**1.** ¿Cuándo naciste? ¿Dónde naciste? Descríbeme el lugar.

_____

_____

**2.** ¿Qué hacías para divertirte cuando eras niño(a)? Describe tus juguetes y juegos. ¿Cuáles guardaste?

_____

_____

**3.** ¿Cómo era la escuela? Describe tu rutina de un año escolar que recuerdes más.

_____

_____

_____

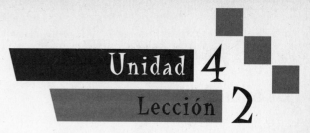
**4.** ¿Cómo eran los maestros?

_____
_____
_____

**5.** ¿Qué hacían tus amigos y tú los fines de semana? ¿Cómo vestían?

_____
_____
_____

**6.** ¿Qué eventos recuerdas más de tu juventud? Descríbelos.

_____
_____
_____

**7.** ¿Qué fotografías o recuerdos guardaste de tu juventud? ¿Podrías enseñarme unos y decirme algo de ellos?

_____
_____
_____

**8.** Si pudieras regresar a tu juventud para volver a vivir cierto momento, ¿cuál sería?

_____
_____
_____

**K** **Recuerdos históricos del pasado.** En una hoja aparte escribe una biografía del pariente que entrevistaste en la actividad anterior. Haz un resumen de la información que más te impresionó para escribir el relato. Si es posible, incluye fotografías con la biografía.

# ¡A explorar!

## Los usos de *se*

El pronombre **se** tiene diversos usos en español. A continuación vemos los usos que ya se han presentado y algunas extensiones de esos usos. Más adelante se presentarán otros usos de este vocablo.

- Como **pronombre reflexivo**

  El viejito **se** metió en la mata para ver si había tomates.

  El hombre **se** robó las piedritas mágicas y **se** fue corriendo.

- Como **pronombre recíproco**

  Los viejitos **se** abrazaron y **se** dieron un gran beso al ver toda la comida.

  El señor y el viejito **se** dieron la mano.

- Como **pronombre (complemento) de objeto indirecto** para reemplazar **le** y **les** cuando hay un pronombre de objeto directo en tercera persona.

  Un señor **les** robó las piedritas mágicas a los viejitos.

  El señor **se** las llevó sin ninguna intención de devolvér**se**las.

 No confundas la forma **sé** del verbo **saber** con el pronombre **se.** Observa cómo el verbo siempre lleva acento escrito.

  **saber: sé** (primera personal singular, presente indicativo)

  No **sé** tu número de teléfono. ¿Me lo das?

L   **Usos de *se*.** Para saber qué pasó cuando el señor les robó las piedritas
mágicas a los dos viejitos, lee el siguiente párrafo e identifica los diferentes
usos de **se: reflexivo, recíproco, objeto indirecto (le/les)** o **el verbo
saber.** El primero ya está hecho.

> Cuando llegaron los últimos invitados, todos se levantaron (1)
> y fueron a sentarse (2) al comedor. Ya sentados todos, el señor
> y su señora brindaron a sus huéspedes y luego se brindaron
> (3) ellos mismos y les pidieron a los sirvientes que sirvieran la
> comida. Éstos empezaron a servir un banquete de comida
> elegantísima. Cada vez que sacaban un plato nuevo de la
> cocina, se lo mostraban (4) primero al señor, luego a la señora
> y con su aprobación, empezaban a servírselo (5) a los
> invitados. Los huéspedes se miraban (6) con una sorpresa
> total. —No sé (7) cómo pueden servir un banquete tan
> elegante— se decían (8).
>
> Fue en ese momento que apareció el gallo de la cresta de
> oro gritando, —¡Ladrón! ¡Ladrón! ¡Se las robaste (9) a mis
> dueños! Todos los invitados, inclusive el señor y su mujer, se
> asustaron (10) tanto que salieron corriendo. El gallito de la
> cresta de oro aprovechó la oportunidad para devolverles las
> piedritas mágicas a los dos viejitos.

1. **reflexivo** _____   6. _____

2. _____   7. _____

3. _____   8. _____

4. _____   9. _____

5. _____   10. _____

**M** **Oraciones con *se*.** Escribe una oración completa utilizando las siguientes expresiones. Al lado del verbo indica qué tipo de **se** empleaste en tu oración.

MODELO: *se dieron la mano*   **recíproco**
**Cuando papá y Beto se dieron la mano, yo me sentí mucho mejor.**

**1.** se sentó _____

_____

_____

_____

**2.** se saludaron _____

_____

_____

_____

**3.** se la dio _____

_____

_____

_____

**4.** se lavaba _____

_____

_____

_____

**5.** se miraban _____

_____

_____

_____

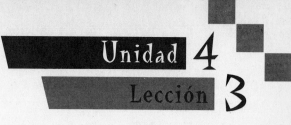

Unidad **4**

Lección **3**

# ¡A escuchar!

**A** **¡El mundo al punto!** Escucha a los locutores de este programa de la radio hispana que hablarán sobre la música afroperuana. Marca si cada oración que sigue es **cierta (C), falsa (F)** o si no tiene relación con lo que escuchaste **(N/R).** Si la oración es falsa, corrígela. Escucha una vez más para verificar tus respuestas.

C  F  N/R  **1.** La música conocida como afroperuana fue traída al Perú por exiliados cubanos después de 1960.

_____

C  F  N/R  **2.** Folcloristas como Nicomedes Santa Cruz y Abelardo Vásquez contribuyeron a la difusión de la tradición musical afroperuana.

_____

C  F  N/R  **3.** La población de origen africano del Perú llega a más de medio millón de personas.

_____

C  F  N/R  **4.** Celia Cruz es la cantante que interpretó la canción "Toro Mata".

_____

C　F　N/R　**5.** La canción "Toro mata" incluye la expresión *"la ponde, ponde, pondé"* derivada de una lengua africana.

___

C　F　N/R　**6.** Los músicos afroperuanos inventaron el cajón como instrumento musical porque suena mejor que los tambores.

___

# Pronunciación y ortografía

## El sonido /g/ y las combinaciones *ga, go* y *gu*

El sonido **/g/** es un sonido fuerte que siempre se escribe **g.** Este sonido sólo ocurre delante de otras consonantes, como en **gr**ande o **gl**obo, y delante de las vocales **a, o, u.** Para conseguir el sonido **/g/** delante de las vocales **e** o **i** hay que escribirlo **gue, gui** como en si**gue,** á**gui**la. En estas palabras, la **u** no se pronuncia. Para conseguir que la **u** se pronuncie en estas combinaciones, hay que escribirla con diéresis (**ü**) como en ver**güe**nza, pin**güi**no. En las siguientes palabras, observa cómo se escribe el sonido **/g/** delante de las vocales mientras escuchas al narrador leer las siguientes palabras.

| | | |
|---|---|---|
| **ga** | **g**algo | lu**g**ar |
| **go** | **g**orra | fue**g**o |
| **gu** | **Gu**adalajara | fi**g**ura |
| **gue** | **gue**rrero | ju**gue**te |
| **gui** | **gui**a | al**gui**en |
| **güe** | **güe**ro | ci**güe**ña |
| **güi** | **güi**ro | a**güi**ta |

**B** **Práctica con el sonido /g/.** Ahora la narradora va a leer las siguientes palabras con el sonido **/g/.** Escribe las letras que faltan.

**1.** e n t r e ___ ___ r

**2.** M i ___ ___ ___ l í n

**3.** t r i á n ___ ___ l o

**4.** l u e ___ ___

**5.** i r r i ___ ___ c i ó n

**6.** ___ ___ b i n e t e

**7.** s i n v e r ___ ___ ___ n z a

**8.** ___ ___ ___ r d a r

**9.** M a r ___ ___ r i t a

**10.** n o r u e ___ ___

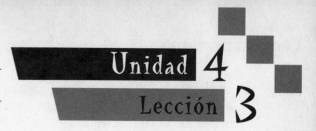

# *Tesoros de la literatura contemporánea*

**C**   **Para anticipar.** Antes de leer el siguiente cuento basado en la tradición oral afroperuana, contesta las siguientes preguntas sobre la Navidad y cómo la celebran.

**1.** ¿Cómo se celebra la Navidad en el país de origen de tus padres o abuelos? ¿Existe alguna celebración especial durante esa fecha?

_____

_____

_____

**2.** ¿Qué es lo que conmemora la Navidad? ¿Dónde y cuándo ocurrió este evento?

_____

_____

_____

**3.** ¿Celebra tu familia de una manera religiosa la Navidad? ¿Hay alguna otra celebración religiosa que tiene lugar durante estas fechas?

_____

_____

_____

**4.** En algunos países hispanos, los regalos se entregan a los niños el Día de los Reyes Magos. ¿Sabes en qué fecha ocurre este día? ¿Quiénes eran los Reyes Magos?

_____

_____

_____

**5.** ¿Cuál es para ti el mensaje más importante de la Navidad?

_____

_____

_____

# Lectura peruana

Lee el cuento "Fue en el Perú" escrito por el peruano Ventura García Calderón (1887–1959). Fíjate que en este cuento, situado en el ambiente campesino peruano, aparecen muchas palabras que se derivan del quechua.

## Fue en el Perú

"Aquí nació, niñito", murmuraba la anciana masticando un cigarro apagado. Ella me hizo jurar discreción eterna; mas ¿cómo ocultar al mundo la alta y sublime verdad que todos los historiadores falsifican? "Se pusieron de acuerdo para que nadie lo supiera, porque es tierra pobre", me explicaba la vieja. Extendió la mano, resquebrajada como el nogal, para indicarme de qué manera se llevaron al niño muy lejos para que nadie supiera que nació en tierra peruana. Pero un día todo se sabrá. Su tatarabuela, que Dios tenga en su santa gloria, vio y palpó los piececitos helados por el frío de la puna°; y fue una llama de lindo porte la primera que se arrodilló, como ellas saben hacerlo, con elegancia lenta, frotando la cabeza inteligente en los pies manchados de la primera sangre. Después vinieron las autoridades.

> tierras frías de los Andes

La explicación comenzaba a ser confusa; pedí nuevos informes y minuciosamente lo supe todo: la huida, la llegada nocturna, el brusco nacimiento, la escandalosa denegación de justicia, en fin, que es el más torpe crimen de la historia. "Le contaré —decía la vieja, chupando el pucho° como biberón—. Perdóneme, niñito, pero fue cosas de los blancos".

> colilla del cigarro

No podía sorprenderme esta nueva culpa de mi raza. Los blancos somos en el Perú, para la gente de color, responsables de tres siglos injustos. Vinimos de la tierra española hace mucho tiempo, y el indio cayó aterrado bajo el relámpago de nuestros cañones. Después trajimos en barcos de tres puentes, del Senegal o más allá, con cadena en los pies y mordaza en la boca, a los esclavos africanos, las "piezas de ébano", como se dijo entonces, que bajo el látigo del mayoral, gimieron y murieron por los caminos.

También debía de ser aquella atrocidad cosa de los blancos, pues la pobre india doncella —aseguraba la vieja— tuvo que fugarse a lomo de mula muy lejos, del lado de Bolivia, con su esposo, que era carpintero.

El relato de la negra Simona comienza a ser tan confuso que es necesario resumir con sus propias palabras: "Gobernaba entonces en el departamento un prefeto° canalla y explotador, como esos patrones que hacen trabajar a los hijos del país pagando coca y aguardiente no más. Si los indios se niegan, se les recluta para el ejército. Es la leva, que llaman. Fue así como obtuvieron aquellos indios que horadaron el pecho al Santo Cristo; pero esto fue más tarde y todavía no había nacido aquí."

> "prefecto" o gobernador militar

"Agarró y mandó el prefeto que los indios no salieran de cada departamento, mientras en la tierra vecina otro gobernador, hereje y perdido como él, no quería que tuvieran hijos, porque se estaba acabando el maíz en la comarca. Entonces huyeron, a lomo de mula, la Virgen María, que era indiecita, y San José que era mulato. Fue en este tambo°, en que pasaron la divina noche. Las gentes que no saben no tienen más que ver cómo está vestida la Virgen, con el mismo manto de las serranas y las sandalias en los pies polvorientos, sangrando en las piedras de los Andes. San José vino hasta el tambo al pie de la mula, y en quechua pidió al tambero que le permitiese dormir en el pesebre".

"posada" del término quechua *tampu*

"Todita la noche las quenas° de los ángeles estuvieron tocando para calmar los dolores de Nuestra Señora. Cuando salió el sol sobre la puna, ya estaba llorando de gozo porque en la paja sonreía su preciosura, su corazoncito, su palomita. Era una guagua° linda ¡caray!, que la Virgen, como todas las indias, quería colgar ya del poncho en la espalda. Entonces lo que pasó nadie podría creerlo, niñito. Le juro que las llamas del camino se pusieron de rodillas y bajó la nieve de las montañas como si se hubieran derretido con el calor los hielos del mundo. Hasta el prefeto comprendió lo que pasaba y se vino derechito seguido por un cacique indio y el rey de los mandingas, ¡que era un esclavo del mismo amo que mi tatarabuela! Ésos son los Reyes Magos que llaman. El blanco, el indio y el negro venían por el camino, entre las llamas arrodilladas que bajaban de las minas de oro con su barrote de oro en el lomo. Hasta los cóndores no atacaban ya a los corderos.

flauta, instrumento musical andino
bebé

"Nunca los indios han vuelto a estar tan alegres como lo estuvieron en la puerta del tambo, bailando el cacharpari° y preparando la chicha° que había de beber el santo niño. Ya los mozos de los alrededores llegaban trayendo los pañales de lana roja y ponchitos de colores y esos cascabeles con que adornan a las llamas en las ferias. Y cuando llegó el prefeto con el cacique y el rey de los mandingas, todos callaron temerosos. Y cuando el blanco dejó en brazos del niño santo la barra de oro puro, nuestro amito sonrió con desprecio. Y cuando los otros dos avanzaron y se quejaron que sólo tenían para regalar collares de guayruros° y esos mates de colores en que sirven la chicha y las mazorcas de maíz más doradas que el oro, Su Majestad abrió los bracitos y habló... La mala gente dirá que no podía hablar todavía. Pero el Niño-Dios lo puede todo, y el rey de los mandingas oyó clarito esta razón: "El color no te ofende, hermano".

baile quechua
bebida quechua

especie de frijol

"Entonces un grito de contento resonó hasta en los Andes, y todos comprendieron que ya no habría amos ni esclavos, ni tuyo ni mío, sino que todos iban a ser hijos parejos del Amo divino, como habían prometido los curas en los sermones. La vara de San José estaba abierta lo mismito que los floripondios°, y los arrieros° que llegaban dijeron que los blancos gritaban en la casa del cura, con el látigo en la mano.

Sin que nadie supiera cómo ni de qué manera se llevaron las autoridades al niño en la carga una mula. La Virgen María y su santo esposo iban detrás, cojeando, con arradados de los pies.

"Y desde aquel tiempo nadie puede hablar de la injusticia en la provincia sin que lo manden a la chirona°. Pero todos sabemos que Su Majestad murió y resucitó después y que vendrá un día por acá para que la mala gente vean que es de color de la tierra como los hijos del país. Y entonces mandarán castigar a los blancos, y los negros serán sus propios amos, y no habrá tuyo ni mío, ni levas, ni prefetos, ni tendrá que trabajar el pobre para que engorde el rico"...

La negra Simona tiró el pucho, se limpió una lágrima con el dorso de la mano, cruzó los dedos índice y pulgar para decirme:

"Un Padrenuestro por las almas del Purgatorio, y júreme, niño, por estas cruces, que no le dirá a nadie cómo nació en este tambo el Divino Hijo de Su Majestad que está en el Cielo, amen".

árbol de flores del Perú; persona que conduce animales de carga cárcel

## Verifiquemos e interpretemos

**D**  **A ver si comprendiste.** "Fue en el Perú" es un cuento que pertenece a la tradición oral afroperuana y presenta otra versión de la Navidad. En el siguiente diagrama de Venn compara la versión de la Navidad según la anciana Simona que aparece en este cuento y la historia de la Navidad tradicional más conocida en el mundo. También escribe las características que comparten ambas versiones.

### La Navidad

**Según la anciana Simona**

1. _____
2. _____
3. _____
4. _____
5. _____

**Lo que ambas tienen en común**

1. _____
2. _____
3. _____
4. _____
5. _____

**Según la historia más conocida**

1. _____
2. _____
3. _____
4. _____
5. _____

**E**  **¡A interpretar!** Indica la letra que corresponde según el cuento "Fue en el Perú" de Ventura García Calderón.

1. Cuando la anciana Simona estaba contando el cuento...

   **a.** limpiaba la cocina de su casa.

   **b.** tomaba un vaso de chicha.

   **c.** masticaba un cigarro apagado.

2. Según el narrador del cuento, para la gente de color del Perú, los blancos son responsables de...

   **a.** tres siglos injustos.

   **b.** traer la paz y el progreso.

   **c.** establecer la democracia en el país.

3. Según la anciana Simona, la Virgen María era una doncella india y su esposo San José era un carpintero...

   **a.** también indio.

   **b.** blanco.

   **c.** mulato.

4. Según Simona los tres Reyes Magos eran el prefecto militar, un cacique indio y...

   **a.** el alcalde de Lima.

   **b.** el rey de los mandingas.

   **c.** un arriero de las minas de oro.

5. El prefecto militar blanco le puso en los brazos del Niño-Dios...

   **a.** una mazorca de maíz dorado.

   **b.** unos ponchos de colores.

   **c.** una barra de oro.

6. Las autoridades se llevaron al Niño-Dios, a la Virgen María y a San José porque...

   **a.** estaban muy alegres y querían su compañía.

   **b.** el mensaje del Niño-Dios representaba un peligro para los ricos del Perú.

   **c.** querían asegurar que los campesinos no les hicieran daño.

**La Navidad según Simona.** En tus propias palabras, ¿cuál es el mensaje que según Simona tenía la Navidad para el pueblo del Perú? ¿Cuál es la importancia de ese mensaje? ¿Estás de acuerdo con el mensaje?

_____

_____

_____

_____

_____

_____

_____

_____

_____

_____

_____

_____

_____

# ¡A deletrear!

G

**Práctica con el sonido /g/ y las combinaciones de letras *ga, gue, gui, go* y *gu*.** Lee las siguientes palabras con el sonido /g/ y escribe las letras que faltan.

1. r e ___ ___ l o

2. f i ___ ___ r a

3. ___ ___ ___ t a r r a

4. l u e ___ ___

5. ___ ___ ___ r r i l l e r o

6. ___ ___ b i n e t e

7. a v e r i ___ ___ ___

8. s e ___ ___ r o

9. ___ ___ l á c t i c o

10. p r e ___ ___ n t a

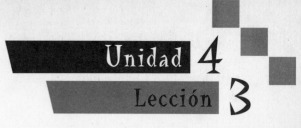

Unidad 4
Lección 3

# *Juguemos un poco*

H **Evento emocionante.** En el cuento "Fue en el Perú", el cuento de la Navidad fue una experiencia muy emocionante para el niño a quien se lo contaba la anciana Simona. En esta flor semántica escribe los eventos del cuento que pudieron haberle evocado estas emociones al jovencito que escuchaba el cuento. Luego compara tu flor semántica con la de dos compañeros de clase. Informen a la clase los eventos que según ustedes, causaron más de una emoción.

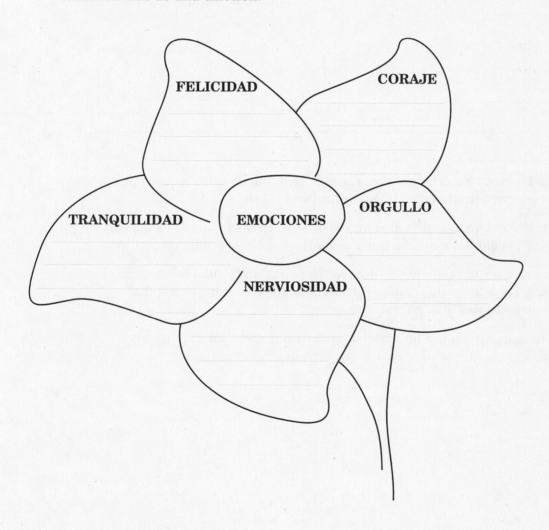

**I** ¡Qué bien la pasaba contigo! Piensa en una ocasión cuando visitaste a tus abuelitos o a otro pariente y te sentiste muy emocionado. Escríbeles una tarjeta a tus abuelos o a ese pariente para contarles del evento que recuerdas y cómo te sentías.

**J** **Dramatización.** En grupos de tres seleccionen una de estas situaciones y prepárense para dramatizarla. Preséntenla a la clase.

1. Tu mejor amigo(a) te dijo algo que te hizo sentirte muy mal. Tú decides hablar con él(ella) y decirle cómo te sentiste al oír ese comentario.

2. Vas a una fiesta familiar y te escogen para dar un brindis celebrando el evento. Le pides a un(a) amigo(a) que te ayude a escribir el brindis porque te sientes muy nervioso(a).

3. Te has encontrado con un amigo(a) que no has visto por muchos años. Recuerden lo que hacían y cómo era ser tan buenos amigos.

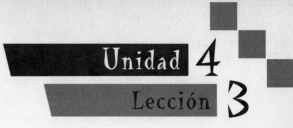

# Lengua en uso

## Variantes coloquiales: haiga, váyamos, etc.

En el mundo hispano existen variantes coloquiales de algunas formas verbales en el presente de subjuntivo. Repasemos algunas de las más comunes.

- En vez de las formas verbales **haya, hayas, haya, hayamos, hayan,** algunos hispanohablantes dicen las formas coloquiales **haiga, haigas, haiga, haigamos, haigan.** Estas formas son parte del habla coloquial de México y el suroeste de Estados Unidos y, por lo general, no se utilizan en la forma escrita. Para algunos hispanohablantes estas formas verbales caracterizan el habla de personas no educadas.

| **Español general** | **Variante coloquial** |
|---|---|
| Es probable que **haya** más tumbas reales en el Perú. | Es probable que **haiga** más tumbas reales en el Perú. |
| La maestra espera que **hayamos** aprendido sobre la cultura peruana. | La maestra espera que **háigamos** aprendido sobre la cultura peruana. |

- También es común en el habla coloquial de México y el suroeste de Estados Unidos que en las conjugaciones de la primera persona plural del presente de subjuntivo como **vayamos,** el acento se mude de la penúltima sílaba a la antepenúltima y se diga **váyamos.** Esto también tiende a ocurrir sólo en el habla, no en la forma escrita.

| **Español general** | **Variante coloquial** |
|---|---|
| Ojalá **vayamos** a la exhibición sobre los tesoros de Sipán. | Ojalá **váyamos** a la exhibición sobre los tesoros de Sipán. |
| Tal vez **tengamos** la oportunidad de visitar Machu Picchu. | Tal vez **téngamos** la oportunidad de visitar Machu Picchu. |

**K** **De visita al Perú.** Imagínate que tu mejor amigo(a) y sus padres acaban de ser premiados con un viaje pagado al Perú por dos semanas. Lee las oraciones que aparecen en una tarjeta postal que te manda desde Lima, Perú. Reescribe las oraciones siguientes usando las formas de la lengua estándar donde aparezcan formas verbales coloquiales.

1. No sé si haiga tiempo para ir a visitar las ruinas de Sipán.

   _____

   _____

2. Quizás sólo téngamos tiempo para ir a visitar Cuzco.

   _____

   _____

3. Mis padres están muy contentos que haigan tenido la oportunidad de escuchar un concierto de la cantante Lucila Campos.

   _____

   _____

4. Hemos conocido a muchas personas que quieren que váyamos a comer a sus casas.

   _____

   _____

5. Espero que no te haigas olvidado de mí.

   _____

   _____

# *Correspondencia práctica*

## Notas formales difíciles

A veces es necesario escribir cartas más difíciles de redactar debido a la situación: una enfermedad prolongada, un accidente o peor aún, la muerte de un conocido. En la cultura hispana estas notas tienden a ser cortas y muy corteses y tienden a expresarse usando ciertas fórmulas de cortesía. A continuación incluimos algunas de esas fórmulas:

**Para un(a) amigo(a) enfermo(a)**

Acabo de saber que te rompiste la pierna durante el fin de semana y...

Acaban de avisarme de tu estadía en el hospital y...

**Para expresar el pésame**

Acabo de enterarme del fallecimiento de...

Recibe mi más sincera condolencia por el fallecimiento de tu muy amado...

**L** **Malas noticias.** Acabas de enterarte que un buen amigo tuyo que vive en otra ciudad estuvo en un accidente serio en el cual murió la persona que lo acompañaba en el carro. Escríbele una nota a tu amigo dándole a saber que lo acompañas en estos tiempos difíciles.

*Querido amigo:* _____

_____

_____

_____

_____

_____

_____

_____

_____

_____

_____

_____

_____

# ¡A escuchar!

**A**     **¡El mundo al punto!** Escucha a los locutores de este programa de la radio
hispana titulado "¡El mundo al punto!", quienes hablarán sobre las
Olimpiadas de Barcelona. Luego, selecciona la opción correcta para
completar las oraciones que aparecen a continuación. Escucha una vez
más para verificar tus respuestas.

1. Las Olimpiadas de 1992 se celebraron en Barcelona, la capital de la
   región autónoma de...

   **a.** Andalucía.      **b.** Valencia.      **c.** Cataluña.

2. En estos Juegos Olímpicos de verano de 1992 participó otra vez una
   delegación de Sudáfrica, país que había sido expulsado en 1970 por...

   **a.** no pagar las cuotas debidas al Comité Olímpico Internacional.

   **b.** practicar el sistema racista del *apartheid*.

   **c.** ser un país sin elecciones democráticas.

3. Las cuatro lenguas oficiales de los Juegos Olímpicos de 1992 fueron...

   **a.** el castellano, el inglés, el francés y el alemán.

   **b.** el castellano, el inglés, el francés y el chino.

   **c.** el catalán, el castellano, el inglés y el francés.

4. La apertura de las Olimpiadas en Barcelona coincidió con el final de la Segunda Cumbre Iberoamericana que congregó a...

   **a.** la mayoría de los jefes de estado de los 19 países iberoamericanos junto con España y Portugal.

   **b.** los jefes de estado de todos los países de la cuenca del Pacífico.

   **c.** los presidentes de los países miembros de la Unión Europea.

5. Lo que más emocionó a Alicia de la ceremonia de apertura de las Olimpiadas fue...

   **a.** la presencia de Nelson Mandela como invitado especial en el estadio.

   **b.** cuando un arquero español disparó una flecha para prender la antorcha olímpica en el estadio.

   **c.** las palabras de inauguración pronunciadas por el Rey Juan Carlos I de España.

6. Según Pascual Maragall, el alcalde de Barcelona, las Olimpiadas...

   **a.** afectaron a Barcelona de una manera negativa porque se gastaron miles de millones de pesetas en obras públicas.

   **b.** no tuvieron mucho impacto en esta antigua ciudad.

   **c.** transformaron la ciudad de una manera muy positiva.

## Acentuación y ortografía

### El sonido /x/, la letra *j* y las combinaciones *ge* y *gi*

El sonido **/x/** es un sonido suave que se escribe **j** o **g.** Este sonido suave sólo se escribe **g** delante de las vocales **e** e **i,** como en **g**ente o **gi**tano. En las siguientes palabras, observa cómo se escribe el sonido **/x/** delante a las vocales mientras escuchas a la narradora leer las siguientes palabras.

| | | | |
|---|---|---|---|
| **ja** | **J**alisco | traba**j**ar | |
| **jo** | **j**oyería | hi**jo** | |
| **ju** | **j**ugar | **j**uguete | |
| **je / ge** | **j**efe | e**j**ercicio | **g**eneral | inteli**g**ente |
| **ji / gi** | **j**inete | ca**j**ita | **g**imnasio | exi**g**ir |

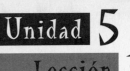
**B**

**Práctica con el sonido /x/.** Ahora el narrador va a leer las siguientes palabras con el sonido /x/. Escribe las letras que faltan.

1. d i ___ ___ r o n

2. v i e ___ ___ t a

3. ___ ___ u l a

4. ___ ___ n e r a c i ó n

5. ___ ___ r a f a

6. ___ ___ g a n t e

7. ___ ___ a n i t a

8. c o n s e ___ ___

9. ___ ___ g u e t e

10. ___ ___ n e a l ó ___ ___ c o

**C**

**Dictado.** Escucha el siguiente dictado e intenta escribir lo más que puedas. El dictado se repetirá una vez más para que revises tu párrafo.

**España, tierra de moros**

_____

_____

_____

_____

_____

_____

_____

_____

_____

_____

_____

_____

_____

_____

_____

# Tesoros de la literatura contemporánea

**D**  **Para anticipar.** En la obra de muchos poetas existe una preocupación por reflejar la tierra donde nacieron o en la que viven. Por ejemplo, el poeta español Federico García Lorca (1898–1936) en algunos de sus poemas refleja la geografía de Andalucía, la región al sur de España de donde era originario. En "Baladilla de los tres ríos" aparecen tres ríos: el Guadalquivir, que es uno de los ríos más importantes de España, navegable hasta Sevilla, la ciudad más poblada de Andalucía, y que desemboca en el océano Atlántico; el Genil que baja de la Sierra Nevada y confluye con el Guadalquivir; y el Darro, un pequeño río que baja también de la Sierra Nevada más norte del Genil para confluir con este mismo río en Granada, la ciudad natal de García Lorca. La Sierra Nevada es la cadena montañosa que queda al sur y al este de Granada.

Escribe los nombres correspondientes de los puntos geográficos indicados con líneas en este mapa de España. Lee con cuidado el párrafo anterior que te da las claves para hacer este ejercicio.

## Lectura española

Lee el siguiente poema de Federico García Lorca, el primero de su colección *Poema del cante jondo* (1931) en el que se celebra la tierra y la gente de su región natal: Andalucía.

### Baladilla de los tres ríos

El río Guadalquivir
va entre naranjos y olivos.
Los dos ríos de Granada
bajan de la nieve al trigo.

*¡Ay, amor*
*que se fue y no vino!*

El río Guadalquivir
tiene las barbas granates°.                    rojas como
Los dos ríos de Granada,                          granadas
uno llanto y otro sangre.

*¡Ay, amor*
*que se fue por el aire!*

Para los barcos de vela
Sevilla tiene un camino;
por el agua de Granada
sólo reman° los suspiros.                      avanzan en
                                                  el agua
*¡Ay, amor*
*que se fue y no vino!*

Guadalquivir, alta torre
y viento en los naranjales.
Darro y Genil, torrecillas
muertas sobre los estanques.

*¡Ay, amor*
*que se fue por el aire!*

¡Quién dirá que el agua lleva
un fuego fatuo° de gritos!                       necio,
                                                 engreído
*¡Ay, amor*
*que se fue y no vino!*

Lleva azahar°, lleva olivas,                     flor del
Andalucía, a tus mares.                          naranjo

*¡Ay, amor*
*que se fue por el aire!*

# Verifiquemos e interpretemos

**E**  **A ver si comprendiste.** En el siguiente diagrama de Venn escribe lo que
caracteriza a los tres ríos que se mencionan en este poema y lo que tienen
en común. Lee *Para anticipar* que aparece en esta sección ya que te puede
ayudar a hacer este ejercicio.

**Guadalquivir**

1. _____
2. _____
3. _____
4. _____
5. _____

**Los tres ríos**

1. _____
2. _____
3. _____
4. _____
5. _____

**Darro y Genil**

1. _____
2. _____
3. _____
4. _____
5. _____

**F**  **¡A interpretar!** Contesta las siguientes preguntas intentando interpretar
este poema.

1. ¿Por qué podemos decir que la primera estrofa hace referencia a la
agricultura de Andalucía? ¿Cuáles son los tres productos agrícolas que
se mencionan ahí?

_____

_____

_____

_____

2. ¿Qué tono le dan al poema los versos que forman dos pequeños coros
que se repiten a través del mismo: "¡Ay, amor que se fue y no vino!" y
"¡Ay, amor que se fue por el aire!"

_____

_____

_____

_____

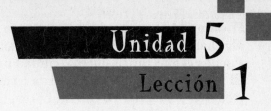
**3.** ¿Qué pueden significar los dos versos que dicen: "Los dos ríos de Granada, uno llanto y otro sangre"?

_____

_____

_____

_____

**4.** ¿Cómo se comunica en el poema que el río Guadalquivir es navegable hasta Sevilla?

_____

_____

_____

_____

**5.** ¿Por qué el río Guadalquivir se compara con una "alta torre" mientras que el Darro y el Genil se comparan con "torrecillas"?

_____

_____

_____

_____

**6.** ¿Qué es lo que más te gustó de este poema? Explica.

_____

_____

_____

_____

**G** **Poema sobre tu región.** Escribe un breve poema haciendo referencia a algunas de las características más celebradas del lugar donde vives. Puedes comparar tu pueblo, ciudad o región con alguna localidad vecina. El formato puede ser una balada o canción como el poema "Baladilla de los tres ríos", de Federico García Lorca, donde existe una rima asonante (los sonidos vocálicos son los mismos) entre el segundo y el cuarto verso en cada una de las estrofas de cuatro versos.

> El río Guadalquivir
> va entre naranjos y ol**ivos.**
> Los dos ríos de Granada
> bajan de la nieve al tr**igo.**

_____

_____

_____

_____

_____

_____

_____

_____

_____

_____

_____

_____

_____

_____

_____

_____

_____

# ¡A deletrear!

**H** **Práctica con la letra _j_ y con las combinaciones _ge_ y _gi_.** Lee las
siguientes palabras con la letra _j_ y las combinaciones **ge** y **gi.** Escribe las
letras que faltan.

1. ___ ___ b ó n

2. r o ___ ___

3. ___ ___ o g r a f í a

4. ___ ___ r o b a d o

5. p á ___ ___ r o

6. ___ ___ r a s o l

7. ___ ___ s ú s

8. e x i ___ ___ n t e

9. ___ ___ e g o

10. d e ___ ___ r o n

# Juguemos un poco

**I**    **Todo mundo tiene problemas.** En la hoja de papel que te dé tu
profesor(a), describe algún problema que tengas o que hayas observado
que uno de tus amigos o parientes tiene. Explica el problema bien pero
déjalo anónimo —no menciones nombres verdaderos y no escribas tu
nombre en la hoja de papel. Tu profesor(a) va a recoger los problemas y
redistribuirlos. Luego en grupos de tres, van a decir cómo creen que se
pueden resolver los problemas que les tocaron. Trabajen en un problema a
la vez. Hagan varias sugerencias de cómo se puede resolver el problema y
anótenlas en el mismo papel donde se explicó el problema. Luego pasen al
segundo y, finalmente, al tercero. Brevemente, informen a la clase de los
problemas que les tocaron y las soluciones que proponen.

**J**    **Hay esperanza.** ¿Conoces a alguna persona que se sienta triste o deprimida
por alguna razón? Compónle unos versos en la siguiente tarjeta. Tal vez
quieras dibujar algunos símbolos que expresen esperanza y alegría.

**Es triste que** _____

_____

**y que** _____

_____

**y que** _____

_____

**Pero es importante que** _____

_____

**y que** _____

_____

**K** **Dramatización.** Con un(a) compañero(a) de clase prepara una de las siguientes situaciones y preséntensela a la clase.

1. Ustedes tienen un(a) amigo(a) que no se empeña en los estudios y está en peligro de fracasar. Deciden que es muy importante hablar con su amigo(a) y aconsejarlo(la). Dramaticen la situación.

2. Tú y tu amigo(a) han sido seleccionados por la clase de español para hablar con el(la) maestro(a) y convencerlo(la) que deben hacer cierto tipo de excursión cultural. Explíquenle por qué es importante que vayan.

3. Tú y tu compañero(a) están hablando de qué van a decir en una carta que le piensan mandar a un líder político que ustedes sienten necesita sus consejos. Discutan a quién le van a escribir y qué consejos le van a dar.

# ¡A explorar!

## El uso excesivo de la palabra "cosa"

Cuando se escriben ensayos u otros escritos en español, es muy importante evitar la repetición de las mismas palabras dentro de lo posible. Hay que ser específico al escoger las palabras o vocablos que usas. Una palabra que muchos hispanohablantes en Estados Unidos tienden a usar excesivamente es la palabra "cosa". Este uso excesivo ocurre tal vez por falta de vocabulario o puede ser simplemente por interferencia del inglés, ya que el uso de *"things"* es muy común en la jerga inglesa.

Mi amiga dijo que **las cosas** no
iban bien.

*My friend said "things" were not
going well.*

El uso excesivo de la palabra "cosa" se puede evitar fácilmente si te esfuerzas siempre a explicar exactamente a qué se refiere "cosa" o "cosas". Por ejemplo, en el comentario anterior se podría haber evitado el uso de "cosas" de la siguiente manera.

Mi amiga dijo que **las clases** no iban bien.

Mi amiga dijo que **su vida personal** no iba bien.

Mi amiga dijo que **su relación con su novio** no iba bien.

Sólo el escritor o escritora de esta oración sabe el significado exacto de la palabra. Si se espera comunicar bien con el lector, es importante ser lo más específico posible.

**L**  **Ejercicio.** Ayuda a esta joven instructora de ejercicios aeróbicos a modificar el uso excesivo de "cosa(s)" en las sugerencias que piensa entregarles por escrito a sus estudiantes. A veces podrás reemplazar "cosa" con otra palabra, a veces necesitarás más de una palabra.

1. Es importante que coman *cosas* nutritivas.

   _____

   _____

   _____

   _____

2. Cuando vengan a estas clases es necesario que traigan todas sus *cosas*.

   _____

   _____

   _____

   _____

3. Una *cosa* que nunca deben olvidar es tomar mucha agua durante el día.

   _____

   _____

   _____

   _____

4. Aquí, quiero que olviden las *cosas* del hogar y la familia y se concentren en mis *cosas*.

   _____

   _____

   _____

   _____

5. Otra *cosa* que deben hacer antes de empezar a correr cada día es asegurarse de que va a hacer buen tiempo.

   _____

   _____

   _____

   _____

# ¡A escuchar!

**A**  **¡El mundo al punto!** Escucha a los locutores de este programa de la radio hispana titulado "¡El mundo al punto!", quienes hablarán sobre la cocina española. Luego, selecciona la opción correcta para completar las oraciones que aparecen a continuación. Escucha una vez más para verificar tus respuestas.

1. Muchos investigadores consideran la dieta de los españoles como una de las más sanas del mundo occidental porque...

   **a.** los españoles prefieren consumir productos alimenticios enlatados.

   **b.** los españoles casi no comen carne de cerdo.

   **c.** los españoles enfatizan el consumo de comidas frescas y evitan las latas y los productos demasiado industrializados.

2. También los españoles son los que tienen el más alto consumo ____ de toda Europa.

   **a.** de productos derivados de la leche

   **b.** de productos marítimos

   **c.** de vino

3. La costumbre de tener una secuencia de diferentes platillos que se inicia con una sopa y se termina con un postre es...

   **a.** una costumbre de origen árabe.

   **b.** una costumbre que introdujeron los franceses.

   **c.** una influencia de turistas norteamericanos.

**4.** La sopa fría que se hace por lo general con trocitos de pan y con aceite, vinagre, sal, ajo, cebolla, jitomates y otros aditamentos se llama...

    **a.** azafrán.         **b.** sangría.         **c.** gazpacho.

**5.** La paella valenciana es una mezcla de arroz, azafrán y...

    **a.** huevos, cebolla y papas.

    **b.** mariscos, pollo y otras carnes.

    **c.** variados bocadillos que se sirven en bares y restaurantes en España.

**6.** Las horas tradicionales de las comidas en España y Estados Unidos...

    **a.** son bastante diferentes pues se come y se cena más tarde en España.

    **b.** son las mismas.

    **c.** son diferentes porque en España nadie cena después de las 9:00 de la noche.

## Pronunciación y ortografía

### Los sonidos /g/, /x/ y las letras *g* y *j*

En lecciones anteriores practicaste la ortografía de los sonidos **/g/** y **/x/** y descubriste que en combinación con las vocales varía de la siguiente manera:

**ga**      **ja**
**go**      **jo**
**gu**      **ju**
**gue**
**gui**
**güe**
**güi**
**ge**      **je**
**gi**      **ji**

**B**   **Práctica con los sonidos /g/ y /x/.** Ahora la narradora va a leer las siguientes palabras con estos dos sonidos. Escribe las letras que faltan.

1. p r e \_\_\_ \_\_\_ n t a       6. s a l v a \_\_\_ \_\_\_

2. c o r r e \_\_\_ \_\_\_ r       7. p u l \_\_\_ \_\_\_

3. r e l a \_\_\_ \_\_\_ d o       8. t r á \_\_\_ \_\_\_ c o

4. \_\_\_ \_\_\_ \_\_\_ r d a r       9. p a \_\_\_ \_\_\_

5. u n \_\_\_ \_\_\_ \_\_\_ n t o      10. \_\_\_ \_\_\_ z a r

**C**    **Dictado.** Escucha el siguiente dictado e intenta escribir lo más que puedas. El dictado se repetirá una vez más para que revises tu párrafo.

### La España de hoy

_____

_____

_____

_____

_____

_____

_____

_____

_____

_____

_____

_____

_____

_____

_____

_____

_____

_____

_____

_____

# Tesoros de la literatura contemporánea

**D**    **Para anticipar.** Mucha de la poesía contemporánea está escrita en verso libre sin rima ni métrica tradicional pero con énfasis en imágenes poéticas que comunican los sentimientos del poeta. Antes de leer el poema *"Sobre el oficio de escribir"* del poeta español Luis Rosales (1910–1992), imagínate que eres un(a) gran poeta con fama internacional y contesta las siguientes preguntas para una revista literaria en España.

**1.** ¿Cuáles son los temas que más lo(la) inspiran a escribir poemas?

_____

_____

_____

_____

**2.** ¿La mayoría de sus poemas reflejan experiencias reales de su vida o son invenciones de su imaginación?

_____

_____

_____

_____

**3.** ¿Qué ventajas tiene escribir poemas de verso libre sin rima o métrica tradicional? ¿Existe alguna desventaja en hacer esto?

_____

_____

_____

_____

**4.** ¿Cuáles son algunos consejos que Ud. quiere comunicar a poetas jóvenes sobre el oficio de escribir poesía?

_____

_____

_____

_____

## Lectura española

Lee el siguiente poema de Luis Rosales, un poeta español nacido en 1910 en Granada, cuya obra poética está profundamente marcada por la Guerra Civil Española (1936–1939). Entre sus mejores libros se encuentran *La casa encendida* (1949) y *Diario de una resurrección* (1979). El poema suyo que aparece aquí fue tomado de esta última colección.

### Sobre el oficio de escribir

Cada vez que se escribe un poema tienes que hacerte
    un corazón distinto,
un corazón total,
continuo,
descendiente,
quizás un poco extraño,
tan extraño que sirve solamente para nacer de nuevo.
El dolor que se inventa nos inventa,
y ahora empieza a dolerme lo que escribo,
ahora me está doliendo;
no se puede escribir con la mano cortada,
con la mano de ayer,
no se puede escribir igual que un muerto se sigue
    desangrando durante varias horas.
Tengo que hacerlo de otro modo,
con la distancia justa,
buscando una expresión cada vez más veraz°,        que dice la
aprendiendo a escribir con el muñón°,            verdad; el
despacio, muy despacio,                    brazo sin
despacísimo,                            la mano
sin saber por qué escribes para legar° a quien las quiera,  heredar
no sé dónde,
estas palabras ateridas°,               pasmadas de
estas palabras dichas en una calle inútil que tal vez tiene  frío
    aún alumbrado de gas,
Sin nadie las escucha,
paciencia y barajar, éste es tu oficio.

# Verifiquemos e interpretemos

**E** **A ver si comprendiste.** En el siguiente diagrama "mente abierta" escribe por lo menos cinco ideas que el poeta Luis Rosales expresa en su poema *"Sobre el oficio de escribir"*.

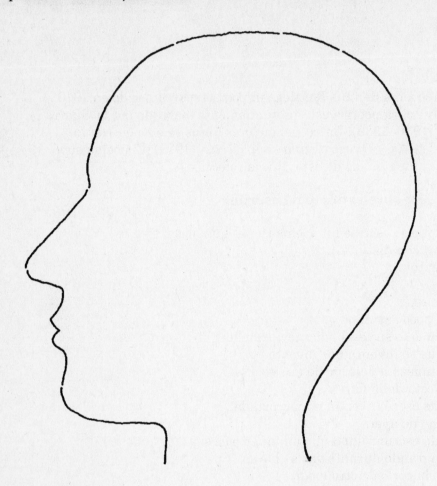

**F** **¡A interpretar!** Contesta las siguientes preguntas intentando interpretar este poema.

1. ¿Cómo interpretas la noción de que cada vez que se escribe un poema el poeta tiene que hacerse "un corazón distinto"? ¿Qué puede representar el "corazón"?

_____

_____

_____

_____

**2.** ¿Qué sentimiento te causa el verso que dice: "y ahora comienza a dolerme lo que escribo"? ¿Qué nos dice esto de la manera en que aconseja Luis Rosales escribir poemas?

_____

_____

_____

_____

**3.** ¿Por qué el poeta afirma: "no se puede escribir con la mano cortada, / con la mano de ayer"? Vuelve a escribir la misma idea de una manera más directa.

_____

_____

_____

_____

**4.** ¿De qué modo escribe Luis Rosales sus poemas? ¿Estás de acuerdo con sus recomendaciones? Explica por qué sí o por qué no.

_____

_____

_____

_____

**5.** ¿Qué parte del poema te gustó más? Explica.

_____

_____

_____

_____

**G** **Consejos de un poeta con experiencia.** Escribe un breve poema haciendo referencia a algunas de las recomendaciones que tienes para algo en que te consideras experto(a): mecánico(a), dependiente, cocinero(a), programador(a) de computadoras, etc. Este poema puede tener como modelo el de Luis Rosales que está en verso libre o puedes hacer que los versos rimen como en la métrica tradicional. No olvides ponerle un título a tu poema.

_____

_____

_____

_____

_____

_____

_____

_____

_____

_____

_____

_____

_____

_____

_____

_____

_____

_____

_____

_____

_____

# ¡A deletrear!

**H** **Los sonidos de las letras *g* y *j*.** Ahora la narradora va a leer las siguientes palabras con estos dos sonidos. Escribe las letras que faltan.

1. t r a b a ___ ___ d o r

2. m a n ___ ___

3. p o r t u ___ ___ ___ s

4. l e ___ ___ n o

5. p i n ___ ___ ___ n o s

6. s e ___ ___ r o

7. ___ ___ m e l o s

8. i n v e s t i ___ ___ c i ó n

9. ___ ___ p o n é s

10. t o r t u ___ ___

# Juguemos un poco

**I** **Planear una dieta saludable.** Decides que tu familia necesita comer comidas más nutritivas. Por eso, te ofreces a preparar las comidas de tu familia este fin de semana. Usa el siguiente cuadro de comidas para planear tres platos nutritivos. Prepara los menús para el domingo con la ayuda de dos compañeros. Compartan sus menús con la clase.

|  | Plato principal | Vegetal(es) | Fruta(s) | Postre | Bebida |
|---|---|---|---|---|---|
| **DESAYUNO** |  |  |  |  |  |
| **ALMUERZO** |  |  |  |  |  |
| **CENA** |  |  |  |  |  |

**J** **Tácticas de persuasión.** Piensa en las diferentes tácticas de persuasión que usas en casa, con tus amigos y con tus maestros. En grupos de tres o cuatro, cuéntales a tus compañeros las tácticas que usas y escúchalos contar las suyas. Escojan la mejor táctica para contársela a la clase.

**K**  **Quiero aconsejarte.** Una persona que conoces, un pariente o un amigo, tiene un gran problema y quisieras ayudarlo a resolverlo. Escríbele una carta dándole consejos. Escribe tu opinión sobre lo que le ha pasado y menciona alguna experiencia similar que te pasó a ti. Usa el formato de una carta informal para escribir la tuya.

_____

_____

_____

_____

_____

_____

_____

_____

_____

_____

_____

_____

_____

_____

_____

_____

_____

_____

# ¡A explorar!

## Repaso de acentuación y los tiempos verbales

En los apéndices de tu libro de texto aparecen las conjugaciones de todos los tiempos verbales. Usa esos apéndices para ver la conjugación de verbos regulares (páginas C4 y C5), verbos de cambio en el radical (páginas C6 y C7) y verbos irregulares (páginas C7 a C10). Luego contesta las preguntas a continuación.

**L**

**Tiempos verbales regulares.** Usa el Apéndice 2 para contestar estas preguntas.

1. Conjuga los verbos **comer** y **salir** en el tiempo verbal que lleve acento escrito en todas las terminaciones de verbos en **-er** e **-ir**.

| comer | salir |
|---|---|
| _____ | _____ |
| _____ | _____ |
| _____ | _____ |
| _____ | _____ |
| _____ | _____ |
| _____ | _____ |

2. Conjuga los verbos **trabajar** y **permitir** en el tiempo verbal que lleve acento escrito en las terminaciones de **vosotros** solamente.

| trabajar | permitir |
|---|---|
| _____ | _____ |
| _____ | _____ |
| _____ | _____ |
| _____ | _____ |
| _____ | _____ |
| _____ | _____ |

**3.** Conjuga los verbos **nadar** y **asistir** en el tiempo verbal que lleve acento escrito en todas las terminaciones menos **nosotros.**

<table>
<tr><td align="center">**nadar**</td><td align="center">**asistir**</td></tr>
</table>

_____     _____

_____     _____

_____     _____

_____     _____

_____     _____

_____     _____

**4.** Conjuga los verbos **lavar** y **perder** en el tiempo verbal que siempre lleva acento escrito sólo en la primera persona singular y en la tercera persona singular.

<table>
<tr><td align="center">**lavar**</td><td align="center">**perder**</td></tr>
</table>

_____     _____

_____     _____

_____     _____

_____     _____

_____     _____

_____     _____

**Político panameño.** A continuación leerás el primer borrador de una carta que un político panameño ha escrito a sus compatriotas panameños explicándoles lo que más le gustaría que sucediera en Panamá. Como no ha tenido tiempo de escribir los acentos escritos, te pide que les pongas acento escrito a las palabras que lo necesiten.

Estimados compatriotas:

Les envio esta carta con mis mejores deseos. Quiero explicarles lo que mas me gustaria ver en el futuro cercano de Panama. Me encantaria ante todo, ver a Panama un pais democratico con oportunidades economicas para todos. Me alegraria mucho tener elecciones pacificas regularmente en nuestro país.

En el año 2000, la devolucion del canal a Panama me alegrara de sobremanera. Yo hare una gran fiesta dondequiera que este e invitare a todos ustedes, mis mejores amigos, a que me acompañen.

Todos los panameños deberiamos unirnos para que esto suceda sin ningun obstaculo.

Reciban un afectuoso saludo de su amigo,

Andres Rodriguez

# ¡A escuchar!

**A**   **¡El mundo al punto!** Escucha a los locutores de este programa de la radio hispana, quienes hablarán sobre la popularidad mundial del cine español. Marca si cada oración que sigue es **cierta (C), falsa (F)** o si no tiene relación con lo que escuchaste **(N/R).** Si la oración es falsa, corrígela. Escucha una vez más para verificar tus respuestas.

**C    F    N/R    1.** La película *Mujeres al borde de un ataque de nervios* (1988) fue nominada para un premio "Óscar" en Hollywood como la mejor película extranjera.

_____

_____

_____

_____

**C    F    N/R    2.** Pedro Almodóvar nació en 1951 en La Mancha, lugar donde ha vivido toda su vida.

_____

_____

_____

_____

**C   F   N/R   3.** Las películas del director español Pedro Almodóvar reflejan principalmente la sociedad española de los años 40.

_____

_____

_____

_____

**C   F   N/R   4.** Una estrategia que tiene Pedro Almodóvar es utilizar el mismo equipo de colaboradores, de actrices y actores en la realización de muchas de sus películas.

_____

_____

_____

_____

**C   F   N/R   5.** Pedro Almodóvar ha ganado más de veinte millones de dólares por sus películas.

_____

_____

_____

_____

**C   F   N/R   6.** Antonio Banderas es otro de los directores españoles que ha alcanzado mucho éxito en el mundo del cine.

_____

_____

_____

_____

# Pronunciación y ortografía

## Los sonidos de la *b* y la *v*

La **b** y la **v** representan dos sonidos que varían entre fuerte como en **v**aca y **B**aca, y suave como en **la v**aca y **los B**aca. Aunque el sonido varía, siempre varía de la misma manera con la **b** y la **v**, porque estas dos letras siempre se pronuncian de la misma manera.

Las siguientes reglas empiezan a ayudarnos a saber cuándo una palabra se escribe con **b (larga)** o con **v (corta)**. Es importante memorizar estas dos reglas.

**Regla N° 1.** Siempre se escribe la **b larga** antes de la **l** y la **r**. Estudia estos ejemplos mientras el narrador los pronuncia.

    posi**bl**e        nota**bl**e        co**br**e        li**br**os

**Regla N° 2.** Siempre se escribe la **b larga** después de la letra **m**. Después de la letra **n**, siempre se escribe la **v corta**. Estudia estos ejemplos mientras la narradora los pronuncia.

    ha**mb**re        ca**mb**iar        co**nv**ención        i**nv**itación

**B**    **Práctica con los sonidos de la *b* y la *v*.** Ahora escucha a los narradores leer las siguientes palabras con los dos sonidos de la *b* y la *v* y escribe las letras que faltan en cada una.

    **1.** o ___ ___ i g a d o

    **2.** n o v i e ___ ___ r e

    **3.** i ___ ___ e n c i ó n

    **4.** h o ___ ___ r e

    **5.** i ___ ___ i e r n o

    **6.** c o ___ ___ e n c e r

    **7.** h e ___ ___ e o

    **8.** p r o ___ ___ e m a

    **9.** p o ___ ___ e c i t o

    **10.** i n t e r c a ___ ___ i o

# Tesoros de la literatura contemporánea

**C**   **Para anticipar.** ¿Cómo es el tráfico en tu ciudad? Contesta estas preguntas sobre el tráfico y el comportamiento de los conductores de coches en tu comunidad.

1. ¿A qué horas del día ocurren por lo general los embotellamientos de tráfico de coches en las grandes ciudades del mundo moderno? ¿Por qué tienen lugar a esas horas?

   _____

   _____

   _____

2. ¿Cómo afecta al medio ambiente de una ciudad el congestionamiento de coches? ¿Qué le pasa al aire que se respira?

   _____

   _____

   _____

3. ¿Piensas que el estar en medio de un embotellamiento por largo tiempo afecte el comportamiento de los conductores de coches? ¿Cómo crees que los pueda afectar?

   _____

   _____

   _____

4. ¿Cómo reaccionarías si estuvieras una mañana parado(a) por mucho tiempo en un tráfico congestionado de coches sin poder moverte y tuvieras una cita muy importante a la que no puedes faltar?

   _____

   _____

   _____

5. ¿Qué ventajas tiene conducir una motocicleta cuando existen grandes embotellamientos de tráfico en las ciudades?

   _____

   _____

   _____

6. ¿Es difícil encontrar durante el día un lugar para estacionar coches en el centro de la localidad donde vives?

   _____

   _____

   _____

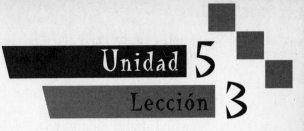
# Lectura española

Lee el cuento "El arrebato" de la escritora española Rosa Montero que nació en 1951 en Madrid, ciudad en la que se crió y actualmente vive. Este cuento primero apareció en *El País Semanal,* el suplemento dominical del periódico *El País* de Madrid, en el cual Rosa Montero se desempeña como jefa de redacción.

### El arrebato°

Las nueve menos cuarto de la mañana. Semáforo° en rojo, un rojo inconfundible. Las nueve menos trece, hoy no llego. Embotellamiento de tráfico. Doscientos mil coches junto al tuyo. Tienes la mandíbula tan tensa que entre los dientes aún está el sabor del café del desayuno. Miras al vecino. Está intolerablemente cerca. La chapa° de su coche casi roza la tuya. Verde. Avanza. Imbécil. ¿Qué hacen? No arrancan. No se mueven, los estúpidos. Están paseando, con la inmensa urgencia que tú tienes. Doscientos mil coches que salieron a pasear a la misma hora solamente para fastidiarte. ¡Rojjjjjjo! ¡Rojo de nuevo! No es posible. Las nueve menos diez. Hoy desde luego que no llego-o-o-o- (gemido desolado). El vecino te mira con odio. Probablemente piensa que tú tienes la culpa de no haber pasado el semáforo (cuando es obvio que los culpables son los idiotas de adelante). Tienes una premonición de catástrofe y derrota. Hoy no llego. Por el espejo ves cómo se acerca un chico en una motocicleta, zigzagueando entre los coches. Su facilidad te causa indignación, su libertad te irrita.

Mueves el coche unos centímetros hacia el vecino, y ves que el transgresor está bloqueado, que ya no puede avanzar. ¡Me alegro! Alguien pita por detrás. Das un salto, casi arrancas. De pronto ves que el semáforo sigue aún rojo. ¿Qué quieres, que salga con la luz roja, imbécil? Te vuelves en el asiento, y ves a los conductores a través de la contaminación y el polvo que cubre los cristales de tu coche. Los insultas. Ellos te miran con odio asesino. De pronto, la luz se pone verde y los de atrás pitan desesperadamente. Con todo este ruido reaccionas, tomas el volante°, al fin arrancas. Las nueve menos cinco. Unos metros más allá la calle es mucho más estrecha; sólo cabría un coche. Miras al vecino con odio. Aceleras. Él también. Comprendes de pronto que llegar antes que el otro es el objeto principal de tu existencia. Avanzas unos centímetros. Entonces, el otro coche pasa victorioso. Corre, corre, gritas fingiendo gran desprecio: ¿a dónde vas

*éxtasis o exaltación*

*señal que regula el tráfico*

*licencia de lámina*

*control de dirección de un automóvil*

idiota? tanta prisa para adelantarme sólo un metro... Pero la derrota duele. A lo lejos ves una figura negra, una vieja que cruza la calle lentamente. Casi la atropellas. "Cuidado, abuela", gritas por la ventanilla; estas viejas son un peligro, un peligro. Ya estás llegando a tu destino, y no hay posibilidades de aparcar. De pronto descubres un par de metros libre, un pedacito de ciudad sin coche: frenas, el corazón te late apresuradamente. Los conductores de detrás comienzan a tocar la bocina: no me muevo. Tratas de estacionar, pero los vehículos que te siguen no te lo permiten. Tú miras con angustia el espacio libre, ese pedazo de paraíso cercano y sin embargo, inalcanzable. De pronto, uno de los coches para y espera a que tú aparques. Tratas de retroceder, pero la calle es angosta y la cosa está difícil. El vecino da marcha atrás para ayudarte, aunque casi no puede moverse porque los otros coches están demasiado cerca. Al fin aparcas. Sales del coche, cierras la puerta. Sientes una alegría infinita, por haber cruzado la ciudad enemiga, por haber conseguido un lugar para tu coche; pero fundamentalmente, sientes enorme gratitud hacia el anónimo vecino que se detuvo y te permitió aparcar. Caminas rápidamente para alcanzar al generoso conductor, y darle las gracias. Llegas a su coche, es un hombre de unos cincuenta años, de mirada melancólica. Muchas gracias, le dices en tono exaltado. El otro se sobresalta, y te mira sorprendido. Muchas gracias, insistes; soy el del coche azul, el que se estacionó. El otro palidece, y al fin contesta nerviosamente: "Pero, ¿qué quería usted? ¡No podía pasar por encima de los coches! No podía dar más marcha atrás". Tú no comprendes. "¡Gracias, gracias!" piensas. Al fin murmuras: "Le estoy dando las gracias de verdad, de verdad..." El hombre se pasa la mano por la cara, y dice: "es que... este tráfico, estos nervios..." Sigues tu camino, sorprendido, pensando con filosófica tristeza, con genuino asombro: ¿Por qué es tan agresiva la gente? ¡No lo entiendo!

## Verifiquemos e interpretemos

**D** **A ver si comprendiste.** Escribe en el espacio correspondiente las respuestas a las siguientes preguntas. Luego anota una cita del texto que apoye tu respuesta.

| | Mi respuesta | Cita del texto |
|---|---|---|
| **1.** ¿En qué persona está narrado el cuento? ¿Cómo lo sabes? | | |
| **2.** ¿Cómo describe la autora el embotellamiento de tráfico? | | |
| **3.** ¿Qué hace la protagonista al acercarse un chico en motocicleta? | | |
| **4.** ¿Cómo reacciona cuando ella y otro conductor llegan a una calle estrecha al mismo tiempo? | | |
| **5.** ¿Cómo reacciona cuando una anciana cruza la calle? | | |
| **6.** ¿Qué hace cuando descubre un espacio para estacionar? | | |

**¡A interpretar!** Al final del cuento existen diferentes perspectivas de los hechos ocurridos que resultan en un malentendido entre la protagonista del cuento y el conductor del otro coche. En el primer diagrama "mente abierta" escribe lo que crees que primero piensa la protagonista del conductor que dio marcha atrás e incluye unas citas que apoyen tu interpretación. En el segundo diagrama anota lo que este conductor demuestra que realmente piensa al retroceder su coche y, otra vez, apoya tu interpretación con una o dos citas. Finalmente, en el tercer diagrama escribe si crees que la protagonista del cuento cambió de opinión al final del cuento; apoya tu respuesta con una o dos citas.

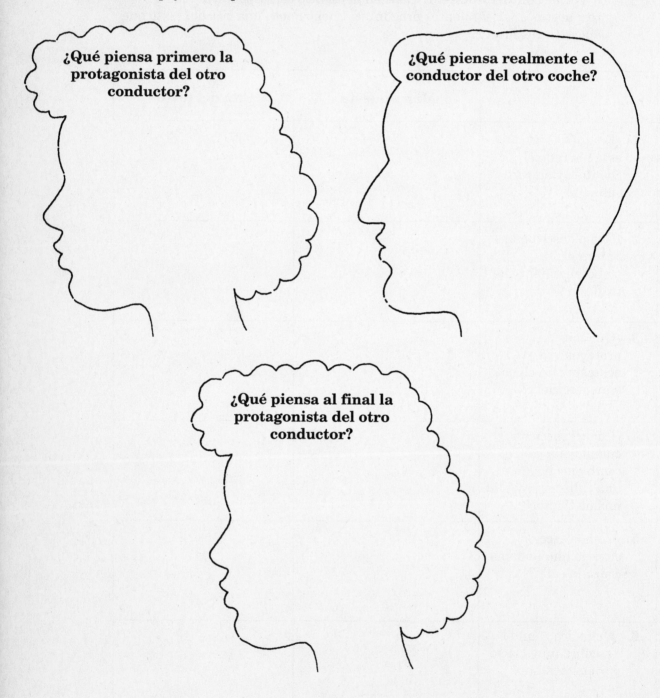

¿Qué piensa primero la protagonista del otro conductor?

¿Qué piensa realmente el conductor del otro coche?

¿Qué piensa al final la protagonista del otro conductor?

**F** **Guión para una película de ciencia-ficción.** Imagínate que estás escribiendo el guión de una nueva película de Hollywood que se llama "El gran embotellamiento de Los Ángeles". La acción tiene lugar en el año 2050, cuando por fin se ha dado el mayor embotellamiento de la historia del mundo que ha dejado parado a millones de automovilistas de esa gran ciudad norteamericana. Describe la reacción de tu protagonista y las acciones que decide tomar ante esta catástrofe. Tu protagonista puede ser un héroe o un antihéroe.

_____

_____

_____

_____

_____

_____

_____

_____

_____

_____

_____

_____

_____

_____

_____

_____

_____

_____

# ¡A deletrear!

**Deletreo con las letras *b* y *v*.** La **b** y la **v** representan dos sonidos que varían entre fuerte y suave. Lee estas palabras con los dos sonidos y escribe las letras que faltan en cada una.

1. e s t a ___ ___ e c i m i e n t o

2. f á ___ ___ i c a

3. h a ___ ___ u r g u e s a

4. i ___ ___ i e r n o

5. i n t e r c a ___ ___ i o

6. p r o b a ___ ___ e m e n t e

7. d i c i e ___ ___ r e

8. i ___ ___ e s t i g a c i ó n

9. n o ___ ___ r e

10. m u e ___ ___ e r í a

# *Juguemos un poco*

**H**  **¡Me preocupa que te hayas enamorado tan joven!** En la cabeza que está dibujada aparecen varios temas que se discuten con mucha emoción en muchas familias. Selecciona cinco de estos temas que se discuten con mucha emoción en tu familia o añade otros que ustedes discuten pero que no se mencionan aquí. En las burbujas sobre la cabeza escribe algunas frases que usan para expresar la emoción relacionada a cada tema. Compara tus frases con las de dos compañeros y luego díganle al resto de la clase cuáles expresiones son más comunes y elaboren algunas de las situaciones discutidas.

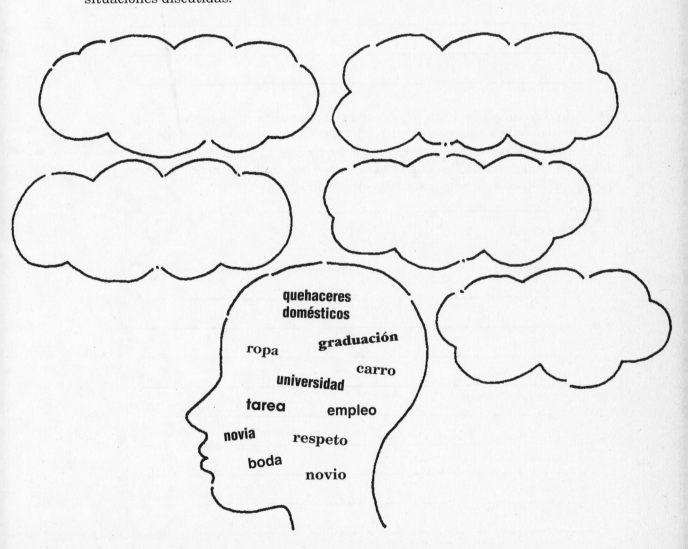

**I** ¡**Te aconsejo que no lo hagas!** Los jóvenes hoy en día con frecuencia, bajo presión de sus amigos, hacen cosas que saben que no deben hacer. ¿Cuáles son dos cosas que tú o tus amigos están considerando hacer, aunque saben que no deben hacerlo? Escribe una breve descripción de lo que piensan hacer. Luego en grupos de tres, diles a tus compañeros lo que piensas hacer y pídeles consejos. Compartan con la clase algunos de los consejos que dieron o recibieron.

1. _____

_____

_____

_____

_____

2. _____

_____

_____

_____

_____

**J** **Querido diario.** ¿Hay cierta persona en tu vida que te haya hecho sentirte mal, feliz, enojado(a) o frustrado(a) pero nunca se lo has dicho? En una entrada en tu diario escríbele para expresar tus sentimientos sobre esa situación. Explica qué es lo que pasó ese día y dile lo que sientes que aprendiste al reflexionar sobre la situación.

*Querido diario:*

_____

_____

_____

_____

_____

_____

_____

_____

# *Lengua en uso*

## Diminutivos y aumentativos

Los diminutivos y aumentativos son **sufijos** o terminaciones que se añaden al final de la raíz de una palabra para formar otra palabra de significado diferente. Por ejemplo, en el poema de Federico García Lorca incluido en la Lección 1 de esta unidad, aparecen las palabras **baladilla** y **torrecilla** que se derivan de **balada** y **torre** respectivamente. Las terminaciones **-illa** y **-cilla** son **sufijos** que forman diminutivos en español.

**Los diminutivos.** En español los diminutivos se usan principalmente para expresar tamaño pequeño y también para comunicar cariño o afecto. Los diminutivos más comunes se forman añadiendo los siguientes sufijos: **-ito/-ita, -illo/-illa, -cito/-cita.** Las primeras terminaciones **-ito/-ita** e **-illo/-illa** generalmente se usan con palabras que terminan en **o, a** o **l.** Las terminaciones **-cito/-cita** se usan con las palabras que terminan con otras letras menos **o, a** o **l.**

| | | | |
|---|---|---|---|
| dedo | ded**ito** | melón | melon**cito** |
| | ded**illo** | flor | flore**cita** |
| pluma | plum**ita** | traje | traje**cito** |
| | plum**illa** | | |
| árbol | arbol**ito** | | |
| | arbol**illo** | | |

**Los aumentativos.** En español los aumentativos se usan para expresar tamaño grande y también para comunicar una actitud despectiva o de ironía. Los aumentativos más comunes se forman añadiendo los siguientes sufijos: **-ote/-ota**, **-azo/-oza**, **-ón/-ona**. Estos sufijos expresan tamaño grande, enormidad o grandeza.

| | | | |
|---|---|---|---|
| burro | burr**ote** | casa | cas**ona** |
| libro | libr**azo** | reloj | reloj**ón** |

**K** **Formación de diminutivos y aumentativos.** Forma los diminutivos de las siguientes palabras usando los sufijos **-ito/-ita** e **-illo/-illa** y los aumentativos con los sufijos **-ote/-ota** y **-ón/-ona.** Sigue el modelo de las palabras derivadas de "casa".

1. casa      **casita**      **casilla**      **casota**      **casona**

2. animal    _____   _____   _____   _____

3. libro      _____   _____   _____   _____

4. papel      _____   _____   _____   _____

5. asno      _____   _____   _____   _____

6. puerta    _____   _____   _____   _____

# Correspondencia práctica

**Una carta entre amigos.** Las cartas entre amigos en español son muy similares a las cartas en inglés con una excepción: las cartas escritas en español requieren cierto nivel de cortesía. A continuación aparecen varias fórmulas de cortesía frecuentemente usadas en cartas entre amigos.

- **La fecha.** Generalmente se sitúa en la parte superior derecha de la hoja de papel y sigue uno de estos dos formatos:

  **El 16 de mayo de 1995** o **16 de mayo de 1995**

- **La dirección.** Como en inglés, no se usa en cartas entre amigos. En el sobre se usan los títulos.

  | | | | |
  |---|---|---|---|
  | **Sr.** | señor | **Srta.** | señorita |
  | **Sra.** | señora | **Sres.** | señores |

- **El saludo.** Siempre se cierra con dos puntos.

  | | |
  |---|---|
  | Querida Teresa: | Querido Julián: |
  | Estimada amiga: | Estimados amigos: |
  | Queridísima abuelita: | Queridísimo Pablo: |

- **El cuerpo.** Éste contiene la información que uno quiere comunicarle(s) a su(s) amigo(s). A continuación hay algunos modelos que muestran cómo empezar y terminar el cuerpo de una carta entre amigos.

**Para contestar una carta**

Hoy recibí tu carta y quiero decirte que...

No sabes cuánto agradezco tu carta de (fecha)...

**Para empezar una carta**

Deseo / Espero que se encuentren todos bien de salud y...

Les envío estas líneas para avisarles que...

**Para terminar una carta**

Atentamente,

Afectuosamente,

Recibe un abrazo de tu amigo(a),

- **La firma.** Ésta aparece a la derecha de la hoja de papel debajo de la oración que termina la carta.

MODELO:

**La fecha** → 21 de enero de 1996

Estimado amigo: ← **El saludo**

Ayer recibí tu carta y no sabes qué gusto me dio. Saludos a tus padres y a tu hermano. Me alegro de que todos estén bien.

Gracias por los dos artículos que incluiste. No me habías dicho que eras candidato para el puesto de vicepresidente de tu escuela. ¡Te felicito! Y ojalá que ganes.

Yo te tengo noticias interesantes también. ¡Voy a México este verano! Increíble, ¿no? Mi profesora de español lleva a un grupo de turistas cada verano. Ella me dijo que si yo le ayudo a corregir tareas y pruebas de sus estudiantes todo el año, en vez de pagarme me va a regalar un viaje gratis. Como te has de imaginar, estoy muy entusiasmado en mi clase de español este año.

Bueno, parece que se me hace tarde. Todavía tengo que calificar unas tareas que la profesora quiere devolver mañana.

Recibe un abrazo muy fuerte de tu amigo,

**La firma** → *José*

**L** ¡A redactar! Escríbele una carta a un(a) amigo(a) o a un pariente y cuéntale cómo va tu año escolar. También cuéntale sobre tu familia y pregúntale sobre la suya.

_____

_____

_____

_____

_____

_____

_____

_____

_____

_____

_____

_____

_____

_____

_____

_____

_____

_____

_____

_____

# ¡A escuchar!

**A**   **¡El mundo al punto!** Escucha a los locutores de este programa de la radio
hispana titulado "¡El mundo al punto!", quienes hablarán sobre Puerto Rico.
Luego, selecciona la opción correcta para completar las oraciones que
aparecen a continuación. Escucha una vez más para verificar tus respuestas.

1. Si comparamos la extensión de las islas de Puerto Rico, Jamaica y la
   Española (la isla que comparten la República Dominicana y Haití),
   ¿cuál es la que tiene una mayor extensión territorial?

   **a.** Puerto Rico.

   **b.** La Española.

   **c.** Jamaica.

2. ¿Qué ley o tratado otorgó la ciudadanía estadounidense a los
   puertorriqueños?

   **a.** El Tratado de París de 1898.

   **b.** La Ley Jones de 1917.

   **c.** La Ley Pública 600 de 1951.

3. Los puertorriqueños residentes en la isla tienen los mismos derechos
   que los ciudadanos estadounidenses con la excepción de que no pueden
   votar...

   **a.** para elegir al presidente de Estados Unidos.

   **b.** para elegir al gobernador de Puerto Rico.

   **c.** para elegir la Cámara de Representantes de Puerto Rico.

**4.** Los puertorriqueños residentes de la isla tienen también una ventaja que...

    **a.** no pueden ser reclutados por el ejército estadounidense.

    **b.** no pagan impuestos a Puerto Rico.

    **c.** no pagan impuestos federales.

**5.** Actualmente el gobernador de Puerto Rico es...

    **a.** nombrado por el presidente de Estados Unidos.

    **b.** elegido por los puertorriqueños residentes de la isla.

    **c.** nominado por el Senado de Estados Unidos.

**6.** En el plebiscito de 1993, la opción política que obtuvo el mayor número de votos (48,4 %) fue...

    **a.** convertir a Puerto Rico en un estado más de los Estados Unidos.

    **b.** hacer de Puerto Rico un país independiente.

    **c.** mantener a Puerto Rico como un Estado Libre Asociado de Estados Unidos.

# Pronunciación y ortografía

## Los sonidos de la *b* y la *v*

En la unidad anterior aprendiste que la **b** y la **v** representan dos sonidos que varían entre fuerte y suave y que estas dos letras siempre se pronuncian de la misma manera. También aprendiste dos reglas que gobiernan ciertos usos de la ortografía de estas dos letras. A continuación presentamos tres reglas más sobre el uso de **b** o **v.**

**Regla N° 3.** Se escribe la **b larga** en palabras que comienzan con las combinaciones **abr-** y **abs-.** Estudia estos ejemplos mientras la narradora los pronuncia.

    **abr**upto      **abr**azar      **abs**tracto      **abs**olver

**Regla N° 4.** También se escribe la **b larga** en palabras que comienzan con la combinación **obs-.** Estudia estos ejemplos mientras la narradora los pronuncia.

    **obs**curo      **obs**ervar      **obs**esivo      **obs**trucción

**Regla N° 5.** Se escribe la **v corta** en palabras que comienzan con la combinación **inv-.** Estudia estos ejemplos mientras la narradora los pronuncia.

    **inv**adir      **inv**encible      **inv**entar      **inv**erso

**B** **Práctica con los sonidos de la *b* y la *v*.** Ahora escucha a los narradores leer las siguientes palabras con los dos sonidos de la **b** y la **v** y escribe las letras que faltan en cada una.

1. ___ ___ ___ u r d o

2. ___ ___ ___ e n t i s t a

3. ___ ___ ___ e n c i ó n

4. ___ ___ ___ e r v a d o r

5. ___ ___ ___ o l v e r

6. ___ ___ ___ c e n o

7. ___ ___ ___ e s t i g a r

8. ___ ___ ___ i g a r

9. ___ ___ ___ e s i ó n

10. ___ ___ ___ a r i a b l e

**C** **Dictado.** Escucha el siguiente dictado e intenta escribir lo más que puedas. El dictado se repetirá una vez más para que revises tu párrafo.

**Puerto Rico: Rico en todo sentido**

_____

_____

_____

_____

_____

_____

_____

_____

_____

_____

_____

_____

_____

_____

_____

_____

_____

_____

# Tesoros de la literatura contemporánea

**D** **Para anticipar.** Cuando empezaste la escuela en Estados Unidos, ¿cómo te clasificaron? ¿Como un estudiante especial? ¿Un estudiante avanzado? ¿Un estudiante lento? Piensa en cómo las escuelas clasifican a los estudiantes, en particular a los estudiantes minoritarios, al contestar estas preguntas.

1. ¿Qué técnicas usaban tus maestros de primaria o secundaria para reconocer las habilidades de cada estudiante?

   _____

   _____

   _____

2. ¿En qué categorías se agrupaba a los estudiantes? ¿Se hacía según sus habilidades lingüísticas? ¿Su inteligencia? ¿Su habilidad de leer y escribir en inglés? ¿Otras habilidades?

   _____

   _____

   _____

3. Si había estudiantes inmigrantes cuya lengua nativa no era inglés, ¿qué tipo de evaluación implementaban los maestros?

   _____

   _____

   _____

4. ¿Cómo se agrupaban los estudiantes entre ellos mismos en las clases? ¿Formaban grupos según su clase social? ¿La nacionalidad de sus antepasados? ¿Su capacidad intelectual? ¿Etnicidad? ¿Según otro criterio o sin ningún criterio?

   _____

   _____

   _____

5. ¿A qué grupo pertenecías tú? ¿Cómo te sentías en interacciones con ciertos grupos?

   _____

   _____

   _____

**6.** ¿Había algún(a) maestro(a) que tu grupo de amigos favorecía? Si había, descríbelo(la). ¿Por qué crees que era tan popular con tu grupo de amigos?

_____

_____

_____

## Lectura puertorriqueña

En este relato tomado de su novela *Cuando era puertorriqueña* (1994), la escritora puertorriqueña, Esmeralda Santiago, recuerda cómo, cuando recién llegada de Puerto Rico, experimentó una clasificación injusta cuando primero se inscribió en la escuela.

### Cuando era puertorriqueña
(Primera parte)

La clase de Miss Brown era para estudiantes con problemas que les impedían aprender. A este salón la administración escolar enviaba a niños con toda clase de problemas, ninguno de los cuales, por lo que yo podía ver, tenía que ver con la habilidad de aprender, pero más con su deseo de hacerlo. Era un grupo desordenado, por lo menos los que se presentaban. La mitad de la clase no se aparecía, o si llegaban, dormían durante las lecciones y roncaban en medio de las oraciones que Miss Brown cuidadosamente analizaba.

Éramos despreciados en una escuela donde los estudiantes más inteligentes estaban en el grado 8-1, cada bajón indicando un nivel menos de inteligencia. Por ejemplo, si uno estaba en el grado 8-10, era listo pero no un genio. En cuanto bajaba a los diecialgo, la inteligencia era dudosa, especialmente si los números estaban en los altos diecialgos. Y peor si estaban en los veinte. Mi clase, 8-23, era donde ponían a los más brutos de la escuela, los más desdeñables. Mi clase era la equivalente al séptimo grado, o el sexto, o hasta el quinto.

Nuestra maestra, Miss Brown, enseñaba gramática del idioma inglés. Era una joven morena que usaba sobaqueras contra el sudor. Las cintas que las mantenían en su sitio a veces se le salían por las mangas de sus blusas blancas bien planchadas y tenía que darnos la espalda para ajustarlas. Era muy bonita, la Miss Brown, con ojos almendrados y un peinado lacio hasta las puntas, donde se hacía muchos rizos.

Sus manos siempre estaban muy limpias, con las puntas de las uñas pintadas de blanco. Enseñaba las clases de composición y gramática como si a alguien le importara, lo cual yo encontraba fascinante.

Al final de la primera semana, me movió del último asiento al que estaba enfrente de su escritorio, y después de eso, me sentí como que me estaba enseñando a mí sola. Nunca hablábamos, a menos que no fuera cuando me invitaba a la pizarra.

—Esmeralda, por favor venga y marque la frase prepositiva.

En su clase, aprendí a reconocer la estructura del idioma inglés y a redactar frases y oraciones usando la posición de las palabras relativo a los pronombres, verbos y prepositivos, sin saber exactamente lo que querían decir.

### (Segunda parte)

La escuela era enorme y ruidosa. Había un orden social que, al principio, yo no entendía, pero contra el cual chocaba. Muchachas y muchachos vestidos con ropa semejante, caminaban por los corredores mano en mano, a veces escondiéndose detrás de los armarios a besarse y manosearse. Eran americanos, y pertenecían a las clases de números bajos.

Otro grupo de muchachas usaban mucho maquillaje, se subían las faldas sobre las rodillas, abrían un botón más en sus blusas y se peinaban el pelo en cascos sólidos con rizos en las puntas. En la mañana, se apoderaban de los baños, donde fumaban mientras se peinaban, atiborrando el ambiente de humo y espray. La única vez que entré al baño en la mañana, me sacaron con insultos y empujones.

Aprendí que esas muchachas atrevidas con pelo alto, maquillaje y faldas cortas, eran italianas. Los italianos se sentaban juntos en un lado del comedor, los morenos en otro. Los dos grupos se odiaban los unos a los otros más de lo que odiaban a los puertorriqueños. Por lo menos una vez a la semana, se peleaban los morenos con los italianos, en el baño, en el patio escolar o en un solar abandonado cerca de la escuela que dividía sus vecindarios y los separaba durante los fines de semana.

Las morenas tenían su propio estilo. No para ellas los peinados enlacados de las italianas. Sus cabellos eran lisos, enrizados sólo en las puntas, como Miss Brown, o enmoñado con pollinas sobre los ojos pintados al estilo Cleopatra. Sus faldas también eran cortas, pero no parecían ser subidas cuando sus mamás no estaban mirando. Así venían. Tenían piernas bien formadas y fuertes, y usaban medias hasta las rodillas con zapatos pesados que se convertían en sus medios de defensa durante las contiendas.

Decían que los italianos llevaban cuchillas, hasta las
chicas, y que los morenos llevaban manoplas en sus bolsillos y
que las puntas de sus zapatos eran de acero. Yo le huía a los
dos grupos, temiendo que, si me amigaba con una italiana, me
cayeran encima las morenas, o vice versa.

Había dos clases de puertorriqueños en la escuela: los
acabados de llegar, como yo, y los nacidos en Brooklyn de
padres puertorriqueños. Los dos grupos no se juntaban. Los
puertorriqueños de Brooklyn hablaban inglés, y ninguno
hablaba español. Para ellos, Puerto Rico era el sitio donde
vivían sus abuelos, un sitio que visitaban durante las
vacaciones, un sitio que era, se quejaban, poco desarrollado y
lleno de mosquitos. Nosotros, para quienes Puerto Rico era
una memoria reciente, también nos dividíamos en dos grupos:
los que no podían aguantar hasta el día que regresaran, y los
que lo querían olvidar lo más pronto posible.

Yo me sentía como una traidora porque quería aprender
el inglés, porque me gustaba la pizza, porque estudiaba a las
muchachas con mucho pelo y probaba sus estilos en casa,
encerrada en el baño, donde nadie me viera. Practicaba el
andar de las morenas, pero en vez de caminar como que
estaba bailando, parecía estar coja.

No me sentía cómoda con los puertorriqueños acabados
de llegar, quienes se juntaban en grupitos desconfiados,
criticando a todos los que pasaban, temerosos de todo. Y no
era aceptada por los puertorriqueños de Brooklyn, quienes
tenían el secreto de la popularidad. Ellos caminaban por los
corredores entre los italianos y los morenos, siendo ni uno ni
el otro, pero actuando y vistiéndose como una combinación de
los dos, dependiendo de la textura de su cabello, el color de su
piel, su maquillaje y su manera de andar.

# Verifiquemos e interpretemos

**E**    **A ver si comprendiste.** En la siguiente flor semántica escribe cada grupo que asiste a la escuela y sus características. ¿Con cuál grupo se identifica la autora?

_____

_____

**F**    **¡A interpretar!** Compara las categorías de tu flor semántica con las de dos compañeros de clase. Después contesten las siguientes preguntas.

1. ¿En qué maneras se agrupan los estudiantes en la escuela?

_____

_____

2. ¿Con quién se identifica la autora? ¿Qué hace para identificarse con cierto grupo?

_____

_____

3. ¿Con qué grupo crees que se la lleva mejor la maestra? ¿Por qué?

_____

_____

_____

**4.** ¿Cómo son las relaciones entre los estudiantes en esta escuela? ¿Cómo se compara con los estudiantes de tu escuela?

_____

_____

_____

**5.** Compara a los estudiantes de esta escuela con los de tu escuela. ¿Existen distintos grupos? ¿Cuáles son? ¿Perteneces a un grupo en particular? ¿Cuál? ¿Por qué?

_____

_____

_____

**G** **Escritura relacionada.** Con dos compañeros de clase escribe un diálogo en el cual hay una conversación entre dos de los grupos en la escuela. En la conversación comenten sobre los problemas que existen entre los grupos en la escuela y cómo se pueden resolver. Usen este espacio para organizar sus ideas. Luego escriban su diálogo en una hoja aparte.

_____

_____

_____

_____

_____

_____

_____

_____

_____

_____

_____

_____

# ¡A deletrear!

**Deletreo con las letras _b_ y _v_.** La **b** y la **v** representan dos sonidos que varían entre fuerte y suave. Lee estas palabras con los dos sonidos y escribe las letras que faltan en cada una.

1. ___ ___ ___ a s i ó n

2. ___ ___ ___ e r v a t o r i o

3. ___ ___ ___ o l u t o

4. ___ ___ ___ e s t i g a c i ó n

5. ___ ___ ___ t á c u l o

6. ___ ___ ___ a z a r

7. ___ ___ ___ i t a c i ó n

8. ___ ___ ___ e s i v o

9. ___ ___ ___ t r a c c i ó n

10. ___ ___ ___ a r i a b l e

# *Juguemos un poco*

**I** **Para rechazar una invitación...** De vez en cuando es necesario rechazar una invitación. Piensa en las últimas ocasiones en que tú o uno(a) de tus amigos(as) rechazó invitaciones. En el siguiente cuadro, escribe un breve resumen de dos de esos casos y cita las frases que se usaron para rechazar. Después compara tus ejemplos con los de dos compañeros e informen a la clase de los rechazos más creativos.

| Invitación | Frases que usé para rechazarla |
|---|---|
| 1. _____<br>_____<br>_____<br>_____ | _____<br>_____<br>_____<br>_____ |
| 2. _____<br>_____<br>_____<br>_____ | _____<br>_____<br>_____<br>_____ |

**J** **La excursión más memorable.** Piensa en la excursión más interesante que hiciste recientemente y, en grupos de tres, cuéntasela a tus compañeros. Escucha mientras ellos cuentan la suya y entre los tres, decidan cuál fue la más divertida, la más aventurosa o la más desastrosa. Informen a la clase de su decisión.

**K** **Una invitación personal.** Tu mejor amigo(a) se mudó a otro estado con su familia hace un año. Ahora quieres invitarlo(la) a una fiesta especial que van a hacer en tu escuela. Escríbele una invitación personal. Puede ser en forma de una carta, un poema, o cualquier formato que quieras usar.

_____

_____

_____

_____

_____

_____

_____

_____

_____

_____

_____

_____

_____

_____

_____

_____

_____

_____

_____

_____

_____

_____

# ¡A explorar!

## Variantes coloquiales: expresiones derivadas del inglés

La lengua española actual incluye un gran número de palabras derivadas del griego, árabe, náhuatl, quechua, francés y otras lenguas que han estado en contacto con el español. El fenómeno lingüístico de asimilar palabras de otras lenguas es un proceso natural que ocurre con todas las lenguas. Este proceso está ocurriendo activamente en el español de muchos hispanohablantes residentes en Estados Unidos que, aunque el español sigue siendo su lengua principal, están en contacto diario con el inglés. No importa de dónde sean originalmente —de Cuba, Puerto Rico, México, Nicaragua, Guatemala— si se vienen a vivir en Estados Unidos, su español pronto empieza a incorporar expresiones derivadas del inglés. Unos ejemplos de estas palabras y expresiones son los siguientes:

| **Expresiones derivadas del inglés:** | **Español general:** |
|---|---|
| • Mi papá quiere que yo *aplique* a la universidad. | • Mi papá quiere que yo **haga solicitud** a la universidad. |
| • La maestra nos *dio para atrás* nuestras tareas corregidas. | • La maestra nos **devolvió** nuestras tareas corregidas. |
| • No tenemos para pagar *el bil* del teléfono. | • No tenemos para pagar **la cuenta** del teléfono. |
| • Tengo que escribir *un papel* sobre Simón Bolívar. | • Tengo que escribir **un ensayo** sobre Simón Bolívar. |

Es importante estar consciente del uso de estas palabras y expresiones que, en ocasiones, pueden ser un obstáculo en la comunicación con hablantes de otras regiones del mundo de habla hispana.

**L** **Expresiones derivadas del inglés.** Lee las siguientes oraciones y cámbialas usando el español general.

MODELO: Por muchos años mis tíos trabajaron en *el fil*.
**Por muchos años mis tíos trabajaron en el campo.**

| Vocabulario útil: | | | |
|---|---|---|---|
| el director | devolver | la enfermera | el jardín |
| calor | el sótano | imprimir | el edificio |
| el almuerzo | no ir | la alfombra | el pasillo |

1. Prefiero vivir en San Juan porque acá hace frío y allá hace *caliente*.

 

2. Cuando él me pegó, yo le *di para atrás*.

 

3. Nosotros vivimos aquí, ellos viven en *el bildin* de atrás.

 

4. Cuando se enfermaron, *el principal* los llevó a hablar con *la nursa*.

 

5. Decidimos *esquipiar* clases para poder ir al desfile.

 

6. Sirvieron *el lonch* demasiado temprano, a las doce.

 

7. No puedo ir porque tengo que limpiar *la yarda*.

 

8. Nuestra casa no tiene *beismen* pero tiene un garaje grande.

 

Unidad **6**

Lección **2**

# ¡A escuchar!

**A**  **El mundo al punto!** Escucha a los locutores de este programa de la radio hispana, quienes hablarán sobre los puertorriqueños en Estados Unidos. Marca si cada oración que sigue es **cierta (C), falsa (F)** o si no tiene relación con lo que escuchaste **(N/R).** Si la oración es falsa, corrígela. Escucha una vez más para verificar tus respuestas.

C    F    N/R    **1.** Los puertorriqueños forman el segundo grupo de latinos por el tamaño de su población en Estados Unidos.

_____

_____

_____

C    F    N/R    **2.** En la ciudad de Nueva York residen más puertorriqueños que en San Juan, la capital de Puerto Rico.

_____

_____

_____

**C    F    N/R    3.** La emigración de puertorriqueños de la isla a Estados Unidos se aceleró a mediados del siglo XX.

_____

_____

**C    F    N/R    4.** Según el censo de 1990, la población de puertorriqueños en Chicago, Illinois, es más grande que la de méxicoamericanos.

_____

_____

**C    F    N/R    5.** Los puertorriqueños que regresan a la isla a vivir llevan consigo un promedio de $20.000 dólares en ahorros.

_____

_____

**C    F    N/R    6.** Tito Puente es un músico que aunque nació en Cuba se identifica como puertorriqueño.

_____

_____

# Pronunciación y ortografía

### El sonido /y/ y las letras *ll* y *y*

En grandes partes del mundo hispanohablante las letras **ll** e **y** tienen el mismo sonido que es **/y/\***. En la siguiente lección verás cómo este sonido de la letra **y** cambia cuando ésta no ocurre sola o al final de una palabra. Estudia estos ejemplos mientras la narradora los pronuncia.

| | | | |
|---|---|---|---|
| ya | leyenda | llegar | cochinillo |
| yema | mayor | llamaron | bella |

\* Se le llama **yeísmo** a la pronunciación del sonido **/y/** cuando es idéntica en palabras que se escriben con **y** o con **ll**, por ejemplo **haya – halla;** se le llama **lleísmo** cuando esta pronunciación varía.

**B** **Práctica con el sonido /y/.** Ahora escucha a los narradores leer las siguientes palabras con el sonido /y/ y escribe las letras que faltan en cada una.

1. ____ ____ e n o

2. ____ o

3. g a ____ ____ o

4. c a ____ ____ e

5. ____ ____ s o

6. a ____ ____ d a r

7. ____ ____ ____ m a d a

8. ____ ____ d o

9. ____ ____ ____ r a r

10. c o n s t r u ____ ____

**C** **Dictado.** Escucha el siguiente dictado e intenta escribir lo más que puedas. El dictado se repetirá una vez más para que revises tu párrafo.

**Puerto Rico: Estado Libre Asociado**

_____

_____

_____

_____

_____

_____

_____

_____

_____

_____

_____

_____

_____

_____

_____

# Tesoros de la literatura contemporánea

**D**    **Para anticipar.** ¿Cuánto sabes acerca de la esclavitud que había en el sur de Estados Unidos durante el siglo XIX? Piensa en lo que sería ser esclavo en ese entonces al contestar estas preguntas.

1. ¿Cómo conseguían los hacendados a los esclavos? ¿De dónde los traían? ¿Quién los traía?

    _____

    _____

    _____

2. ¿Qué derechos tenían los esclavos? ¿Qué podían hacer si su amo o dueño los trataba mal?

    _____

    _____

    _____

3. ¿Qué le pasaba a un esclavo si huía y trataba de escapar? ¿Qué manera de identificar a los esclavos tenían las autoridades del sur?

    _____

    _____

    _____

4. ¿Por qué no les permitían los amos a sus esclavos que tuvieran reuniones? ¿Qué les pasaba a los esclavos si su amo se daba cuenta de que habían asistido a una reunión de esclavos?

    _____

    _____

    _____

5. ¿Sabes si hubo esclavos en otras partes del mundo? ¿Dónde? ¿Hubo esclavos en Latinoamérica? Explica tu respuesta.

    _____

    _____

    _____

## Lectura puertorriqueña

Este cuento viene de la tradición oral y fue narrado por Ovidio Feliciano.
Aparece en la colección *De arañas, conejos y tortugas: presencia de África
en la cuentística de tradición oral en Puerto Rico* de la escritora
puertorriqueña Julia Cristina Ortiz Lugo.

### Los esclavos y el papelito

Cuando vinieron los españoles a Puerto Rico, se pusieron
malos. Todo el mundo tenía amo de hacienda, amo de colonia,
amo de todo. Entonces eran dueños, ahora uno sabe que no
hay dueño de colonia ni de nada. Cuando se pusieron malos,
empezaron a apretar con los palillos° al que estaba arando. En     a castigar
la hacienda Úrsula, ahí arriba en Pastillo, el amo les dijo a los
guardias españoles que él allí no tenía bandidos°, que cuando     esclavos
tuviera bandidos los mandaba a buscar.     que se
    escapaban

     Se sacaron que cada persona debía andar con un papelito.
Cuando los hallaban en el camino les decían el número del
papelito y los guardias les contestaban: "¡Oh! jodío marrano°,     desgraciado
te has salvado, te has salvado".     animal

     Los españoles estaban en contra de que los negritos
estuvieran en Potala o en Boca Chica o dondequiera en un
velorio. Los negritos allí comenzaban: Ico, ico, pu, mamenaico,
ico pu ma me ne ico ico pu ma me ne ico ico, pu ma me ne, ico
ico, pu ma me ne ico ico, pu ma me ne, ico ico pu ma me ne.

     Entonces cuando ellos llegaban, pasaban y ya le tenían la
tirria° de castigarlos a todos. Paraban los caballos: "Oye, ¿qué     mala gana,
es eso?, ¿qué es eso?" Los negros contestaban: "No nosotros     odio
que estamos en un velorio, nosotros, pues cantamos eso para
entretenernos". "Olé, alá". Entonces los cogían y les decían:
"¿De dónde tú eres?" "Yo soy de Boca Chica, de Chica, Chica".
Y a ése le daban y entonces la gente salía corriendo. "¿Y tú de
dónde eres?" "Yo soy de Potala, tala, tala". "A la jodido
marrano". Y así mismo era.

     Cualquiera que no crea que se los pregunte. Lo que había
era así, entonces tenía que andar uno con un papelito.

# Verifiquemos e interpretemos

**E**   **A ver si comprendiste.** Contesta las siguientes preguntas con dos compañeros de clase.

1. ¿Quién narra este cuento? ¿Crees que es un esclavo, un exesclavo o un joven puertorriqueño que todavía vive? Explica tu respuesta.

      _____

      _____

      _____

2. Según el narrador, ¿cómo cambió la vida de los puertorriqueños cuando llegaron los españoles? ¿Crees que ya había esclavos en Puerto Rico antes de la llegada de los españoles?

      _____

      _____

      _____

3. ¿Por qué decidieron los españoles que cada persona debía andar con un papelito? Explica "cada persona".

      _____

      _____

      _____

4. ¿Qué les pedían los guardias españoles a los esclavos cuando los encontraban en el camino? ¿Por qué les pedían eso? ¿Qué pasaba si los esclavos no lo tenían para mostrarles a los guardias?

      _____

      _____

      _____

5. ¿Por qué crees que no toleraban los españoles el habla de los esclavos negros? ¿Entendían los españoles lo que decían? ¿Cómo reaccionas tú cuando oyes a otras personas hablar en un idioma que no entiendes? ¿Sospechas a veces que están hablando de ti? ¿Crees que deberían hablar inglés?

      _____

      _____

      _____

      _____

**6.** ¿Por qué crees que se oponían tanto los españoles a que los esclavos negros asistieran a un velorio? ¿Cómo reaccionan las personas que no hablan español cuando tú y tus amigos se ponen a hablar español en el centro, en un café o en un banco? ¿Cómo reaccionan tus maestros que no hablan español cuando tú y tus amigos se ponen a hablar en español en la clase? ¿Por qué crees que reaccionan así?

_____

_____

_____

_____

_____

_____

**F** ¡A interpretar! Imagínate que eres un esclavo en Puerto Rico durante la ocupación española. Tus dueños acaban de anunciarles que les van a dar un papelito enumerado que siempre tendrán que llevar consigo a pena de muerte. En el siguiente diagrama "mente abierta" escribe lo que estás pensando, lo que sientes, y lo que te gustaría hacer.

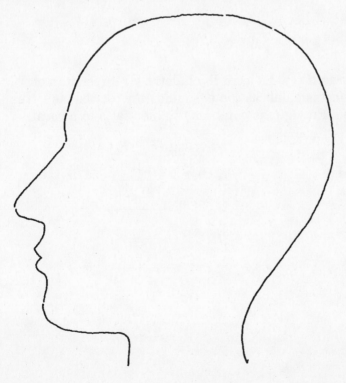

**Escritura relacionada.** Ahora usa la información que pusiste en la mente abierta del esclavo en la actividad anterior para escribir uno o dos párrafos en tu diario sobre lo que es ser esclavo.

_____

_____

_____

_____

_____

_____

_____

_____

_____

_____

_____

_____

_____

# ¡A deletrear!

**H**

**Práctica con las letras _ll_ e _y_.** La letra **ll** y la letra **y** representan el mismo sonido /y/. Lee estas palabras con el sonido /y/ y escribe las letras que faltan en cada una. En algunas palabras también falta una vocal.

1. e ___ ___ o s

2. a ___ ___ d a n t e

3. d e t a ___ ___ e

4. m a r a v i ___ ___ a

5. b a ___ ___ n e t a

6. c á ___ ___ a t e

7. b r i ___ ___ a n t e

8. m a ___ ___ r

9. v a ___ ___ e

10. c o ___ ___ t e

# *Juguemos un poco*

**I** **¡Vamos a acampar!** Consigue un mapa de tu estado y encuentra un lugar para ir a acampar. Luego explícales las ventajas y desventajas del lugar a dos compañeros y decidan a cuál de los tres lugares quieren ir. Finalmente, informen a la clase de su decisión y usen el mapa para dar direcciones específicas de cómo llegar al lugar para acampar.

**J** **¡Mi abuelo ha corrido un maratón!** Anota aquí algo sobresaliente, interesante o fuera de lo común que han hecho tres personas de tu familia. Luego, cuéntaselo a dos compañeros de clase y escucha mientras ellos te cuentan lo que han hecho sus parientes. Informen a la clase del hecho más interesante que se mencionó en su grupo.

_____

_____

_____

_____

_____

_____

_____

_____

_____

_____

_____

_____

**K** **Una carta a la Cámara de Comercio Hispano.** Quieres más información sobre los atractivos de Aguirre Springs y la cueva en Nuevo México. Escríbele una carta a la cámara de comercio pidiendo información y folletos. Usa el formato de una carta formal.

_____

_____

_____

_____

_____

_____

_____

_____

_____

_____

_____

_____

_____

_____

_____

_____

_____

_____

_____

_____

_____

# ¡A explorar!

## Los diferentes usos del verbo *haber*

El verbo **haber** tiene dos usos principales: como verbo auxiliar más el participio pasado para formar los tiempos compuestos y en tercera persona singular como verbo impersonal. A continuación se presentan ejemplos de algunos de estos usos en el indicativo. Los usos en el subjuntivo se verán más adelante.

### Verbo auxiliar: tiempos compuestos del indicativo

En esta lección aprendiste que el presente indicativo del verbo **haber** se usa en combinación con el participio pasado de cualquier otro verbo para formar el presente perfecto indicativo del otro verbo.

- Presente perfecto: **he, has, ha, hemos, habéis, han** + participio pasado

  Todavía no **han visitado** la cueva.

De la misma manera se puede usar el imperfecto de **haber** más el participio pasado de otro verbo para formar el pasado perfecto o pluscuamperfecto del otro verbo.

- Pluscuamperfecto: **había, habías, había, habíamos, habíais, habían** + participio pasado

  La cueva **había servido** de refugio para varias gentes prehistóricas.

Cuando estudies el futuro y condicional vas a ver que el verbo **haber** conjugado en esos tiempos más el participio pasado de otro verbo forma el futuro perfecto y el condicional perfecto.

- Futuro perfecto: **habré, habrás, habrá, habremos, habréis, habrán** + participio pasado

  ¿Lo **habrás terminado** para el viernes?

- Condicional perfecto: **habría, habrías, habría, habríamos, habríais, habrían** + participio pasado

  Yo no **habría hecho** eso.

## Verbo impersonal*: tiempos del indicativo

En lecciones previas has usado el verbo impersonal **haber** en distintos tiempos del indicativo: **hay, hubo, había.** A continuación aparecen varios ejemplos del uso de este verbo impersonal.

- Presente *(there is / are)*

  En el museo de la universidad **hay** varios artefactos que encontraron en la cueva.

- Pretérito *(there was / were)*

  **Hubo** varios grupos indígenas que vivieron allí.

- Imperfecto *(there used to be)*

  Hace unos años **había** un puma que vivía allí también.

Más adelante se presentará el futuro y condicional del verbo **haber.** Los tiempos compuestos se formarán de la misma manera.

- Futuro *(there will be)* **¿Habrá** muchos invitados?

- Condicional *(there would be)* Dijo que sólo **habría** dos.

**L** **Los misterios de la cueva.** Para completar el párrafo siguiente, subraya la forma verbal donde sea necesario.

(1. Hay / Hubo) muchos cuentos relacionados a esa cueva. La mayoría son de arqueólogos que (2. han / habían) encontrado artefactos de gentes prehistóricas que vivieron allí. En mi opinión el cuento más interesante es el que oí más recientemente. Parece que (3. hay / hubo) un grupo de estudiantes universitarios que fueron allí a pasar la noche. Como ya era noche cuando llegaron, tuvieron que entrar cuidadosamente. De repente, todos empezaron a correr. Ellos cuentan que se asustaron porque (4. hay / había) un par de ojos que brillaban en la cueva. Uno hasta dijo que (5. había / hubo) un gruñido muy fuerte. Lo interesante es que nadie más lo oyó. Los universitarios dicen que están seguros que (6. había / hubo) un puma allí. Yo estoy convencido que no (7. había / hubo) nada allí. Pero no tengo ninguna intención de visitar el lugar de noche. Siempre (8. hay / hubo) la posibilidad de que sí vieron un puma o algo peor.

---

* Debe notarse que este verbo siempre se usa en singular y su forma corresponde a la tercera persona singular del tiempo apropiado.

# ¡A escuchar!

**A** **¡El mundo al punto!** Escucha a los locutores de este programa de la radio hispana, quienes hablarán sobre las estrellas puertorriqueñas del cine. Marca si cada oración que sigue es **cierta (C), falsa (F)** o si no tiene relación con lo que escuchaste **(N/R)**. Si la oración es falsa, corrígela. Escucha una vez más para verificar tus respuestas.

**C    F    N/R**    **1.** Rita Moreno ganó un premio "Óscar" por su actuación en la película *West Side Story.*

_____

_____

**C    F    N/R**    **2.** *West Side Story* fue un gran éxito comercial y recaudó por venta de boletos de cine en su primer año más de diez millones de dólares.

_____

_____

**C    F    N/R**    **3.** Rita Moreno recibió un "Óscar" y fue nominada para un "Tony", un "Grammy" y dos "Emmys", aunque no los ganó.

_____

_____

C F N/R  **4.** Raúl Juliá fue un excelente actor puertorriqueño que hizo con gran éxito papeles tanto dramáticos como cómicos.

_____

_____

_____

C F N/R  **5.** Raúl Juliá hizo el papel del loco Gómez Addams en la serie de películas sobre la familia Addams.

_____

_____

_____

C F N/R  **6.** Rosie Pérez fue nominada para un premio "Óscar" por su actuación en la película _Fearless_.

_____

_____

_____

## Pronunciación y ortografía

### El sonido /i/ y las letras _i_ e _y_

Cuando la letra **y** ocurre sola, al final de una palabra o al final de una sílaba, tiene el mismo sonido que la letra **i** que es **/i/.** Estudia estos ejemplos mientras el narrador los pronuncia.

| y | muy | insisto | ermitaño |
|---|---|---|---|
| doy | hay | inquieto | chistoso |

**B** **Práctica con el sonido /i/.** Ahora escucha a los narradores leer las siguientes palabras con el sonido **/i/** y escribe las letras que faltan en cada una.

**1.** U r u g u __ __   **6.** m __ __ m a

**2.** __ __ v e r __ __ m o s  **7.** __ __ v e n t a r

**3.** s __ __       **8.** l __ __

**4.** e x c é n __ __ __ c o  **9.** h __ __ t o __ __ __

**5.** __ __ __ t a l a r   **10.** s u __ __ m o s

# *Tesoros de la literatura contemporánea*

**C**   **Para anticipar.** Muchos cuentos y leyendas folclóricos se caracterizan por la presencia de animales como personajes. En la segunda unidad leíste el cuento de "El león y las pulgas". En esta lección vas a leer "El perro y el gato". Pero antes de leer, piensa en los cuentos de animales que ya conoces al contestar estas preguntas.

**1.** ¿Recuerdas el cuento de "El león y las pulgas"? Cuéntaselo a tu compañero(a). No olvides de incluir la moraleja.

_____

_____

_____

_____

_____

**2.** ¿Conoces otros cuentos de animales o en español o en inglés, como los de "Tío Tigre y Tío Conejo" o cuentos como *"The Tortoise and the Hare"*? Cuéntale uno a tu compañero(a).

_____

_____

_____

_____

_____

**3.** En estos cuentos, siempre se les da características muy específicas a ciertos animales. ¿A qué animales se les dan las siguientes características?

inteligencia: _____

buena memoria: _____

elegancia: _____

el ser astuto: _____

el ser tonto: _____

**4.** ¿Por qué crees que surgen los cuentos de animales? Explica tu respuesta.

_____

_____

_____

_____

_____

## Lectura puertorriqueña

Este cuento es parte de la tradición oral de Puerto Rico. Fue narrado por Julio López a la coleccionista puertorriqueña Julia Cristina Ortiz Lugo, quien lo incluyó en su colección _De arañas, conejos y tortugas: presencia de África en la cuentística de tradición oral en Puerto Rico._

### El perro y el gato

Yo le voy a decir a usted por qué el perro es enemigo del gato. Son enemigos acérrimos°, hace millones de siglos. En tiempos muy antiguos los animales vivían todos juntos, no se destruían y al contrario todos los animales de la selva compartían. El león, que era el rey de la selva, salía y lo que encontraba no se lo comía solo por aquí, sino que venía y lo distribuía para todos. En ese sitio el pato era el animal más pudiente°, lo tenían como a una reliquia. El pato ordenaba lo que se hacía porque era el más inteligente.

    Un día el pato le comentó al león que se encontraba solo y que desearía encontrar una compañera. El rey de la selva dijo: "Bueno pues hay que buscar, hay que buscar la compañera esa". El león salió y le trajo una compañera. En seguida se fueron a la laguna porque iban a celebrar las bodas. Tenían que estar todos los animales, pero la fiesta sería en una isla aparte y para llegar tenían que ir en una nave.

    El gato estaba durmiendo debajo de un árbol y vino el perro, lo cogió y lo estremeció. El gato que estaba debajo de ese árbol y no le estaba haciendo daño a nadie, le dijo al perro: "Déjame quieto que yo estoy descansando". Y el perro respondió: "Usted no está en nada, usted se va a perder lo mejor. Allá se va a casar, cristiano, un pato. El pato y la pata se van a casar, cristiano, y eso va a estar buenísimo, estará la carne allí y cuanta cosa". El gato preguntó: "¿Pero usted está convidado? ¿Lo convidaron a usted?" "¡Oh! a mí no me convidaron, pero qué importa que no me conviden si eso es una cosa que es para todo el mundo. No tienen que venir a convidar a nadie". El gato le contestó: "No, pues, yo no voy porque no estoy convidado, ahora si me convidan yo voy". "Pues yo voy a la brava, yo voy a la brava", dijo el perro. "Pues váyase a la brava".

tenaces, vigorosos

acomodado, próspero

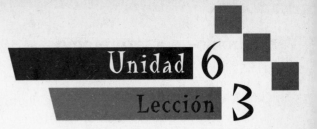
Pronto comenzaron a regar una hoja suelta para toda la comarca°. El anuncio hablaba de la gran boda, pero ponía como condición que todo aquel animal que fuera tenía que llevar chifles° puestos. Los que vivían allí, no, pero todos los de afuera sí.

*región, lugar*

*cuernos*

La hoja cayó en manos del gato y se dijo: "Yo no estoy convidado, ahora menos voy porque es para los que tengan chifles y yo no tengo chifles". Cuando está leyendo la hoja suelta, llega el perro: "¿Te enteraste de lo que hay?" el gato le dijo: "Ahora menos voy". El perro le comentó: "Usted es un pasmado°, yo voy porque voy".

*tonto*

Entonces el perro se fue a un sitio donde ataban animales, buscó dos chifles, los echó en una funda y se los llevó a la esposa con un poco de harina de trigo. (Usted sabe que la harina de trigo, después que se amasa es como una pega). El perro le dijo a la perra: "Mañana por la mañana usted me pega eso, pero bien pegadito". La mujer le preguntó: "¿Y para dónde usted va? Pero mire si esos chifles se le caen…" "No se caen nada, usted siempre poniéndole cosas, quitándole el ánimo a uno".

Por la mañana, el perro fue al sitio predilecto del gato, que era un árbol. Cuando vino el gato, el perro lo sacudió: "¿Usted no va a la fiesta? La fiesta empieza de las ocho en adelante". Y el gato le dijo: "No yo no voy, váyase". El perro se fue. Había como una especie de muelle, allí estaba anclada la nave que los llevaría a la fiesta. Todo el que quería entrar tenía que pasar por un guardián que había allí. A todos los animales que tenían chifles les decían: "Entre, entre". Los chifles del perro estaban bien pegados, no se movían así, así.

El gato se salió del árbol porque al ver tanta gente se puso a investigar. Salió, pero no veía al perro. Ataron la soga a la nave que los iba a llevar al lugar donde se iba a celebrar la boda. El gato entonces decía: "Compae pato, compae pato, el perro lleva chifles prestados. El pato fue hacia la proa del barco y dijo: "Ay siento como una especie de voz, de voz que me está llamando". Y era el gato. Entonces el pato dijo: "Un momento, hay que hacer una reinvestigación, hay que hacer una reinvestigación", a todo el mundo le tocaban los chifles. Cuando el perro vio que le tocaba el turno a él, se zumbó al agua. Fue donde el gato y le dijo: "Tú eres el que tiene la culpa de que yo no haya ido al casamiento ese".

El gato le dijo: "Pero si tú no estabas convidado, ¿por qué tenías que hacer eso? De hoy en adelante jamás y nunca la palabra tuya y la mía se van a juntar. Somos enemigos para el resto de la vida". Y de ahí para acá el perro y el gato jamás y nunca han podido llevarse.

# Verifiquemos e interpretemos

**D**  **A ver si comprendiste.** En el siguiente cuadro de secuencia de acciones escribe lo que pasa en el cuento.

¿Qué hace el perro cuando sabe que va a haber una boda?

_____

_____

↓

¿Qué pasa cuando sabe que no lo han invitado?

_____

_____

↓

¿Qué le dice el gato cuando se da cuenta que no están invitados?

_____

_____

↓

¿Qué hace el perro para poder ir a la boda?

_____

_____

↓

¿Cuál es el resultado de su plan?

_____

_____

**E**  **¡A interpretar!** Lee estas citas del cuento "El perro y el gato". Identifica quién las dice e indica cuál es tu interpretación de lo dicho.

| Cita | Quién la dice | Tu interpretación |
|------|---------------|-------------------|
| **1.** Hay que buscar la compañera esa. | | |
| **2.** Cada animal tiene que llevar chifles a la boda. | | |
| **3.** Yo voy a la brava. | | |
| **4.** Compae, el perro lleva chifles prestados. | | |
| **5.** Ay, siento como una especie de voz llamándome. | | |
| **6.** Tú tienes la culpa de que yo no haya ido al casamiento. | | |
| **7.** De hoy en adelante la palabra tuya y la mía nunca se van a juntar. | | |

**F**  **Escritura relacionada.** Este cuento de animales explica por qué el perro y el gato son y serán para siempre enemigos mortales. Con dos compañeros, escribe en una hoja aparte un diálogo entre dos o tres animales que explique algún otro fenómeno de los animales, como por ejemplo, por qué el búho es tan inteligente, por qué los pericos hablan, por qué las ranas son verdes. Presenten su diálogo a la clase.

# ¡A deletrear!

**Práctica con las letras *i* e *y*.** La letra **i** y la letra **y** representan el mismo sonido /**i**/ en las siguientes palabras. Lee estas palabras con el sonido /**i**/ y escribe las letras que faltan en cada una. En todas las palabras también faltan unas vocales.

1. l ___ ___ t e r n a

2. ___ ___ t e r e s a n t e

3. l ___ ___

4. l a s ___ ___ m a r

5. ___ ___ p o r t a r

6. e s t ___ ___

7. u ___ ___ v e r ___ ___ t a r i o

8. ___ ___ s i s t i r

9. P a r a g u ___ ___

10. q ___ ___ t a r

# *Juguemos un poco*

**H** **Un cuento de horror.** Con un grupo de tres compañeros seleccionen un cuento, una novela y una película de horror. Escriban el título, el tema, los personajes y un resumen de la trama. Cuenten de qué se trata cada uno. Luego compartan el más horroroso con la clase y den su opinión sobre la historia que contaron.

| Título | Tema | Personajes | Trama |
|--------|------|------------|-------|
| Cuento: | | | |
| Novela: | | | |
| Película: | | | |

**I** **Entrevista con un adulto.** Entrevista a tu mamá, papá o a un pariente mayor. Hazle las siguientes preguntas sobre su juventud y anota sus respuestas. Después harás una comparación con tu propia vida.

**Entrevista sobre la juventud**

**1.** ¿Qué hacías para divertirte cuando eras niño(a)?

_____

_____

_____

_____

**2.** ¿Qué actividades hacías en el kinder? ¿En primaria? ¿Secundaria?

_____

_____

_____

_____

**3.** ¿Leías mucho? ¿Qué libros te gustaba leer? ¿Cuál fue el más interesante que leíste?

_____

_____

_____

_____

**4.** ¿Qué quehaceres tenías en la casa? ¿Los hacías antes o después de la escuela?

_____

_____

_____

_____

**5.** ¿Qué tipo de música te gustaba? ¿Tenías una canción favorita?

_____

_____

_____

_____

**6.** ¿Cuál fue la invención más importante de tu juventud? ¿Por qué fue personalmente importante para ti?

_____

_____

_____

_____

**7.** ¿Qué consejos te daban tus padres? ¿Siempre hacías caso?

_____

_____

_____

_____

**J**  **Comparación de las generaciones.** Usa la información que conseguiste en la entrevista con tu pariente para escribir una comparación entre su vida y la tuya: ¿qué tienen en común? ¿cómo son diferentes? Incluye todas tus observaciones.

_____

_____

_____

_____

_____

_____

_____

_____

_____

_____

_____

_____

_____

_____

_____

_____

_____

_____

_____

_____

_____

_____

# Lengua en uso

## Variantes coloquiales: el habla coloquial puertorriqueña

El habla puertorriqueña comparte muchas de las mismas características del habla coloquial cubanoamericana que ya se han explicado en la Lección 2 de la Unidad 2 de este *Cuaderno de actividades para hispanohablantes*. En la variante coloquial puertorriqueña desaparecen muchas consonantes. Así, por ejemplo, en vez de **usted** del español general se dice **usté** donde ha desaparecido la **d** final. La consonante **d** entre vocales también tiene tendencia a desaparecer: en vez de **nada** se dice **na.** El sonido de la **r** muchas veces se cambia a **l** y por **puerta** se dice **puelta.** En otras ocasiones sílabas completas desaparecen y en vez de **está bien** se dice **ta bien** y **hubiera** y **había** se reduce a **biera** y **bía** respectivamente.

**K** **Un cuento puertorriqueño.** Uno de los autores puertorriqueños que más ha reflejado el habla coloquial de Puerto Rico es José Luis González que aunque nació en Santo Domingo en 1926, a los cuatro años se trasladó a Puerto Rico y se considera puertorriqueño a pesar de haber vivido muchos años en México. En los siguientes fragmentos de su cuento titulado "En el fondo del caño hay un negrito" aparecen varios ejemplos del uso coloquial del habla puertorriqueña. Este cuento trata sobre la pobreza extrema que existe en algunos sectores de San Juan, la capital de Puerto Rico. Ahora vuelve a escribir estas oraciones coloquiales usando un español más general.

MODELO:  *¿Tampoco hay **na pal** nene?*
         **¿Tampoco hay nada para el nene?**

1. ¿Cuántos **día va** que no toma leche?

   _____

   _____

   _____

2. Hay que **velo.** Si me lo hubiera **contao, biera** dicho que era embuste.

   _____

   _____

   _____

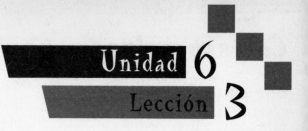
**3.** La **necesidá,** doña. A mí misma, quién me lo **biera** dicho, que yo iba llegar aquí...

_____

_____

_____

_____

**4.** Pues nosotros **juimos** de los primeros. Casi no **bía** gente y uno cogía la parte más sequecita...

_____

_____

_____

_____

**5.** ¿Y **usté** se ha **fijao** en el negrito qué mono?

_____

_____

_____

_____

**6.** La mujer vino ayer a ver si yo tenía unas hojitas de algo **pa hacele** una guarapillo...

_____

_____

_____

_____

# *Correspondencia práctica*

## Una carta entre amigos

**L**   **¡Qué susto!** Piensa en la carta que Martín le escribió a sus primos donde les contó del incidente en la cueva. Escríbele una carta similar a un(a) amigo(a) y cuéntale de algún incidente similar que te pasó a ti.

_____

_____

_____

_____

_____

_____

_____

_____

_____

_____

_____

_____

_____

_____

_____

_____

_____

_____

_____

_____

_____

# ¡A escuchar!

---

## TAQUERÍA DEL MUSEO

### ESPECIALIDADES:

- FILETE DELGADO •
- FILETE GRUESO CON CALABAZA •
- POLLO CON MOLE POBLANO •
- CHILES RELLENOS •
- CARNE ASADA •
- PUNTAS DE FILETES •
- MILANESAS •
- LOMO ADOBADO •
- CHULETAS •
- CONSOMÉ DE POLLO •

### TACOS SURTIDOS

**ANTOJITOS**

- TAMALES CON ATOLE • SALSAS DE CHILES SURTIDOS • ENCHILADAS • GUACAMOLE

**DESAYUNOS**

- CHILAQUILES • HUEVOS AL GUSTO •
- FRIJOLES REFRITOS • SÁNDWICHES •
- CAFÉ • CHOCOLATE •
- JUGOS NATURALES: NARANJA, LIMA, TOMATE •

---

**A**

**¡El mundo al punto!** Escucha a los locutores de este programa de la radio hispana titulado "¡El mundo al punto!", quienes hablarán sobre la influencia de la cultura mesoamericana. Luego, selecciona la opción correcta para completar las oraciones que aparecen a continuación. Escucha una vez más para verificar tus respuestas.

1. La palabra **Mesoamérica** hace referencia a las culturas indígenas de México y Centroamérica...

   **a.** antes de la llegada de los europeos.

   **b.** durante la época colonial.

   **c.** después de la independencia de esa región de España.

2. La lengua que hablaban los aztecas y otros grupos indígenas del Valle de México era...

   **a.** el maya. **b.** el náhuatl. **c.** el quechua.

3. El maíz, los frijoles, las calabazas, el chile y los jitomates son productos vegetales que...

   **a.** fueron traídos a América por los españoles.

   **b.** eran conocidos en Europa desde la época del Imperio Romano.

   **c.** fueron cultivados primero por los mesoamericanos.

4. Tres comidas mesoamericanas muy populares todavía no sólo en México sino en Estados Unidos y en muchas otras partes del mundo son...

   **a.** *spaghetti* italiano, postres franceses y helados daneses.

   **b.** gazpacho, paella y arroz con pollo.

   **c.** tacos, enchiladas y tamales.

5. Los tres sabores más comunes de los helados, el chocolate, la vainilla y la fresa, son productos agrícolas que...

   **a.** fueron traídos a América por los ingleses.

   **b.** son de origen mesoamericano.

   **c.** los españoles trajeron a América de Asia.

6. La palabra **México** se deriva de dos palabras y un sufijo que significa...

   **a.** "tierra llena de nopales".

   **b.** "tierra del águila y la serpiente".

   **c.** "del ombligo de la luna".

# Pronunciación y ortografía

## Los sonidos /ř/ y /r̃/ y las letras *r* y *rr*

La letra **r** tiene dos sonidos, uno simple /ř/, como en **coro** y **hora,** y otro múltiple /r̃/, como en **corro** y **rico.** Ahora, al escuchar al narrador leer las siguientes palabras, observa que el deletreo del sonido /ř/ siempre se representa por la letra **r** mientras que el sonido /r̃/ se escribe tanto **rr** como **r.**

| /ř/ | /r̃/ |
|---|---|
| bu**r**larse | **r**obar |
| costumb**r**e | **r**ecibes |
| gusta**r**ía | ca**rr**o |
| p**r**opina | aho**rr**ar |
| na**r**anja | co**rr**eo |

**B**    **Práctica con los sonidos /ř/ y /r̃/.** Ahora escucha a los narradores leer las siguientes palabras con dos sonidos de la **r** e indica si el sonido que escuchas es /ř/ o /r̃/.

1. /ř/ /r̃/        6. /ř/ /r̃/

2. /ř/ /r̃/        7. /ř/ /r̃/

3. /ř/ /r̃/        8. /ř/ /r̃/

4. /ř/ /r̃/        9. /ř/ /r̃/

5. /ř/ /r̃/        10. /ř/ /r̃/

C  **Dictado.** Escucha el siguiente dictado e intenta escribir lo más que puedas. El dictado se repetirá una vez más para que revises tu párrafo.

### Ciudad Juárez: ¿Ciudad gemela?

_____

_____

_____

_____

_____

_____

_____

_____

_____

_____

_____

_____

_____

_____

_____

_____

_____

_____

_____

_____

_____

# Tesoros de la literatura contemporánea

**D** **Para anticipar.** Nuestra sociedad categoriza a los padres que resisten darle dinero a su ex esposa para ayudar con los gastos de los niños como *"deadbeat dads"*. ¿Qué opinas tú de los *"deadbeat dads"*?

1. ¿Crees que los padres que abandonan a sus familias o que se divorcian de sus esposas deben ayudar a mantener a sus hijos?

   _____

   _____

   _____

   _____

2. ¿Con qué frecuencia crees que deben mandarles estos padres dinero a sus familias? ¿Cuánto dinero deben mandar?

   _____

   _____

   _____

   _____

3. Muchos de estos padres se rehúsan a pagar y simplemente no les mandan el dinero a sus familias. ¿Qué opinas de esto? ¿Qué pueden hacer la esposa y los hijos para recibir su dinero?

   _____

   _____

   _____

   _____

4. ¿Crees que la esposa debe ir a casa del padre a recoger el dinero, si el padre no lo manda cuando debe? ¿Deben ir los hijos a recogerlo? ¿Por qué sí o por qué no?

   _____

   _____

   _____

   _____

**5.** Este problema es muy común no sólo en Estados Unidos sino en todas
partes del mundo. ¿Habrá alguna solución para el problema? ¿Qué
recomiendas tú?

_____

_____

_____

_____

## Lectura mexicana

Lee ahora el cuento del escritor mexicano, Humberto Payán Fierro, de una
madre abandonada y sus niños que van a la casa del papá a pedirle el
dinero que les debe dar cada mes.

### El juego de la puerta

Domingo: Celia despierta temprano a sus niños. Primero a
Rosa porque siempre se adhiere a la cama. Nada más Rosa
cabe en ese colchón hundido. Y ahí mismo, su madre la viste y
la peina (o eso trata). Los otros niños, Norma y Alejandro,
despiertan por sí solos (o por el ruido que hizo su madre). Se
visten dándose prisa entre sí.

Cuando la familia sale de casa, un viento helado talla las
paredes y talla los perros que husmean° en los botes de basura.          huelen

—A esta hora sólo hay perros, mamá —observa Rosa. Sus
ojos beben las lágrimas para distinguir las cosas.

Celia pide a sus hijos que se tomen de la mano; los
apresura. Ellos gimen, moquean. Sienten más frío.

—¿Por qué tenemos que venir a esta hora? Son las seis,
¿verdad?

—Es que mamá no se quiere esperar.

—No quiere salir el sol, tiene frío como tú.

—Yo no quiero ir. Me quedo acostadita en la cama, ¿sí?
Ahí nomás me quedo en la cama.

Celia se molesta, se cansa de oír tanta queja. Nalguea a
Rosa hasta hacerla llorar.

—Qué no, ni qué no, ahora vas —grita con impaciencia.
Vuelve a apresurar a la niña y le ordena al asustado niño no
soltar a su hermana "La llorona".

—Jálala fuerte, pos qué mocosa fregada. Después que
batallé tanto para levantarla.

Rosa (para su padre es Rosi), lloriqueando, piensa en la tardanza del sol: "Debe tener una cama redonda, muy blandita, y su mamá lo ha de dejar dormir mucho."

La niña pierde un zapato. Lo pide a gritos, con la misma fuerza con que desea decirle a la madre del sol que despierte a su hijo.

—Mi zapato, mi zapato.

—¡Ayy, tonta! ¿Pos por qué no te lo abrochaste bien? —pregunta Celia recogiendo el zapato. Lo levanta, mira la falta de cinta. La niña apoya la planta del pie descalzo sobre su pierna recta. La mujer calza° con brusquedad a su hija. A ésta no le importa, lo único que sabe es que no quiere ir.

> le pone los zapatos

—Vámonos.

Caminan. Atrás y adelante de ellos se mueve el viento: les pica los ojos, les araña la cara, les inmoviliza las manos, los obliga a moquear. En las calles más estrechas el frío parece calmarse pero nada más parece. Y en las avenidas, vuelve a atacar.

Caminan más de una hora para llegar a una calle estrecha, iluminada por la luz mercurial de un solo poste.

—Aquí los espero. No se devuelvan hasta que les den el dinero —ordena la madre—. Si no, no les compro dulces, ni paletitas rojas, eeeh, Rosi.

Parten. La mujer se repega contra la pared intentando alcanzar los rayos del sol. La luz del poste queda interrumpida.

—Papaaá —grita Norma, formando una O con sus manos en torno a su boca. Alejandro golpea la puerta negra y metálica sobre la que ha chocado su voz. Sus manos entumidas° dejan de golpear sólo para volver con más fuerza.

> paralizadas de tocar tan fuerte;
> murmura
> furiosos

Interminablemente, Rosa musita° —sólo para ella— la palabra papá. Observa a sus hermanos cómo golpean y empujan la puerta. Escucha con temor sus gritos coléricos°. Se tapa los ojos cuando su hermana empieza a arrojar piedras: primero, sólo para producir ruido; después, con todo el coraje de que es posible hasta agotarse°.

> cansarse

—Papá, sal por favor —dice Alejandro en voz baja. Eleva su cuerpo con la punta de los pies, pero la cortina no le permite ver más allá. Entonces se asoma por debajo de la puerta pero no ve pasos, ni luz.

—¿Por qué tarda tanto ahora? —le pregunta a su hermana, quien se encoge de hombros y desgarra° su voz con un grito lleno de coraje.

> suelta

El niño encuentra una piedra más grande y la estrella contra la puerta. "A ver si no salen así."

La puerta permanece cerrada como si del otro lado no hubiera casa; como si la puerta fuera el último escombro° de una casa destruida.

> ruina

Alejandro corre hacia su madre. El frío ha desaparecido completamente en él. Su madre, crucificada en la pared por el sol, se desplaza contra su hijo:

—Vete a tocarles.

—No sale nadie. Asómate y verás que sí tocamos mucho.

—Quiébrales un vidrio y verás que sí salen —le ordena al mismo tiempo que lo empuja.

Aunque casi llora de coraje siente que le falta valor para romper el cristal. Recoge con lentitud la piedra más grande. Voltea en dirección a su madre. La piedra permanece quieta en su mano. Espera unos segundos más, así, mirando fijamente la puerta. Una mujer joven, semejante a la puerta, mira a los niños un instante y vuelve la cortina a su lugar. Cuenta los billetes despegándolos con mucho cuidado. Separa tres y los esconde entre las ropas de sus pechos. Abre la puerta.

—Toma... Váyanse con su mamá —dice con la mano extendida. La niña más grande toma el dinero de un tirón. La mujer se protege con la puerta de los escupitajos que ya conoce.

—Usted es una víbora, es cierto lo que dice mi mamá.

—¿Por qué no sale mi papá a decirnos que nos vayamos? —pregunta el niño muy quedito y la mujer no puede escucharlo.

La mujer vuelve a decir váyanse, sólo que ahora no con su mamá sino a la fregada. Rosa le muestra la lengua, primero a la mujer y después a la puerta. Cuando caminan hacia su madre, Alejandro se queda atrás y deja la piedra en un lugar donde la pueda encontrar.

—¿Ya se fueron? —pregunta el hombre. Aplasta el cigarrillo en el suelo.

—¡Qué temprano vienen a despertarla a una! —vocifera ella mientras se quita el camisón de dormir. Prepara la ropa que va a usar ese día.

—¿No me dijiste que ya habías arreglado todo para que no vinieran a recoger el dinero aquí?

—Síí, pero siempre que voy a dejarle el dinero ella nunca está. Esa mujer nunca está en la casa. ¿Venía también ella?

—No la vi. Se ha de haber escondido. ¿Quién más puede traer a los niños a estas horas?

—¿Les diste el dinero?

—Esos niños son unos majaderos. Ya te lo había dicho.

—¿Ya se lo diste?

Ella afirma con la cabeza. Luego, se cierra como puerta negra y metálica.

Lunes: Rosa vuelca su taza de café.

# Verifiquemos e interpretemos

**E** **A ver si comprendiste.** Llena el siguiente cuadro con dos de las acciones principales de cada personaje a través del cuento. La primera ya está indicada.

| ACCIONES PRINCIPALES | | | |
|---|---|---|---|
| | **En casa de la mamá** | **En la calle** | **En casa del papá** |
| **la mamá** | 1. Celia despierta, viste y saca a los hijos a la calle.<br>2. | 1.<br><br>2. | 1.<br><br>2. |
| **Rosi** | 1.<br><br>2. | 1. Rosi prefiere regresarse a casa y quedarse en cama.<br>2. | 1.<br><br>2. |
| **Alejandro** | 1. Se despierta y se viste solo.<br>2. | 1.<br><br>2. | 1.<br><br>2. |
| **Norma** | 1. Se despierta y se viste sola.<br>2. | 1.<br><br>2. | 1.<br><br>2. |
| **el papá** | 1.<br><br>2. | 1.<br><br>2. | 1. Rehúsa contestar la puerta.<br>2. |
| **la amante** | 1.<br><br>2. | 1.<br><br>2. | 1. Mira a los niños por la ventana.<br>2. |

**F** ¡A interpretar! ¿Qué efecto crees que va a tener esta situación en la vida de los siguientes personajes? Llena el siguiente cuadro con efectos positivos y negativos.

| EFECTOS EN CADA PERSONAJE | | | | |
|---|---|---|---|---|
| **Celia** | **Rosi** | **Norma** | **Alejandro** | **Papá** |
| 1. | 1. | 1. | 1. | 1. |
| 2. | 2. | 2. | 2. | 2. |
| 3. | 3. | 3. | 3. | 3. |
| 4. | 4. | 4. | 4. | 4. |

**G** **Escritura relacionada.** Imagínate que eres uno de los niños en el cuento. Escríbele una carta a tu papá sobre lo que sientes después de haber regresado de su casa.

Nombre _____

Fecha _____

# ¡A deletrear!

**H**    **Práctica con las letras _r_ y _rr_.** En esta lección aprendiste que la letra **r** tiene dos sonidos, uno simple /ř/, como en **coro** y **torero,** y otro múltiple /r̃/, como en **corro** y **ruta,** mientras que la letra **rr** sólo tiene un sonido /r̃/, como en **corro** y **torre.** Lee estas palabras con los dos sonidos y escribe las letras que faltan en cada una.

1. J u á ___ ___ z
2. ___ ___ p ___ ___ s e n t a
3. ___ ___ ___ z a n
4. a ___ ___ b a
5. d e s a ___ ___ l l a d o
6. ___ ___ s t a u ___ ___ n t e
7. ___ ___ o
8. a m e ___ ___ c a n a
9. c o ___ ___ e n t e
10. s e p a ___ ___ d o

# Juguemos un poco

**I**  **Presupuesto para mantener un carro.** ¿Qué costos tendrías si tuvieras carro? En parejas hagan un presupuesto de todos los costos de mantener un carro. Luego comparen su presupuesto con el de otro grupo. Informen al resto de la clase quiénes fueron más realistas.

| Costos semanales | Costos mensuales | Costos anuales |
|---|---|---|
| 1. _____ | 1. _____ | 1. _____ |
| 2. _____ | 2. _____ | 2. _____ |
| 3. _____ | 3. _____ | 3. _____ |
| 4. _____ | 4. _____ | 4. _____ |
| 5. _____ | 5. _____ | 5. _____ |
| Total: _____ | Total: _____ | Total: _____ |

**J**  **El trabajo de mis sueños.** Piensa en el trabajo que te gustaría tener en el futuro: ¿Dónde trabajarías? ¿Cuánto ganarías? ¿Qué responsabilidades tendrías? Luego, en grupos de tres, compartan el trabajo de sus sueños y decidan cuáles de los cursos que toman ahora mejor los preparan para ese trabajo. Informen a la clase del resultado.

**K**  **Dramatización.** Con un(a) compañero(a) de clase dramatiza una situación donde tienes que convencer a tu padre o madre de que debe permitirte trabajar en las tardes o los fines de semana. Dales todas las razones posibles y explica por qué es bueno que tú trabajes. Tu padre o madre te va a dar todas las razones por qué un estudiante no debe trabajar y estudiar a la vez. Dramatiza el diálogo con un(a) compañero(a) de clase.

# ¡A explorar!

## Interferencia del inglés en el deletreo: *imm-*, *sn-*, *sp-* o *sy-*

El español y el inglés tienen muchas palabras parecidas en deletreo que en su mayoría derivan del latín. Algunos estudiantes hispanohablantes no se dan cuenta de las diferencias en el deletreo de estas palabras y tienden a escribirlas como se escriben en inglés y no en español. A continuación se presentan algunos de los errores más comunes de interferencia del inglés en el español escrito.

### Palabras que empiezan con *imm-* en inglés

Las palabras que empiezan con *imm-* en inglés se escriben con **inm-** en español.

| español | inglés |
|---|---|
| inmaduro | *immature* |
| inmediatamente | *immediately* |
| inmigrar | *immigrate* |

### Palabras que empiezan con *sn-* o *sp-* en inglés

Las palabras que empiezan con *sn-* o *sp-* en inglés se escriben con **esn-** o **esp-** en español.

| español | inglés |
|---|---|
| esnob | *snob* |
| espinoso | *spiny* |
| espléndido | *splendid* |

### Palabras que empiezan con *sy-* en inglés

Las palabras que empiezan con *sy-* en inglés se escriben con **si-** en español.

| español | inglés |
|---|---|
| símbolo | *symbol* |
| sinfonía | *symphony* |
| síntoma | *symptom* |

**L** **Carta de Puerto Rico.** Angélica Ramos, una estudiante de origen puertorriqueño de Nueva York, está en San Juan, Puerto Rico visitando a sus tíos. Ahora Angélica te pide que le ayudes a revisar una carta que acaba de escribir para evitar la interferencia del inglés en el deletreo de palabras parecidas. Escribe el deletreo correcto de las palabras indicadas.

---

*Queridos Papás:*

*Me encanta Puerto Rico. ¡San Juan es una ciudad splendida! (1) Immediatamente (2) al llegar, mis primos me llevaron a conocer el viejo San Juan y El Morro, el symbolo (3) de la ciudad. ¡Es immenso! (4) Yo me lo imaginaba pequeñito.*

*El sábado por la noche fuimos a escuchar la symfonía (5). ¡Fue excelente! Y lo que más me gustó es que los puertorriqueños no son snobs (6) como lo son tantas personas que asisten a synfonía (7) en Nueva York. Ay, mamá, si vieras a tu sobrinito Pablito. Ya no tiene nada de immaduro (8). Es todo un hombrecito ahora.*

*Bueno, se me acabó el tiempo. Tengo que empezar a prepararme immediatamente (9). Esta noche vamos a ver una nueva obra de teatro, "Los inmigrantes spinosos" (10).*

*Se despide de Uds. su hija, quien los ama,*

*Angélica*

---

1. _____    6. _____

2. _____    7. _____

3. _____    8. _____

4. _____    9. _____

5. _____   10. _____

# ¡A escuchar!

**¡El mundo al punto!** Escucha a los locutores de este programa de la radio hispana titulado "¡El mundo al punto!", quienes hablarán sobre Emiliano Zapata, héroe de la Revolución Mexicana. Luego, selecciona la opción correcta para completar las oraciones que aparecen a continuación. Escucha una vez más para verificar tus respuestas.

**1.** Emiliano Zapata es recordado como un héroe de...

    **a.** las fuerzas mexicanas que derrotaron al ejército francés invasor.

    **b.** la Revolución Mexicana que se inició en 1910.

    **c.** la guerra entre México y Estados Unidos.

**2.** El nombre que tomaron los indígenas que se rebelaron contra el gobierno el primero de enero de 1994 en Chiapas fue...

    **a.** Ejército Indígena de Liberación Nacional.

    **b.** Frente Sandinista de Liberación Nacional.

    **c.** Ejército Zapatista de Liberación Nacional.

**3.** Emiliano Zapata nació en un pueblito de Morelos y...

    **a.** era hijo de una de las familias más ricas de la región.

    **b.** pertenecía a la clase social privilegiada de los hacendados.

    **c.** era de origen campesino.

**4.** El líder inicial de la Revolución Mexicana de 1910 era...

    **a.** Porfirio Díaz.

    **b.** Francisco I. Madero.

    **c.** Victoriano Huerta.

**5.** El "Plan de Ayala" de Emiliano Zapata intentaba...

    **a.** repartir las tierras a los campesinos.

    **b.** concentrar las tierras en grandes haciendas.

    **c.** organizar las tierras siguiendo el modelo soviético.

**6.** A Emiliano Zapata se le considera un héroe del pueblo mexicano porque...

    **a.** nacionalizó el petróleo y estableció la empresa estatal PEMEX.

    **b.** siempre defendió los derechos de los campesinos.

    **c.** creó miles de nuevos empleos con ayuda de inversionistas extranjeros.

# Pronunciación y ortografía

## Los sonidos /ř/ y /r̃/ y las letras *r* y *rr*

En la lección anterior aprendiste que la letra **r** tiene dos sonidos, uno simple /ř/, como en **coro** y **hora,** y otro múltiple /r̃/, como en **corro** y **rico.** Ahora vas a ver unas reglas de ortografía que te ayudarán a determinar cuándo se debe usar una **r** o una **rr.**

- La letra **r** tiene el sonido /ř/ cuando ocurre entre dos vocales.

    ge**r**ente             categ**orí**a

    sal**ari**o              escol**are**s

- La letra **r** también tiene el sonido /ř/ cuando ocurre después de una consonante excepto **l, n** o **s.**

    es**c**ribo             **pr**evio

    taqui**gr**afía         **tr**abajos

- La letra **r** tiene el sonido /r̃/ cuando ocurre al principio de una palabra.

    **r**epartir             **r**ecepcionista

    **r**ealista              **r**efugio

- La letra **r** también tiene el sonido /r̃/ cuando ocurre después de las consonantes **l, n** o **s.**

    al**r**ededor           hon**r**a

    En**r**ique             en**r**edar

- La letra **rr** siempre tiene el sonido /r̃/.

    e**rr**or               desa**rr**ollo

    aho**rr**o              pe**rr**o

**B**  **Práctica con los sonidos /ř/ y /r̃/.** Ahora escucha a los narradores leer las siguientes palabras con las letras **r** y **rr** más vocales y escribe las letras que faltan en cada una.

1. s e p a ___ ___ d o

2. ___ ___ t m o

3. E n ___ ___ q u e t a

4. b o ___ e g o

5. c o n t ___ ___

6. f ___ ___ n c e s e s

7. ___ ___ b u s t o

8. s e m i n a ___ ___ o

9. h o n ___ ___ r

10. e n t i e ___ o

**C**  **Dictado.** Escucha el siguiente dictado e intenta escribir lo más que puedas. El dictado se repetirá una vez más para que revises tu párrafo.

### Benito Juárez: el gran héroe de México

_____

_____

_____

_____

_____

_____

_____

_____

_____

_____

_____

_____

_____

_____

# Tesoros de la literatura contemporánea

**D** **Para anticipar.** Nuestra sociedad ha producido miles de familias tan pobres que no tienen dónde vivir y acaban por hospedarse donde puedan: en sus mismos autos, en la calle, a orillas de un río... En otros países esta situación es aún peor porque la sociedad allí ha producido un sinnúmero de niños pobres, sin familia. Por lo general, estos niños viven en las calles o en edificios abandonados de las grandes ciudades y se ven obligados a ganarse la vida tal como puedan. Piensa en esos pobres desafortunados al contestar estas preguntas.

1. ¿Hay familias que no tienen dónde vivir en tu comunidad o en alguna comunidad cercana? ¿Dónde se hospedan? ¿Qué hacen si llueve? ¿Si nieva o hace un frío intolerable?

   _____

   _____

   _____

   _____

   _____

2. ¿Qué crees que hacen los niños de estas familias? ¿Cómo pasarán el día? ¿Irán a la escuela? ¿Trabajarán?

   _____

   _____

   _____

   _____

   _____

3. ¿Habrá niños sin familias que viven en la calle en tu comunidad o en alguna comunidad cercana? ¿Cómo sobreviven?

   _____

   _____

   _____

   _____

   _____

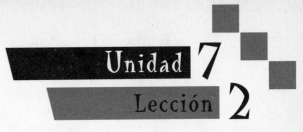
**4.** ¿Qué tipo de trabajo podrían hacer estos niños que no han asistido a la escuela y no tienen ningún entrenamiento? ¿Los contrataría la gente o les tendría miedo por aparecer sucios y descuidados?

_____

_____

_____

_____

_____

**5.** En algunas ciudades estos niños inventan trabajo en las calles principales. Lavan las ventanas de los autos y hacen otras cosas parecidas, con la esperanza de que se les dé algún dinerito. ¿Qué otras cosas pueden hacer estos niños en la calle para ganarse la vida? ¿Qué actividades peligrosas o ilegales hacen?

_____

_____

_____

_____

_____

## Lectura mexicana

El autor mexicano, Tomás Chacón, se inspiró a escribir el cuento "Los dragones" después de observar a los niños abandonados en las calles del D. F. en México. Para ganarse la vida estos niños, "los dragones", hacían actividades peligrosas para entretener a los que pasaran en carros y con la esperanza de que les dieran dinero.

### Los dragones

Ellos se instalaron en la gran avenida, dispuestos a conquistar la atención de viandantes° y conductores. Herminio, el más bajo, llenó su boca con gasolina del galón, luego escupió en una varilla° con trapo encendido de fuego en la punta. Surgió una flama de fuego que se perdió en el viento. Ambrosio, que se decía más experto y conocedor del oficio, hizo la misma operación pero escupía varias flamas cada vez que cortaba la emisión del combustible°.

caminantes

vara, caña

liquido
inflamable

Después del acto, Herminio corría entre los autos pidiendo monedas. Y Ambrosio se tiraba en el camellón° a esperar lo recolectado por su compañero.

Mientras el flujo de autos los llenaba de humo, ellos se sentaban a esperar la ocasión. Pero Ambrosio bebía alcohol en los descansos y a Herminio ya le empezaban a gustar los tragos. Ellos hacían la misma rutina de dos horas cada día en esa esquina. Cuando Ambrosio se intoxicaba con rapidez, debido a su debilidad, presionaba a Herminio a expulsar el fuego y a recoger monedas.

Ambrosio entonces, se quedaba con la mirada perdida y de vez en cuando reaccionaba inconscientemente; tomaba la varilla, ponía en su boca gasolina y escupía una ligera flama de fuego. Él parecía un volcán que arrojaba insignificantes fragmentos de lava que lo hacían quemarse.

Siempre era así, Ambrosio se cansaba tan pronto que Herminio ya sabía realizar el doble trabajo. Los días malos, ambos se desanimaban y terminaban quedándose dormidos en los pequeños jardines.

Pero los días de suerte, Herminio tomaba fuerzas de lo más profundo y caminaba como un dragón, soltando fuego a diestra y siniestra°. A veces, su atracción hacia el fuego lo paralizaba y no miraba más que al cielo gris, entreteniendo sus sueños en la nada.

A Herminio le gustaba sentirse importante cuando el alcohol se subía a su cabeza. Caminaba entre las líneas de autos como torero, luego parecía jinetear° su cuerpo para salirse de la calle cuando el verde del semáforo lo sorprendía. Pero de pronto se dirigía frente a los autos, tomaba una postura de rey, escupía el fuego y hasta emitía sonidos roncos como si fuera un dragón que dominara la situación.

La adicción a la bebida les hacía perder consistencia en los actos. La última tarde que los vi, habían discutido y peleado tanto por una botella de ron, que Ambrosio terminó por quemarle los cabellos a Herminio.

En esa ocasión yo pensé que jugaban. Pero la cosa se puso seria cuando Ambrosio le quitó todas las monedas a su socio. Luego se liaron° a golpes en pleno camellón. Ambrosio dominó la situación y terminó por dejar en el suelo y sin sentido al pobre de Herminio.

Entonces se puso a trabajar él solo, se expuso tres o cuatro veces a los autos, pero la borrachera lo agotó y volvió con Herminio. Lo pateó para despertarlo y no reaccionaba. Después anduvo dando vueltas e insultándolo pero Herminio no reaccionaba.

Fue en ese momento cuando le chamuscó° los cabellos al compañero. Herminio se levantó angustiado y Ambrosio se atemorizó porque rápidamente lo auxilió.

A los pocos minutos, ambos compartían la misma botella. Después pusieron todos sus implementos en sendos morrales° y dejaron la avenida. Se fueron por las calzadas° antiguas de la inmensa ciudad. Eran un par de dragones inseparables que jugaban con el fuego y se divertían a perder el sentido juntos.

lomo de tierra que divide la calle en dos

a la derecha y a la izquierda

montar a caballo

se juntaron

quemó

dos sacos

avenidas

## Verifiquemos e interpretemos

**E**    **A ver si comprendiste.** ¿Qué hacían Ambrosio y Herminio para
entretener a los viandantes y conductores? En el siguiente cuadro escribe
la rutina de los dos jóvenes durante las horas que pasaban en la calle.
¿Qué hacía cada uno?

| LA RUTINA DE LOS DRAGONES EN LA CALLE | |
|---|---|
| **Herminio** | **Ambrosio** |
| 1. _____ | 1. _____ |
| 2. _____ | 2. _____ |
| 3. _____ | 3. _____ |
| 4. _____ | 4. _____ |
| 5. _____ | 5. _____ |
| 6. _____ | 6. _____ |
| 7. _____ | 7. _____ |
| 8. _____ | 8. _____ |

**F**    **¡A interpretar!** Contesta estas preguntas con dos compañeros de clase.
Luego, compartan sus respuestas con el resto de la clase.

1. ¿Qué edad crees que tienen Ambrosio y Herminio? ¿Por qué crees que
hacen lo de dragones en la calle? ¿Cuánto tiempo crees que han estado
haciendo esto en la calle? ¿Por qué crees eso?

_____

_____

_____

_____

**2.** Lo que hacen es muy peligroso. ¿Por qué? ¿Qué puede pasarles?

_____

_____

_____

_____

**3.** ¿Qué daños han sufrido ya? ¿Qué crees que les espera en el futuro? Explica tu respuesta.

_____

_____

_____

_____

**4.** El cuento termina diciendo que "se divertían a perder el sentido juntos". Explica ese comentario. ¿Se divertían de veras? ¿Qué crees que el autor, Tomás Chacón, ve en el futuro de los dos jóvenes?

_____

_____

_____

_____

**G** **Escritura relacionada.** Imagínate que eres un(a) representante de tu colegio en un comité municipal que se interesa en ayudar a los jóvenes que viven en la calle. El comité ha decidido preparar anuncios comerciales que den buenos consejos a estos jóvenes en la radio y la televisión. Con uno(a) o dos compañeros escribe uno de estos anuncios. Presenten su anuncio a la clase.

# ¡A deletrear!

**H** **Los sonidos /ř/ y /r̄/ y las letras _r_ y _rr_.** En la lección anterior aprendiste que el sonido /ř/ siempre se escribe **r**, pero que el sonido /r̄/ se escribe **r** o **rr**. Escucha estas palabras con los dos sonidos y escribe las letras que faltan en cada una.

**1.** d o m i n a ___ ___ n          **6.** a d m i n i s t ___ ___ c i ó n

**2.** h o n ___ ___ d o              **7.** ___ ___ m á n t i c o

**3.** c a ___ ___ t e r a            **8.** e n ___ ___ d a r

**4.** n o m b ___ ___                **9.** c a ___ ___ c t e r i z a r

**5.** ___ ___ p a s a r             **10.** c o ___ ___ s p o n d e n c i a

# *Juguemos un poco*

**I**     **Las carreras del futuro.** Con dos compañeros de clase haz una lista de las carreras que serán absolutamente necesarias en el siglo XXI. En el siguiente cuadro escribe cinco carreras y las razones por qué ustedes creen que será tan necesaria cada carrera. Lean su lista al resto de la clase para decidir cuáles serán las tres carreras más importantes según la clase entera.

| LAS CARRERAS DEL SIGLO XXI | |
|---|---|
| **Carrera** | **¿Por qué será necesaria?** |
| 1. | |
| 2. | |
| 3. | |
| 4. | |
| 5. | |

**J** **Mis habilidades.** ¿Qué tipo de puesto quieres tener cuando seas mayor? En el centro del diagrama escribe el tipo de puesto que te interesa y en cada burbuja todas las habilidades que tienes que serán útiles para desempeñar el trabajo. Luego, compara tu diagrama con el de un(a) compañero(a) de clase. Informen a la clase si los dos seleccionaron el mismo tipo de puesto.

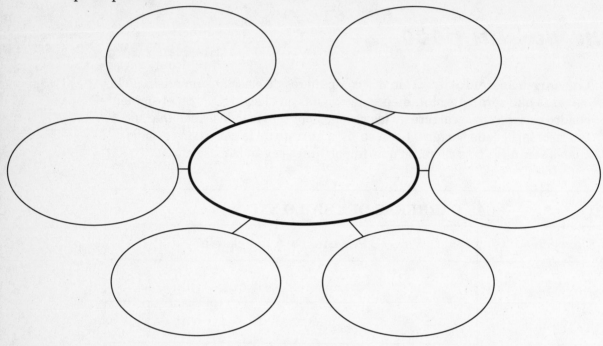

**K** **Querido diario.** ¿Cómo quieren tus padres que sea tu futuro? ¿Qué tipo de puesto quieren que tengas? ¿Cómo se compara lo que ellos quieren con lo que tú quieres? En una hoja aparte describe lo que tus padres quieren para tu futuro y compáralo con lo que tú quieres. Usa este espacio para organizar tus ideas antes de hacer la comparación.

*Querido diario:*

_____

_____

_____

_____

_____

_____

_____

_____

_____

# ¡A explorar!

## La interferencia del inglés: consonantes dobles

El español y el inglés tienen muchas palabras parecidas en deletreo que en su mayoría derivan del latín. Es importante que los estudiantes bilingües en español e inglés reconozcan que hay diferencias sutiles en el deletreo de estas palabras. Algunos estudiantes hispanos, por estar acostumbrados a leer o escribir estas palabras principalmente en inglés, tienden a escribirlas con deletreo inglés aun cuando escriben en español. A continuación se presentan algunos de los errores más comunes de interferencia del inglés en el español escrito.

### Consonante doble en español

Las palabras en español no se escriben con doble consonante con sólo dos excepciones: **cc** y **nn.** La **ll** y la **rr** se consideran una sola consonante en español. Observa el deletreo de las siguientes palabras con **cc** o **nn** en español:

| español | inglés |
|---|---|
| protección | *protection* |
| contradicción | *contradiction* |
| innecesario | *unnecessary* |
| innovador | *innovator* |

Pero no todas las palabras con **cc** o **nn** en inglés se escriben con consonante doble en español. Observa estas palabras:

| español | inglés |
|---|---|
| inocente | *innocent* |
| aniversario | *anniversary* |
| conexión | *connection* |
| anual | *annual* |

### Consonante doble en inglés pero no en español

La mayoría de palabras que en inglés se escriben con doble consonante en español sólo llevan una consonante. Observa la diferencia en el deletreo de estas palabras parecidas.

| español | inglés |
|---|---|
| efectivo | *effective* |
| asociación | *association* |
| inteligente | *intelligent* |
| comercial | *commercial* |
| atractivo | *attractive* |

**L**  **Carta de agradecimiento.** Miguel Ángel Matos, un estudiante de origen puertorriqueño de Nueva York ha escrito un informe sobre Maximiliano y Carlota, y te pide que lo ayudes a revisar su tarea para evitar la interferencia del inglés en el deletreo de palabras parecidas. En una hoja aparte escribe el deletreo correcto de las palabras subrayadas.

La historia de Maximiliano y Carlota es una verdadera tragedia. Ellos eran dos jóvenes austríacos recién casados, ambos (1) attractivos e (2) intelligentes. Vinieron a México en 1864, invitados por los invasores franceses que habían tomado control del país y querían establecer negocios (3) commerciales en el continente. Invitaron a la joven pareja austríaca a servir de Emperador y Emperatriz del país recién conquistado. Maximiliano gobernó México por tres años con facilidad mientras tenía al ejército francés de (4) protección. Pero durante todo ese tiempo, Benito Juárez, el presidente (5) effectivo del país que vivía en exilio en El Paso del Norte, se dedicaba a reorganizar las tropas del ejército mexicano para volver a tomar control del país. Cuando las tropas francesas tuvieron que regresar a Europa debido a otras guerras en las que participaba Francia, Maximiliano quedó abandonado y muy pronto, en 1867 fue capturado. Varios gobiernos europeos le pidieron a Benito Juárez que no matara a Maximiliano, diciendo que su muerte era (6) innecesaria, que él era (7) innocente y que los franceses eran los responsables. Pero Benito Juárez insistió en que Maximiliano era un traidor y lo (8) assesinó el 19 de junio de 1867. Carlota mientras tanto se había ido a Europa para conseguir apoyo en defensa de su marido. Cuando supo de su muerte, se enloqueció y pasó el resto de su vida aislada en un palacio en Austria. No murió hasta sesenta años más tarde. El dramaturgo mexicano, Rodolfo Usigli, escribió una obra teatral titulada "Corona de luz", en la cual se imagina una entrevista con Carlota en el cincuenta (9) anniversario de la muerte de Maximiliano.

# ¡A escuchar!

**A** **¡El mundo al punto!** Escucha a los locutores de este programa de la radio hispana, quienes hablarán sobre la población de origen mexicano en Estados Unidos. Marca si cada oración que sigue es **cierta (C), falsa (F)** o si no tiene relación con lo que escuchaste **(N/R).** Si la oración es falsa, corrígela. Escucha una vez más para verificar tus respuestas.

C  F  N/R  **1.** La presencia de personas de origen mexicano en Estados Unidos se inicia en el siglo XX.

_____

_____

_____

_____

C  F  N/R  **2.** Según el censo de 1990 había casi 13 millones y medio de personas de origen mexicano en Estados Unidos.

_____

_____

_____

_____

**C    F    N/R**    **3.** Los de origen mexicano forman el segundo grupo
hispano más numeroso en Estados Unidos
después de los puertorriqueños.

_____

_____

_____

_____

**C    F    N/R**    **4.** Entre 1910 y 1930 más de un millón de mexicanos
emigraron a Estados Unidos como resultado de
una guerra civil en México.

_____

_____

_____

_____

**C    F    N/R**    **5.** El Programa de Braceros trajo a cerca de tres
millones de mexicanos a Estados Unidos a
trabajar principalmente en la agricultura.

_____

_____

_____

_____

**C    F    N/R**    **6.** La población de origen mexicano tiene el
promedio más alto de ingresos anuales comparado
con los otros grupos de origen hispano.

_____

_____

_____

_____

# Pronunciación y ortografía

## El sonido /x/ y la letra *x*

En la *Unidad 5* aprendiste que el sonido **/x/** delante de las vocales se escribe **ja, jo, ju, je, ji, ge, gi.** La letra **x** también tiene este sonido en ciertas palabras. Observa el deletreo de este sonido en las siguientes palabras.

| | | |
|---|---|---|
| Mé**x**ico | di**j**imos | **g**igante |
| Te**x**as | **j**abón | **g**eneral |

**B** **Práctica con el sonido /x/.** Ahora escucha a los narradores leer las siguientes palabras y escribe las letras que faltan en cada una.

1. C o s i ___ ___ e z a

2. O a ___ ___ c a

3. ___ ___ n t e

4. v i a ___ ___

5. ___ ___ c h i t á n

6. ___ ___ n e r a c i ó n

7. c a ___ ___ r o

8. ___ ___ v i e r

9. ___ ___ v e n

10. ___ ___ n e r a l i z a c i ó n

# Tesoros de la literatura contemporánea

**C** **Para anticipar.** En "Los dragones" conociste a dos chicos que se ganaban la vida entreteniendo a los automovilistas que cruzan la frontera entre México y Estados Unidos. En esta lección vas a conocer algunos de los pensamientos de Lola, una niña que se pasa el día entero vendiéndoles chicles a viajeros que cruzan la frontera al regresar a Estados Unidos de México. ¿Qué serán algunos de sus pensamientos? ¿Qué opinión tendrá de la gente en los carros que se rehúsan a comprarles chicle? ¿De los otros niños que, como ella, tratan de ganarse la vida allí en el puente? ¿De la vida en general? En este diagrama de "mente abierta", anota algunas de las opiniones que crees que Lola ha de tener. Compara tus predicciones con dos compañeros. Luego lean la lectura para ver si acertaron.

# Lectura mexicana

Este fragmento viene de un cuento escrito por la autora mexicana, Adriana Candia, quien se crió en México y ahora vive en Estados Unidos. La autora se inspiró a escribir este cuento con una niña que veía vendiendo chicle cada vez que pasaba la frontera por el puente internacional entre Ciudad Juárez y El Paso, Texas.

### Mirador
(Fragmento)

Los otros niños que venden chicles le dicen "Lola" simplemente. Aquí hasta los diminutivos pueden ser un lujo. Le gritan: "¡Eh, Lola, a que no me alcanzas!", mientras emprenden la carrera entre venta y venta, cruzando las filas de automóviles que avanzan como animales prehistóricos rugiendo lerdos° y lanzando sus vahos° apestosos por el puente internacional. Lola ya ni se limpia los mocos, a veces probablemente las costras grises que se amontonan sobre sus labios le producen comezón; y ella se soba bruscamente con el torso del brazo. Sabe cómo hacer su trabajo. Se pega a la ventanilla de mi auto, entorna° sus ojazos negros y sonríe. No hago caso y ella emprende la estrategia número dos: deja caer las cejas y las comisuras° de los labios. La espera y el escenario me atontan más que nunca. No bajo el cristal, ni siquiera le sonrío a Lola, no le compro ni un maldito chicle de a nuevo peso°. Me quedo pensando en cómo serían los rostros de mis hijos si estuvieran del otro lado del cristal; ¿en qué momento de mi vida di el paso que me separó de aquellas gentes? ¿Por qué no me estremezco° más como en mis tiempos de trabajadora social?; ¿por qué me separo de la humanidad para gruñir de rabia? Sé que soy capaz de odiar a esas mujeres tostadas, cuyas trenzas cenizas les crecen por años y se endurecen con el trajinar° o se esfuman° un invierno. Me encuentro en la profundidad de los ojos que me buscan del otro lado, pero en vez de contestar a la sonrisa "maldigo del alto cielo" a los políticos tramposos, a mi ingenua° fe de otros tiempos, a mis ganas de vivir mi propia vida, a todo lo que me permite sonreír en paz...

A veces como ahorita, Lola sueña con una catástrofe genial, guarda sus estrellas negras y desea con todas sus fuerzas que el puente se caiga de repente con todo y carros. Ella sueña con el momento en que todo se haga pedacitos cada vez más y más pequeños. Sueña con esas imágenes y trata de espantar el hambre y la sed, los ardores de sus pies. Goyo y El Toro la conocen bien y van a despertarla, pues siempre les ha dado mucho miedo el pensamiento de Lola... Hace poco Lola se quedó paralizada a medio puente en otro de sus pensamientos.

*lentamente*
*vapores*

*medio cierra*

*la unión de*

*México creó el nuevo peso en 1993*
*conmuevo*

*hacerlas día tras día; desaparecen*
*inocente*

Esa vez quería de alguna forma transformar el infierno primaveral en algo diferente, pero lo pensó con tantas ganas que una horrible tormenta de granizo se abrió exactamente entre las dos banderas con rayos, centellas° y unos gotones semicongelados tan grandes, que niños y viejos vendedores acabaron en cinco minutos tan moreteados como si les hubiera pasado encima una estampida de caballos. Goyo despertó en el Hospital General y la abuela de El Toro no se volvió a ver jamás. Lo que no saben Goyo ni El Toro es cómo ellos se han salvado tantas veces ni por qué. Tal vez los deseos de algunas de las mujeres grandes, fueron diferentes y más fuertes.

*flashes*

—Mugre señorona, ay sí, muy pintadita, vieja coda. ¡Ya pues! Deje de mirarme y cómpreme chicles, ¡un nuevo peso señorita! A ver vieja agarrada, a ver qué tal. ¿No le da cosa? ¡Mire cómo ando, vieja coda! ¿Que no se cansa de mirarme? Mejor cómpreme algo. No, no, mejor esta carita. No, no, no, mejor la de la risa, uhh, ¡vieja señorona, coda! Ni con nada, mira qué bonito brilla su pulsera... ¿Cómo cuántos chicles tengo que vender para comprarme esa pulsera? ¡Toro, Toro, Goyo! ¡venga, mira qué bonita pulsera, Toro!

—Ya Lola, vente. Vámonos pa' la otra fila, aquí todos son muy codos. Vente, Lola, del otro lado yo miré una muchacha bonita, bonita. Vente Lola, ésa sí que nos compra un chicle.

## Verifiquemos e interpretemos

**D**  **A ver si comprendiste.** Cuando Lola trata de venderle chicle a la señora las dos se ven cara a cara, como aparecen en estos dos diagramas de "mente abierta". ¿Qué estará pensando cada una? Anota sus pensamientos en los dos diagramas. Es importante que puedas indicar algo específico en el cuento que justifique cada pensamiento que anotas. Compara tus diagramas con los de dos compañeros de clase. Si no están de acuerdo con algunos pensamientos, consulten con la clase entera.

**E** **¡A interpretar!** Usa este cuadro para hacer una comparación de los niños en los tres cuentos que leíste en esta unidad. Compáralos en las categorías indicadas y en otras que te parezcan apropiadas.

| | Los niños de "El juego de la puerta" | Herminio y Ambrosio de "Los dragones" | Lola de "Mirador" |
|---|---|---|---|
| **1. Familia** | | | |
| **2. Dinero** | | | |
| **3. Amigos** | | | |
| **4. Empleo** | | | |
| **5. Talento** | | | |
| **6. ...** | | | |

**Escritura relacionada.** En una hoja aparte escríbele una carta a Lola de "Mirador", a Herminio y Ambrosio de "Los dragones" o a los niños de "El juego de la puerta". Diles que sabes de su situación y ofréceles consejos para ayudarlos a evitar problemas y, tal vez, a mejorar su situación. Usa este espacio para organizar tus ideas antes de escribir tu carta.

_____

_____

_____

_____

_____

_____

_____

_____

_____

_____

# ¡A deletrear!

**Práctica con el deletreo del sonido /x/.** Lee estas palabras con el sonido **/x/**. Escribe las letras que faltan.

1. c a ____ ____ t a

2. ____ ____ m é n e z

3. ____ ____ m ó n

4. ____ ____ g a n t e

5. ____ ____ l i á n

6. ____ ____ m n a s i o

7. c o r a ____ ____

8. e x a ____ ____ r a r

9. m e ____ ____ c a n o s

10. e s c o ____ ____ r

# Juguemos un poco

**H** **Las reglas son necesarias.** En el siguiente cuadro escribe cinco reglas que existen en tu escuela, explica el propósito de cada regla e indica por qué estás o no estás de acuerdo con cada una. Compara tu cuadro con el de dos compañeros e informen a la clase si todos anotaron y concordaron en la(s) misma(s) regla(s).

| REGLAS EN LA ESCUELA | | |
|---|---|---|
| **Reglas** | **Propósito** | **Mi opinión** |
| 1. | | |
| 2. | | |
| 3. | | |
| 4. | | |
| 5. | | |

**1** **Profesión ideal.** Por lo general, los jóvenes hoy en día tienen mejores oportunidades que las que tuvieron sus padres. Piensa en todas las cualidades de tus padres y tus tíos y en sus profesiones. ¿Crees que cada uno tiene la carrera que debe tener u opinas que deberían tener una carrera distinta? Usa este cuadro para anotar tus opiniones. Luego compáralo con el de dos compañeros de clase. Informen a la clase cuántos parientes tienen que deberían tener otros puestos.

| Pariente | Puesto actual | Mi opinión |
|---|---|---|
| 1. | | |
| 2. | | |
| 3. | | |
| 4. | | |
| 5. | | |

**J** **Antes de solicitar empleo.** Imagínate que dentro de un mes terminan las clases. Necesitas trabajar este verano y tienes un primo que tiene un puesto exactamente como el que quieres conseguir. Escríbele una carta a tu primo explicándole la situación y pidiéndole consejos. Menciona tus habilidades, tu experiencia y tu especialidad. Usa el formato de una carta amistosa.

_____

_____

_____

_____

_____

_____

_____

_____

_____

_____

_____

_____

_____

_____

_____

_____

_____

_____

_____

_____

# Lengua en uso

## Palabras parecidas

Hay palabras o expresiones que suenan iguales pero que se escriben de manera diferente. Estas palabras o expresiones se conocen como homófonas y con frecuencia causan confusión tanto en la lengua hablada como en la escrita.

Por ejemplo, la preposición **a** y el verbo auxiliar **ha** que forma el presente perfecto se pronuncian igual pero se escriben diferente.

| | |
|---|---|
| **a** (preposición) | Vamos **a** la escuela. |
| **ha** (de "haber", verbo auxiliar) | Miguel **ha** visitado Nuevo México. |

Para evitar problemas en la escritura, repasa la siguiente lista de homófonos, o sea, palabras parecidas.

1. **a ser** (a + infinitivo)  Nos invitan **a ser** miembros del club.
   **hacer** (realizar)  Necesitamos **hacer** la tarea.

2. **a ver** (a + infinitivo)  Cecilia va **a ver** a su familia.
   **haber** (infinitivo)  En la fiesta va a **haber** piñatas.

3. **halla** (de "hallar")  Nunca **halla** sus libros.
   **haya** (de "haber")  Espero que **haya** encontrado a Mario.

4. **aprehender**  La policía **aprehendió** al ladrón.
   (tomar prisionero)
   **aprender**  Javier **aprendió** la lección.
   (adquirir conocimiento)

5. **bello** (hermoso)  México es un país muy **bello.**
   **vello** (pelo suave)  Antonio Banderas tiene **vello** en el pecho.

6. **botar** (arrojar, tirar)  Hay que **botar** la basura acumulada.
   **votar** (ejercer el voto)  Hay que **votar** en las elecciones.

7. **rebelar** (sublevar)  Los indígenas se **rebelaron** en Chiapas.
   **revelar** (descubrir)  Los aztecas no **revelaron** sus secretos.

8. **ves** (de "ver")  ¿**Ves** sin necesidad de anteojos?
   **vez** (ocasión, tiempo)  ¿Alguna **vez** has comido paella?

**K**   **Visita a San Antonio, Texas.** Subraya la palabra que corresponde según el contexto en el siguiente párrafo.

El verano pasado fui (1. a / ha) visitar a mis parientes que viven en San Antonio, Texas. Mis familiares me habían invitado (2. a ser / a hacer) un paseo en bote por el hermoso río que se (3. halla / haya) en el centro mismo de la ciudad. El Paseo del Río de San Antonio está rodeado de hoteles, restaurantes, jardines y puentes. Por dondequiera que uno mira se (4. rebela / revela) la mano maestra del arquitecto que salvó y diseñó este (5. bello / vello) paseo urbano. Por toda la zona existen letreros en inglés y en español que piden que los visitantes (6. boten / voten) la basura en los cestos indicados. Tuvimos mucha suerte porque esa tarde que hicimos el recorrido, iba (7. a ver / a haber) una presentación especial de las candidatas a Reina de la Fiesta de San Antonio. Ese día (8. aprehendí / aprendí) mucho de la historia de San Antonio. Me gustaría regresar a visitar otra (9. ves / vez) esta hermosa ciudad texana que tiene mucho sabor mexicano.

# Correspondencia práctica

## Un *resumé*

El **resumé** es un breve resumen en una o dos páginas de los méritos, cualidades, logros y experiencia académica y profesional de una persona que busca empleo. Generalmente, el **resumé** es la primera impresión que un(a) empleador(a) tiene del (de la) candidato(a) y puede ser la única. Por esta razón es muy importante preparar el **resumé** con mucho cuidado y con el mayor atractivo posible. A continuación aparece una breve descripción de la información que usualmente se incluye en un **resumé** en el orden en que se presenta.

- **Datos personales:** El nombre y apellido del (de la) candidato(a), dirección y número de teléfono

- **Objetivo:** El nombre del puesto que se solicita

- **Preparación:** Estudios académicos y vocacionales completados

- **Experiencia:** Enumeración de los previos lugares de trabajo

- **Premios:** Cualquier premio que de alguna manera esté relacionado al puesto que se busca

- **Habilidades:** Destrezas relacionadas al puesto que se solicita

- **Intereses:** Cualquier interés del (de la) solicitante que tenga relación con el puesto

- **Referencias:** Nombre, título, dirección y teléfono de personas dispuestas a recomendar al (a la) solicitante

MODELO:

---

### RESUMÉ

**Joaquín Saldívar Apodaca**

1317 Calle del Burro
Santa Fe, Nuevo México 87503
(505) 477–7395

| | | |
|---|---|---|
| **Objetivo:** | Vendedor | |
| **Educación:** | 1993–1997 | Santa Fe High School |
| **Experiencia:** | 1995–1997 | La Tiendita Escondida, conserje |
| | 1993–1995 | Restaurante Sosa, mesero |
| **Premios:** | 1996 | Empleado más trabajador |
| | 1994 | Mesero más popular |

**Habilidades:**
- Conozco la mercancía y sé dónde se guarda todo en la tienda.
- Soy bilingüe en español e inglés.
- Me gusta tratar con la gente.

**Referencias:**

| | |
|---|---|
| Sr. Daniel Sosa, Dueño | Sra. Beatriz Guerrero, Gerente |
| Restaurante Sosa | La Tiendita Escondida |
| 320 Alameda | 737 Catedral |
| Santa Fe, NM 87501 | Santa Fe, NM 87501 |
| Tel. 984-2373 | Tel. 984-8757 |

Se pueden solicitar otras referencias.

---

**L**   **Mi *resumé*.** Decide en un lugar donde te gustaría trabajar este verano y prepara un **resumé** con ese puesto en mente. Escribe la versión final a máquina o usando la computadora, siguiendo el formato del modelo. Recuerda que la apariencia y el deletreo son tan importantes como el contenido del **resumé**.

# ¡A escuchar!

**A**   **¡El mundo al punto!** Escucha a los locutores de este programa de la radio hispana titulado "¡El mundo al punto!", quienes hablarán sobre la inmigración europea a Argentina. Luego, selecciona la opción correcta para completar las oraciones que aparecen a continuación. Escucha una vez más para verificar tus respuestas.

1. Argentina es el país hispanohablante que tiene...

   **a.** la población indígena más numerosa.

   **b.** la mayor extensión territorial.

   **c.** la mayor población total.

2. Cuando Argentina se independizó de España, la mayoría de sus habitantes eran...

   **a.** indios y mestizos.

   **b.** blancos, negros y mulatos.

   **c.** españoles, italianos y alemanes.

3. La población contemporánea de Argentina está formada...

   **a.** principalmente por mestizos e indios.

   **b.** en su mayoría por personas de origen africano.

   **c.** predominantemente por descendientes de europeos.

**4.** Como Estados Unidos, Canadá y Australia, Argentina fue por más de un siglo un país...

    **a.** donde la mayoría eran de origen inglés.

    **b.** que recibía a millones de inmigrantes europeos.

    **c.** cuya población crecía muy lentamente.

**5.** La primera comunidad judía en número de personas fuera de Israel se halla concentrada en Nueva York, la segunda se encuentra en...

    **a.** Alemania.

    **b.** la ciudad de Buenos Aires.

    **c.** España.

**6.** El lunfardo es...

    **a.** un platillo típico argentino.

    **b.** una variedad lingüística coloquial que surge del contacto del español y el italiano.

    **c.** un tipo de vino muy popular en Argentina.

## Pronunciación y ortografía

### El sonido /a/ y las palabras *a, ah* y *ha*

Además de ser una vocal, el sonido **/a/** también es tres palabras distintas: *a, ah* y *ha*. Es fácil confundir estas tres palabras si no prestas atención a sus significados.

- La preposición **a** tiene varios usos. Algunos de los más comunes son:
  **Dirección:** Llegan **a** Lima el martes por la tarde.
  **Movimiento:** Camino **a** la escuela todos los días.
  **Hora:** La fiesta es el sábado **a** las nueve.

- La palabra **ah** es una exclamación de admiración, sorpresa o pena.
  ¡**Ah**! ¡Qué casa más grande!
  ¡**Ah**! ¡Perdón! No sabía que estabas aquí.
  ¡**Ah**, qué dolor de cabeza!

- La palabra **ha** es una forma del verbo auxiliar **haber.** Seguida de la preposición **de**, significa **deber de, ser necesario.**
  Un momento, por favor. Papá todavía no **ha** abierto la puerta.
  ¿Usted **ha** visitado México?
  Arturo **ha de** estar enfermo. Nunca falta a estas funciones.

**B** **Práctica con el sonido /a/.** Ahora, al escuchar a los narradores, indica si lo que oyes es la preposición **a,** la exclamación **ah** o el verbo **ha.**

1. a          ah          ha

2. a          ah          ha

3. a          ah          ha

4. a          ah          ha

5. a          ah          ha

**C** **Dictado.** Escucha el siguiente dictado e intenta escribir lo más que puedas. El dictado se repetirá una vez más para que revises tu párrafo.

**Argentina:**
**una búsqueda de la paz y la democracia**

_____

_____

_____

_____

_____

_____

_____

_____

_____

_____

_____

_____

_____

_____

_____

_____

# Tesoros de la literatura contemporánea

**Para anticipar.** Has leído varios cuentos de inmigrantes que vienen a Estados Unidos y encuentran una lengua y una cultura muy extrañas. Lo mismo puede pasar con inmigrantes que no hablan español y llegan a un país como Argentina. Imagínate esa situación al contestar estas preguntas.

1. ¿Qué será lo primero que un inmigrante europeo (no de España) notará al llegar a Argentina? Explica tu respuesta.

_____

_____

_____

_____

2. ¿Qué problemas tendría tal inmigrante si no hablara español?

_____

_____

_____

_____

3. ¿Crees que los inmigrantes a un país deben dejar de hablar su idioma natal para poder dedicarse totalmente a aprender el idioma de su nuevo país? ¿Preferirías que en tu casa no se hablara español del todo, sólo inglés? ¿Por qué?

_____

_____

_____

_____

4. ¿Qué se pierde cuando deja de existir la lengua natal de una comunidad: por ejemplo, cuando los italianos en Argentina dejan de hablar italiano, o los hispanos en Estados Unidos dejan de hablar español? Explica tu respuesta.

_____

_____

_____

_____

## Lectura argentina

Este cuento de la escritora argentina Ana María Shúa forma parte de su colección de cuentos titulada *El libro de los recuerdos*. Aquí vas a leer de una familia que emigra a Argentina y de repente se ve con serios problemas con el idioma de su nuevo país.

### El idioma

Cuando el mayor de los hijos del abuelo Gedalia y la babuela, el que llegaría a ser con el tiempo el tío Silvestre, empezó a ir a la escuela, todavía (como suele suceder° con los hijos mayores en las familias de inmigrantes pobres) no dominaba el idioma del país.

    Esa desventaja con respecto a sus compañeros le produjo grandes sufrimientos morales. Tardó poco en poseer un vocabulario tan amplio como cualquiera de los demás chicos, modificó con gran rapidez sus errores sintácticos y gramaticales en castellano, pero le llevó años enteros llegar a pronunciar la terrible erre de la lengua española, la fricativa alveolar sonora°: la punta de su lengua se resistía a vibrar con ese sonido de motor que escuchaba y envidiaba en niños mucho más pequeños que él, vibración que era capaz de imitar con el labio superior pero no con la maldita punta de la lengua.

    Pinche, el segundo de los varones, que aprendió a hablar imitándolo a Silvestre (como lo imitaba en todo lo demás), nunca pudo llegar a pronunciar la doble erre, que a Silvestre sólo se le entregó mucho después, ya en plena adolescencia.

    Decí regalo, le decían los otros chicos. Decí erre con erre guitarra, le decían. Decí que rápido ruedan las ruedas, las ruedas del ferrocarril. Y cuando escribía, Silvestre confundía *teritorio* con *territorio* y la maestra se sorprendía de esa dificultad en un alumno tan bueno, tan brillante, tan reiteradamente abanderado.

    Entonces, un día, llegó Silvestre enojado y decidido a la Casa Vieja y declaró que en esa casa no se iba a hablar nunca más el Otro Idioma, el que sus padres habían traído con ellos del otro lado del mar. Ese Idioma agonizante que tampoco en el país de donde los padres habían venido era la lengua de todos, la lengua de la mayoría, que ni siquiera era la lengua que los habían obligado a usar en la escuela pública, pero que sí había sido, en cambio, para ellos, el Idioma de sus padres y el de sus amigos y de sus juegos infantiles y las canciones de

acostumbra
ocurrir

sonido que se
produce
con la
vibración
de la
punta de
lengua en
la cavidad
de los
dientes
superiores

cuna y las primeras palabras de amor y los insultos, y para siempre, el idioma de los números: el único idioma en el que era posible hacer las cuentas. El Otro Idioma, el íntimo, el propio, el verdadero, el único, el Idioma que no era de ningún país, el idioma del que tantos se burlaban, al que muchos llamaban jerga°, el Idioma que nadie, salvo ellos y los que eran como ellos, respetaban y querían, el Idioma que estaba condenado a morir con su generación.

lenguaje especial de ciertas personas

Y sin embargo, cuando Silvestre llegó ese día de la escuela y sin sacarse el delantal declaró que la señorita había dado orden de que en su casa tenían que hablar solamente castellano, nadie se sorprendió.

Al abuelo Gedalia le gustó mucho la idea por dos razones: porque necesitaba, para su trabajo de kuentenik, es decir, de vendedor, mejorar todo lo posible su habilidad con la lengua del país en que vivía. Y también porque se le presentaba una oportunidad más de humillar a su mujer delante de sus hijos (esa actividad era una de sus diversiones preferidas).

A la babuela, que nunca había hablado de corrido la lengua de la mayoría, ni siquiera en su país de origen, el castellano le parecía un idioma brutal, inexpresivo, y sobre todo inaccesible, y hasta ese momento se las había rebuscado con gestos y sonrisas y algunas palabras para hacer las compras. Era la época en la que el carnicero regalaba el hígado para el gato de la casa. La babuela señalaba el trozo de hígado sangrante y sonreía muy avergonzada y el carnicero se lo envolvía en un pedazo grande de papel de diario.

Pero si así lo había dicho la señorita, así debía ser. La babuela le tenía un poco de miedo a la maestra, que era para ella casi un funcionario de control fronterizo, alguien destacado por las autoridades de inmigración para vigilar desde adentro a las familias inmigrantes y asegurarse de que se fundieran°, se disgregaran°, se derritieran correctamente hasta desaparecer en el crisol° de razas.

se desaparecieran dispersarse el recipiente camita de un bebé

Y así fue como el idioma de las canciones de cuna° y las palabras de amor y los insultos de los que con el tiempo llegaron a ser los abuelos, desapareció, al menos en la superficie, de la casa de la familia Rimetka, quedó para siempre encerrado en el dormitorio grande, y los hermanos menores (Pinche y Clarita) apenas lo entendían.

Fuera del dormitorio, el abuelo Gedalia se complacía en no entenderse con su mujer en castellano de manera más completa y al mismo tiempo más sutil que la que usaban para no entenderse en la que era para ambos su Lengua natal. Es por eso que en el Libro de los Recuerdos son muy pocas —o ninguna— las palabras que no aparecen en castellano.

## Verifiquemos e interpretemos

**E**     **A ver si comprendiste.** Indica en el cuadro el efecto que tenía el no hablar español o el hablarlo con mucha dificultad en la vida diaria de estos personajes y cita uno o dos ejemplos de la lectura.

| | Efecto de no hablar español | Ejemplos del cuento |
|---|---|---|
| **1.** el abuelo Gedalia | | |
| **2.** la babuela | | |
| **3.** Silvestre | | |
| **4.** Pinche | | |

**F**     **¡A interpretar!** En este cuadro indica la reacción de cada personaje a la decisión de la maestra de que sólo se permitiría hablar en español en la casa de los Rimetka y el efecto que tuvo el ya no hablar su lengua natal en casa en cada personaje.

| | Reacción a la decisión de no permitir lengua natal en casa | Efecto de no hablar la lengua natal |
|---|---|---|
| **1.** el abuelo Gedalia | | |
| **2.** la babuela | | |
| **3.** Silvestre | | |
| **4.** Pinche | | |

**G** **Libro de los recuerdos.** Si mantuvieras un libro de recuerdos, ¿cuáles son los cinco recuerdos más importantes que tendrías anotados allí en relación a tu niñez y a tu familia? Escríbelos aquí y luego escribe uno o dos párrafos indicando qué idioma, el inglés o el español, relacionas con cada recuerdo y por qué.

_____

_____

_____

_____

_____

_____

_____

_____

_____

_____

_____

_____

_____

_____

_____

_____

_____

_____

_____

_____

# ¡A deletrear!

**H** **Para evitar la confusión entre *a, ah* y *ha*.** Ahora escribe la preposición **a,** la exclamación **ah** o el verbo **ha** que faltan en las siguientes oraciones.

1. Tina todavía no _____ encontrado un

   buen puesto.

2. Nosotros siempre vamos _____ almorzar

   en ese restaurante.

3. Ella regresa _____ las cinco y media, más

   o menos.

4. ¿Lo vendiste? ¡_____ , yo pensé que me lo

   ibas a regalar a mí!

5. ¿Por qué no esperas? Ya no _____ de

   tardar.

# Juguemos un poco

**I** ¿**Qué haremos cuando termine el semestre?** Con un(a) compañero(a) de clase prepara la siguiente dramatización. Tu amigo(a) y tú quieren pasar mucho tiempo juntos(as) este verano pero no se pueden poner de acuerdo en qué actividades van a hacer. Decidan cómo participarán en actividades que a los dos les gusten.

**J** **Predicciones.** Decide quién en la clase de español hará o será lo siguiente en el futuro. Luego compara tus predicciones con dos compañeros de clase. Informen a la clase entera si los tres seleccionaron a la misma persona en algunas de sus predicciones.

**1.** ¿Quién será el (la) más rico(a) en veinte años?

_____

_____

_____

_____

**2.** ¿Quién se casará primero? ¿Quién tendrá más hijos?

_____

_____

_____

_____

**3.** ¿Quién(es) tendrá(n) más éxito en el mundo de los negocios?

_____

_____

_____

_____

**4.** ¿Quién será artista de cine o director(a)?

_____

_____

_____

_____

**5.** ¿Quién(es) tendrá(n) carrera en las ciencias? ¿En medicina?

_____

_____

_____

_____

**6.** ¿Quién viajará por todo el mundo?

_____

_____

_____

_____

**7.** ¿Quién será maestro(a) de español?

_____

_____

_____

_____

**8.** ¿Qué hará el (la) maestro(a) en veinte años?

_____

_____

_____

_____

**K** **Mi futuro.** ¿Te incluyeron tus compañeros de clase en sus predicciones? ¿Acertaron? Escribe unos párrafos mencionando lo que ves en tu futuro profesional. ¿Qué tipo de trabajo harás? ¿Dónde trabajarás? Menciona también cómo este puesto cambiará tu vida. ¿Qué sacrificios tendrás que hacer? ¿Qué podrás hacer que no puedes hacer ahora? ¿Estarás contento(a)?

_____

_____

_____

_____

_____

_____

_____

_____

_____

_____

_____

_____

_____

_____

_____

_____

_____

_____

_____

# ¡A explorar!

## Repaso de la acentuación: reglas de acentuación

### Tres reglas básicas

Hay tres reglas básicas de acentuación. Las primeras dos indican dónde va el acento prosódico en cualquier palabra. La tercera indica cuándo y dónde poner el acento escrito.

**Regla N° 1.** Las palabras que terminan en **a, e, i, o, u, n** o **s** llevan el acento prosódico o el "golpe" en la penúltima sílaba.

**Regla N° 2.** Las palabras que terminan en **consonante**, excepto **n** o **s**, llevan el acento prosódico o el "golpe" en la última sílaba.

**Regla N° 3.** Todas las palabras que no siguen las primeras dos reglas llevan **acento ortográfico** o **escrito.** El acento ortográfico se escribe sobre la vocal de la sílaba que se pronuncia con más fuerza o énfasis.

### Diptongos y dos vocales fuertes

Las vocales en español, como en inglés, son **a, e, i, o, u.** En español hay tres vocales fuertes (**a, e, o**) y dos vocales débiles (**i, u**).

- Un **diptongo** es la combinación de una vocal débil (**i, u**) con cualquier vocal fuerte (**a, e, o**) o de dos vocales débiles. Los diptongos siempre forman una sola sílaba.

- Un acento escrito sobre la vocal fuerte (**a, e, o**) de un diptongo o sobre una de dos vocales débiles juntas causa que **toda** la sílaba del diptongo se pronuncie con más énfasis.

- **Para romper un diptongo** hay que poner un acento escrito sobre la vocal débil (**i, u**) del diptongo. Esto separa el diptongo en dos sílabas y causa que la sílaba con el acento escrito se pronuncie con más énfasis.

- La combinación de **dos vocales fuertes** (**a, e, o**) nunca forma un diptongo al estar juntas en una palabra. Dos vocales fuertes siempre se separan y forman dos sílabas.

**L**   **Diptongos.** Divide las siguientes palabras en sílabas con líneas oblicuas prestando atención especial a los diptongos y a la separación en dos sílabas de palabras con dos vocales fuertes juntas.

1. o e s t e
2. c e r e a l
3. c u a t r o
4. c a c a o
5. e u r o p e a

6. c o r e a n o
7. b o a
8. p a s e a r
9. d e s i e r t o
10. i s r a e l i t a

**M**   **Acentuación.** Ahora, subraya la sílaba que lleva el golpe según las tres reglas de acentuación y pon acento escrito en la vocal de la sílaba enfatizada si lo necesita. Tal vez te ayude dividir las palabras en sílabas primero.

1. l e y e n d a
2. r e p u b l i c a
3. d e s c o n o c i d a
4. d i o s e s
5. c o r a z o n
6. h i e r b a
7. s a c r i f i c i o

8. p a c i f i c a s
9. d e s e o
10. s a c e r d o t e s
11. m a g n i f i c a
12. a g u i l a
13. a r m o n i a
14. p r i s i o n e r o

# ¡A escuchar!

**A**  **¡El mundo al punto!** Escucha a los locutores de este programa de la radio hispana titulado "¡El mundo al punto!", quienes hablarán sobre el tango. Luego, selecciona la opción correcta para completar las oraciones que aparecen a continuación. Escucha una vez más para verificar tus respuestas.

1. La zona geográfica conocida como la región del Río de la Plata incluye a...

   **a.** Argentina y Brasil.

   **b.** Argentina y Paraguay.

   **c.** Argentina y Uruguay.

2. El tango se inicia como un baile popular en...

   **a.** las fincas de la pampa argentina.

   **b.** los bares de la zona del puerto de Buenos Aires.

   **c.** en los salones de la aristocracia argentina.

3. El tango se deriva de la milonga, una canción y baile popular que a su vez asimiló...

   **a.** ritmos y bailes franceses.

   **b.** ritmos cubanos con bailes españoles.

   **c.** ritmos italianos con bailes franceses.

4. En 1911 cuando el tango llegó a París...

    **a.** fue inmediatamente prohibido por las autoridades francesas.

    **b.** no logró mucha popularidad.

    **c.** obtuvo un gran éxito y alcanzó una enorme popularidad.

5. A partir de los años 20, el tango se transformó acentuando...

    **a.** un tono melancólico de decepción amorosa.

    **b.** la alegría de un festival regional.

    **c.** el amor ideal entre dos jóvenes pobres.

6. El cantante argentino que popularizó el tango por todo el mundo y murió trágicamente en un accidente aéreo en 1936 fue...

    **a.** Tito Puente.

    **b.** Julio Iglesias.

    **c.** Carlos Gardel.

# Pronunciación y ortografía

### El sonido /ai/ y las palabras *ay* y *hay*

Aunque estas dos palabras se pronuncian de la misma manera, es fácil evitar confusión con **ay** y **hay** si no olvidas su significado.

- La palabra **ay** es una exclamación que puede indicar sorpresa o dolor físico o mental.

    **¡Ay!** ¡Qué sorpresa!

    **¡Ay, ay, ay!** ¡Me corté!

    **¡Ay!** ¡Estela estuvo en un accidente!

- La palabra **hay** es un verbo que significa *there is* o *there are*.

    ¡Mira, **hay** un águila en el nopal!

    Dice que **hay** cuartos disponibles pero no **hay** ducha en los cuartos.

**B**   **Práctica con el sonido /ai/.** Ahora, al escuchar a los narradores, indica con una **X** si lo que oyes es la exclamación **ay** o el verbo **hay.**

|  | ay | hay |
|---|---|---|
| **1.** | ☐ | ☐ |
| **2.** | ☐ | ☐ |
| **3.** | ☐ | ☐ |
| **4.** | ☐ | ☐ |
| **5.** | ☐ | ☐ |

**Unidad 8**

**Lección 2**

**C**   **Dictado.** Escucha el siguiente dictado e intenta escribir lo más que puedas. El dictado se repetirá una vez más para que revises tu párrafo.

**Buenos Aires:**
**la cabeza coronada de Argentina**

_____
_____
_____
_____
_____
_____
_____
_____
_____
_____
_____
_____
_____
_____
_____
_____
_____
_____
_____
_____
_____

# Tesoros de la literatura contemporánea

**D** **Para anticipar.** Es interesante cómo, desde hace miles de años, a las personas nos gusta jugar con nuestras emociones. Basta con señalar un sinnúmero de cuentos y leyendas que todos los pueblos han inventado —unas para hacer reír, otras para hacer llorar y otras para dar miedo. ¿Te gustan los cuentos de terror? Piensa en por qué sí o por qué no al contestar estas preguntas.

1. ¿Escuchabas cuentos de terror cuando eras niño(a)? ¿Quién te los contaba? ¿Dónde te los contaba?

_____

_____

_____

_____

2. ¿Qué emociones sentías al escuchar cuentos de terror? ¿Tenías miedo de acostarte solo(a) después de escuchar estos cuentos? ¿Te hacían bromas tus hermanos o amigos para asustarte más? Explica tu respuesta.

_____

_____

_____

_____

3. ¿Por qué crees que los adultos les cuentan historias de terror a los niños? ¿Para asustarlos? ¿Para controlarlos? ¿Para desanimarlos a ir a ciertos lugares?

_____

_____

_____

_____

4. ¿Cómo terminan generalmente los cuentos de terror? ¿Resuelven siempre el misterio o dejan mucho sin explicar? ¿Tienen moralejas estos cuentos?

_____

_____

_____

_____

## Lectura china

La autora argentina, Ana María Shúa, coleccionó cuentos de varias partes
del mundo para su libro *La fábrica del terror.* En las siguientes dos
lecciones vas a leer uno de esos cuentos —la primera mitad en esta lección,
la segunda en la siguiente.

### Las siete hermanas
(Primera parte)

Había estrellas en todos los rincones del cielo, pero no había
luna. Las estrellas embellecen la noche, pero no la iluminan.

En la noche oscura había una aldea°. En la aldea había
una casa grande. En la casa había siete hermanas, jóvenes y
solteras, que tejían en sus telares°. Los telares cantaban.

Golpearon la puerta. Los golpes eran muy fuertes. Y
fuertes eran los que golpeaban. Y eran muchos.

Las hermanas miraron por la ventana. Siete jóvenes
desconocidos querían entrar a la casa. Las siete hermanas
tenían miedo de abrir la puerta.

—Salimos a cazar y estamos perdidos —dijeron los
hombres—. Necesitamos refugio por esta noche.

—Nuestros padres no están en casa —dijeron las
hermanas—. Vayan a otro lado. No podemos dejarlos entrar.

Pero los siete desconocidos repitieron:

—A nadie se le niega refugio por una noche. Por una sola
noche.

Y era verdad.

—Ni siquiera pasaremos aquí la noche entera —dijeron
los hombres—. Solamente queremos descansar.

Y cómo saber si era verdad. Entonces las hermanas
tuvieron que abrir la puerta y los invitaron a entrar. A un
cazador perdido no se le niega refugio. Cuando un visitante
llega a una casa en la noche, hay que darle banco para
sentarse, agua para beber, hay que lavarle los pies y ofrecerle
pasteles.

La hermana mayor ofreció a los invitados los bancos para
sentarse. Y se quedó cerca de ellos mientras se sentaban. Los
siete hermanos se sentaron de forma extraña, acomodando
hacia atrás una parte de su cuerpo sobre la que no querían
sentarse.

Y cuando la hermana mayor los vio desde atrás, alcanzó a
notar entre los pliegues° de la ropa algo peludo y colgante,
algo que los hombres no tienen.

pueblo

aparato para
tejer

dobladuras

Sin decir nada, aterrada, escapó por la puerta de atrás.

La segunda hermana les ofreció agua. Los visitantes le agradecieron como se debe agradecer y con manos grandes y oscuras, con manos extrañas, tomaron los tazones para beber. La segunda hermana tuvo miedo. Y sin decir nada, escapó por la puerta de atrás.

La tercera hermana trajo el agua para que los invitados se lavaran los pies y se agachó junto a ellos para ayudarlos a quitarse las botas. Los invitados metían rápidamente sus pies en el agua, pero la tercera hermana vio los pelos largos, los pelos tupidos° y negros que cubrían los tobillos° de los hombres que no eran hombres, y tuvo miedo.

*densos; huesos protuberan- tes del pie*

Sin decir nada, sin avisar a sus hermanas, se escapó por la puerta de atrás.

La cuarta hermana convidó con pasteles, como se debe convidar a un visitante en la noche. Los invitados tomaron los pasteles con las dos manos y dejaron diez grandes agujeros en la crujiente corteza°. Porque sus manos eran garras°.

*crust; claws*

Espantada, la cuarta hermana dejó caer los pasteles al suelo.

—¿Qué significa esto? —rugieron los hermanos—. ¿Por qué tiraste nuestros pasteles de invitados?

La cuarta hermana quería escapar pero no pudo, quiso gritar pero no pudo. Levantó los pasteles caídos y sonrió.

—Mis manos están cansadas de trabajar en el telar —les dijo.

Les alcanzó otra vez los pasteles y volvió a tejer.

Los siete jóvenes se sentaron y siguieron bebiendo agua, lavándose los pies y comiendo pasteles, como debe ser.

El telar zumbaba como una mujer llorando.

La hermana cuarta se acercó a las tres hermanitas menores, y de sus ojos caían lágrimas.

Cuando las tres menores escucharon lo que la cuarta tenía que contarles, también lloraron. Pero aunque caían lágrimas de sus ojos, ningún sonido se les escapaba de la boca, porque tenían miedo de que los siete extraños las oyeran. Entonces la más pequeña le dijo a la sexta que por ser mayor que ella tenía que pensar un plan para salvarla. Y la sexta le dijo a la quinta que tenía que pensar un plan para salvar a las dos menores. Y la quinta le dijo a la cuarta que por ser mayor tenía que pensar un plan para salvarla a ella y a sus hermanitas. Y la cuarta les habló a las otras tres:

—Nuestras hermanas mayores escaparon sin decirnos nada, y nos dejaron en las garras° de estos desconocidos. No nos echemos la culpa entre nosotras y pensemos entre todas cómo salvarnos.

*en el poder*

Nombre _____

Fecha _____

## Verifiquemos e interpretemos

**E** **A ver si comprendiste.** Contesta las siguientes preguntas del cuento.

1. En los cuentos de terror usualmente la noche se describe con el cielo nublado, lluvia, truenos y relámpagos. ¿Cómo era la noche en este cuento?

   _____

   _____

   _____

   _____

2. ¿Qué pasó que les causó miedo a las siete hermanas?

   _____

   _____

   _____

   _____

3. ¿Qué querían las personas que llamaron a la puerta? ¿Les habrías abierto la puerta tú? ¿Por qué los invitaron a entrar ellas? ¿Existe esa costumbre en tu cultura?

   _____

   _____

   _____

   _____

   _____

   _____

**4.** ¿Qué causó que la primera hermana decidiera escapar? ¿La segunda hermana? ¿La tercera? ¿Crees que hicieron bien en escapar? ¿Te habrías escapado tú si te vieras en tal situación? ¿Por qué?

_____

_____

_____

_____

_____

**5.** ¿Qué efecto tiene el uso de la repetición en este cuento? Explica tu respuesta.

_____

_____

_____

_____

**F** ¡A interpretar! En el siguiente diagrama anota todas las posibles razones por qué los siete hermanos les dan miedo a las siete hermanas. Compara tu diagrama con el de dos compañeros.

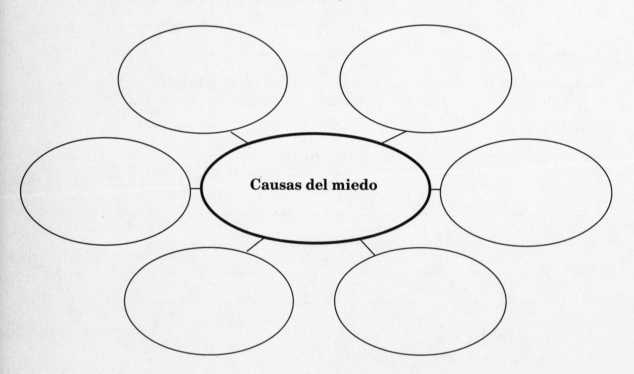

Causas del miedo

**G** **Escritura relacionada.** La primera parte del cuento termina con la cuarta hermana diciendo "pensemos entre todas cómo salvarnos". ¿Podrán salvarse las cuatro hermanas que todavía están en la casa o caerán víctimas a los siete hermanos? Discútelo con dos compañeros y luego escriban un final a este cuento. Léanselo a la clase entera y escuchen cómo otros grupos terminaron el cuento.

_____

_____

_____

_____

_____

_____

_____

_____

_____

_____

_____

_____

_____

_____

_____

_____

_____

_____

_____

_____

_____

_____

_____

_____

_____

_____

_____

_____

_____

# ¡A deletrear!

**H**  **Práctica con las palabras *ay, hay* o *hay que*.** Ahora escribe la
exclamación **¡ay!** o el verbo **hay** o **hay que** para completar las siguientes
oraciones.

1. ¡Apúrense! Recuerden que _____ estar

   allá a las ocho en punto.

2. _____, hija. No sé qué voy a hacer. ¿Qué

   me recomiendas?

3. _____ demasiada gente aquí. Prefiero

   fiestas más tranquilas.

4. ¡_____, qué dolor de muela tengo!

5. ¡_____ decirle que ya no lo amo, y se

   acabó!

# Juguemos un poco

**J** ¡**A especular!** Con dos compañeros de clase, decidan cómo contestarían estas preguntas. Luego presenten su punto de vista a la clase entera.

1. ¿Qué dirían si hoy les tocara dar un discurso sobre "las ventajas de ser bilingüe"?

_____

_____

_____

_____

_____

_____

2. ¿Qué harían tú y dos amigos si estuvieran en un restaurante y el camarero les dijera que no sirven a personas minoritarias?

_____

_____

_____

_____

_____

_____

**J** **¿Órdenes o consejos?** De todas las personas que conoces, ¿en quiénes confías más cuando tienes problemas? ¿Cómo reaccionan estas personas a tus problemas, te ofrecen consejos o te dan órdenes? Cuéntale a un(a) compañero(a) de clase cómo es la persona en quien confías más y dile qué tipo de consejos u órdenes te dio la última vez que confiaste en ella.

**K**  **Afectuosamente.** Vas de vacaciones con tu familia a visitar a un(os) pariente(s) en otro país. Estás muy emocionado(a) de ir a ver a tus parientes pero te sientes un poco inseguro(a) de lo que vas a encontrar en otro país. Escríbele una carta a tus parientes y expresa la anticipación y las preocupaciones que sientes.

_____

_____

_____

_____

_____

_____

_____

_____

_____

_____

_____

_____

_____

_____

_____

_____

_____

# ¡A explorar!

## La interferencia del inglés: *-tion, -sion, -ent, -ant, qua-, que-* y *ph*

En la *Unidad 7* aprendiste que **cc** y **nn** son las únicas dobles consonantes que ocurren en español. También se presentaron listas de palabras que se escriben con doble consonante en inglés pero en español sólo llevan una consonante o se escriben con diferencias sutiles. Ahora vas a ver otros ejemplos de la interferencia del inglés en el deletreo.

- Las terminaciones *-tion* y *-sion* en inglés generalmente se escriben **-ción** o **-sión** en español.

  nación        *nation*
  revisión      *revision*

- Las terminaciones *-ent* y *-ant* en inglés generalmente se escriben **-ente** o **-ante** en español.

  competente    *competent*
  lubricante     *lubricant*

- La combinación de las letras *qua* o *que* en inglés con frecuencia se escribe **ca** o **cue** en español.

  calificado      *qualified*
  cuestionario   *questionnaire*

- La combinación de las letras *ph* en inglés se escribe **f** en español.

  fotógrafo      *photographer*
  filosofía       *philosophy*

**Argentina.** Tú y una amiga están en un café hablando de Argentina. Traduce lo que dicen al español general.

1. *Argentina is a great nation, a photographer's paradise.*

_____

_____

_____

2. *A photo of Jorge Luis Borges hangs majestically in my favorite restaurant in Buenos Aires.*

_____

_____

_____

3. *That Argentine writer is a competent philosopher as well.*

_____

_____

_____

4. *My question is: Are you qualified to make such a statement?*

_____

_____

_____

5. *Is my intelligence being questioned?*

_____

_____

_____

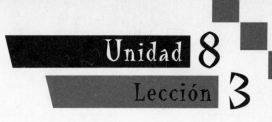

Unidad 8

Lección 3

# ¡A escuchar!

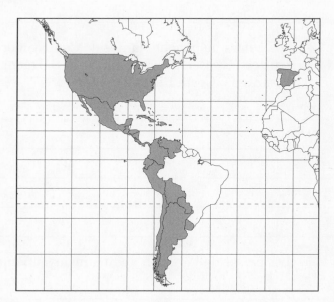

**A** **¡El mundo al punto!** Escucha a los locutores de este programa de la radio hispana, quienes hablarán sobre el *Mundo 21*. Marca si cada oración que sigue es **cierta (C), falsa (F)** o si no tiene relación con lo que escuchaste **(N/R).** Si la oración es falsa, corrígela. Escucha una vez más para verificar tus respuestas.

**C    F    N/R**    **1.** *Mundo 21* hace referencia a las veintiuna naciones hispanohablantes que también incluyen Brasil.

_____

_____

_____

**C    F    N/R**    **2.** Estados Unidos es la quinta nación en número de hispanohablantes en el mundo entero.

_____

_____

_____

**C  F  N/R**    **3.** Los puertorriqueños forman el grupo
hispanohablante más grande de Estados Unidos.

---

---

---

---

---

**C  F  N/R**    **4.** Los países hispanohablantes de Centroamérica
son seis: Guatemala, Honduras, El Salvador,
Nicaragua, Costa Rica y Panamá.

---

---

---

---

---

**C  F  N/R**    **5.** Los países de la región andina incluyen Panamá.

---

---

---

---

---

**C  F  N/R**    **6.** Chile, junto con Argentina y Uruguay, forman los
países de la región del Río de la Plata.

---

---

---

---

---

# Pronunciación y ortografía

### La distinción entre *ésta, esta* y *está*

Estas tres palabras causan bastante confusión para muchos hispanohablantes debido a que se escriben y se pronuncian de una manera idéntica o casi idéntica. Para evitar esta confusión, hay que entender bien los significados de estas tres palabras.

- La palabra **ésta** es un pronombre demostrativo. Reemplaza un adjetivo demostrativo y su sustantivo.

    Mi primera carta fue muy corta, **ésta** en cambio, es larguísima.

    Me gusta nuestra vecindad, pero **ésta** es perfecta.

- La palabra **esta** es un adjetivo demostrativo que se usa para designar a una persona o cosa cercana.

    **Esta** arepa es de pollo, ésa es de queso.

    La excursión al Santo Ángel **esta** vez va a hacerse en dos días.

- La palabra **está** es una forma del verbo **estar.**

    ¿Dónde **está** El Hatillo?

    Luis **está** esperándome. Vamos a salir a correr.

**B** **Práctica con *ésta, esta* y *está*.** Ahora, al escuchar a los narradores, indica si lo que oyes es el pronombre demostrativo **ésta,** el adjetivo demostrativo **esta** o el verbo **está.**

|  | ésta | esta | está |
|---|---|---|---|
| **1.** | ☐ | ☐ | ☐ |
| **2.** | ☐ | ☐ | ☐ |
| **3.** | ☐ | ☐ | ☐ |
| **4.** | ☐ | ☐ | ☐ |
| **5.** | ☐ | ☐ | ☐ |

# Tesoros de la literatura contemporánea

**C** **Para anticipar.** Toda la clase anticipó el final de este cuento al terminar de leer la primera parte cuando escribieron distintas versiones de cómo podría terminar. Lean la segunda parte del cuento ahora y vean si acertaron o no.

## Lectura china

Este cuento es parte de *La fábrica del terror,* una colección de cuentos de distintas partes del mundo que ha sido recopilada por Ana María Shúa, una autora argentina. El cuento tiene su origen en la tradición oral de la China, de la nacionalidad heng. Es una historia campesina que probablemente fue creada para asustar a la gente que vive aislada en el campo, donde la oscuridad y la soledad predominan y donde lo único que se oye de noche es el aúllo de animales salvajes.

### Las siete hermanas
(Segunda parte)

Y todas tejían en sus telares y hablaban en voz baja y los telares zumbaban y su canto ya no parecía un sollozo ni tampoco una alegre canción, sino un pensamiento zumbador. Y una vez que decidieron el plan, la cuarta hermana se levantó para enfrentar a los visitantes.

—Tenemos sueño, queremos dormir. ¿No es hora de irse ya?

—Es temprano —contestaron los siete—. Sus tres hermanas mayores salieron y todavía no volvieron. ¿Acaso se van a acostar dejándolas afuera? Calentémonos un rato delante del fuego. No será tarde para dormir después de calentarse.

—Buena idea —dijo la cuarta hermana—. Voy al piso de arriba para traer más leña.

Y un rato después, la cuarta llamó a sus hermanitas.

—¡Hermanitas quinta, sexta y menor! No tengo fuerzas para levantar los troncos, mis manos están cansadas de trabajar en el telar, suban pronto para ayudarme.

Los siete hermanos ya se habían lavado, habían bebido y terminado los pasteles. En el medio de la casa estaba el foso de fuego, un pozo donde se encendía la leña, porque así eran las chimeneas en ese pueblo. Los siete invitados se sentaron alrededor del fuego, esperando que bajaran las cuatro hermanas, esperando con hambre y con las garras preparadas. Esperaron mucho tiempo, pero ellas no volvían. Y el hambre les volvió impacientes. Los pasteles eran poco para sus grandes bocas, para sus afilados dientes. Decidieron subir a buscar a las mujeres.

El mayor fue el primero en subir, y no volvió a bajar. El segundo trepó, y no regresó. El tercero los siguió y no bajaba. Y tampoco se escuchaban sus voces. Ni se escuchaban gritos de dolor, ni ruidos; sólo el silencio.

El cuarto, el quinto, el sexto y el séptimo se miraron unos a otros: algo andaba mal. No podían subir de a uno. Los cuatro comenzaron a trepar la escalera, pero como era tan angosta, por fuerza tenían que trepar de uno en fondo. Entonces cada uno sujetó con su boca la cola peluda del que iba adelante.

Cuando el cuarto, el que iba delante de todos, llegó arriba, vio que cada una de las cuatro hermanas levantaba un palo manchado de sangre.

Antes de que pudiera gritar, le destrozaron la cabeza a golpes. Al morir, sus garras volvieron a ser garras y su boca se transformó en hocico y asomaron sus orejas largas y peludas. Tal como sus hermanos, no era un hombre sino un chacal°.

°un lobo asiático

El chacal muerto rodó hacia abajo, arrastrando con él a los otros tres hasta el foso de fuego, donde se chamuscaron la piel. Gritaron de dolor, pero consiguieron escapar.

Las cuatro hermanas menores bajaron del piso de arriba y cerraron bien todas las puertas de la casa.

Los tres chacales quisieron vengar a sus hermanos muertos. Como chacales quisieron entrar por la ventana, pero todas estaban bien cerradas. Como hombres gritaron y golpearon y quisieron tirar la puerta abajo, pero no pudieron. Adentro, los telares zumbaban y el zumbido era como la risa de una mujer. Los tres chacales daban vueltas a la casa, aullando. El quinto chacal se encontró afuera con la caja para guardar pasteles, que no estaba bien tapada. De la caja asomaba una oreja con un aro. De un mordisco la arrancó y se fue. Así perdió su oreja la hermana mayor, que estaba allí escondida.

La hermana segunda se había trepado a un árbol sentada en una rama, una pierna le quedaba colgando y se le cayó el zapato. El sexto chacal vio un pie descalzo colgando de un árbol.

La hermana segunda vio al chacal y alcanzó a levantar el pie. Pero el chacal ya se había llevado un dedo de un mordisco. Con el dedo se fue, y nunca lo devolvió.

El séptimo chacal merodeó por aquí y por allá, y vio en un matorral° de plantas espinosas unas nalgas humanas. Allí estaba la tercera hermana, tan preocupada por su cabeza que se había olvidado de proteger la parte de atrás.

°campo lleno de malezas

El séptimo chacal, de un mordiscón, se llevó un buen pedazo de sus nalgas, y por mucho tiempo la hermana tercera no se pudo sentar.

Las cuatro hermanas menores tuvieron, cada una, una hermosa piel de chacal para su ajuar°.

°para cuando se case

# Verifiquemos e interpretemos

D **A ver si comprendiste.** ¿Cómo engañaron las cuatro hermanas a los siete chacales? Indica en este diagrama lo que hicieron en el orden en que lo hicieron. El primer evento ya esta señalado.

**Engaño de los siete chacales**

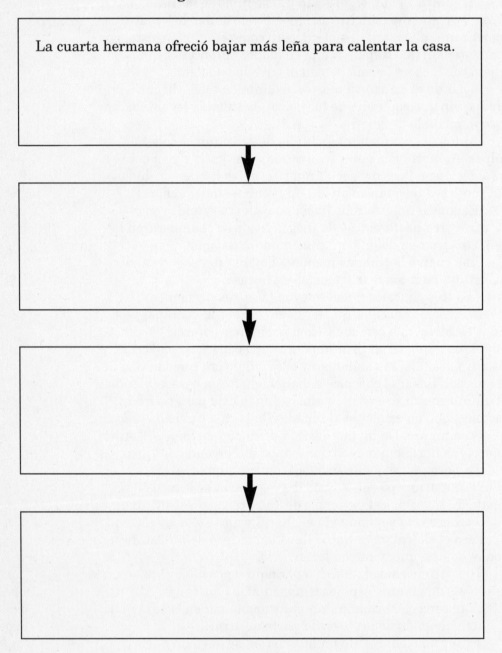

La cuarta hermana ofreció bajar más leña para calentar la casa.

**E** ¡A interpretar! Al final del cuento las tres hermanas mayores fueron castigadas por haber abandonado a sus hermanas menores cuando había peligro. En este cuadro, indica qué causó que cada hermana se asustara y decidiera huir y cómo fue castigada.

| LAS TRES HERMANAS MAYORES | | |
|---|---|---|
| | **¿Qué las asustó?** | **¿Cuál fue su castigo?** |
| **Hermana mayor** | | |
| **Hermana sexta** | | |
| **Hermana quinta** | | |

**F** **Escritura relacionada.** En muchas familias a través de las generaciones se han contado cuentos de terror. Escribe uno que se ha preservado en tu familia. Si no sabes de ninguno, pídele a un(a) pariente que te cuente detalladamente uno que él o ella recuerda. Escríbelo aquí para contárselo a unos compañeros de clase.

_____

_____

_____

_____

_____

_____

_____

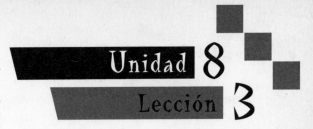

Unidad 8

Lección 3

# ¡A deletrear!

**G**   **Palabras parónimas.** Ahora escribe el adjetivo demostrativo **esta,** el pronombre demostrativo **ésta** o el verbo **está** que faltan en las siguientes oraciones.

1. Hoy Daniel _____ visitando a la tía de

   Luis en El Hatillo.

2. El Hatillo _____ muy tranquilo

   _____ noche.

3. _____ cena es muy especial, Daniel. Y no

   vas a creerlo, pero ya _____ lista.

4. ¿Cómo _____ la carne?

   _____ está más cocida, si prefieres.

5. _____ no está ni muy cocida ni muy cruda.

   _____ perfecta.

# Juguemos un poco

**H**  **Sentimientos.** ¿Qué opinas de este curso? Contesta estas preguntas individualmente. Luego comparte tus respuestas con dos compañeros de clase. Informen a la clase de cualquier pregunta que haya recibido la misma, o casi la misma, respuesta de los tres.

1. ¿Cuál leyenda o cuento te gustó más? ¿Por qué?

_____

_____

_____

_____

2. ¿Con cuál personaje de las fotonovelas te identificaste más? ¿Por qué?

_____

_____

_____

_____

3. ¿Cuál actividad de las muchas que hicieron este año te gustó más? ¿Por qué?

_____

_____

_____

_____

4. ¿Cuál fue tu lectura favorita? ¿Por qué?

_____

_____

_____

_____

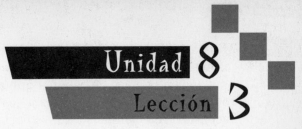

**5.** ¿Hay alguna lección que te gustó mucho más que las otras? ¿Cuál fue? ¿Por qué crees que te gustó tanto?

_____

_____

_____

_____

_____

**6.** ¿Cuál de las muchas escrituras que hiciste este año crees que es la mejor? ¿Por qué crees eso?

_____

_____

_____

_____

_____

**7.** ¿Le recomendarías este curso a tus amigos? ¿Por qué?

_____

_____

_____

_____

_____

**Mis experiencias en la clase de español.** En el centro de cada uno de los siguientes ramilletes de globos describe una experiencia que pasaste este año en la clase de español que nunca olvidarás. En los globos que rodean cada experiencia, escribe los detalles más importantes que recuerdas relacionados a tus experiencias. Compara tus ramilletes con los de dos compañeros de clase. Compartan los resultados con toda la clase.

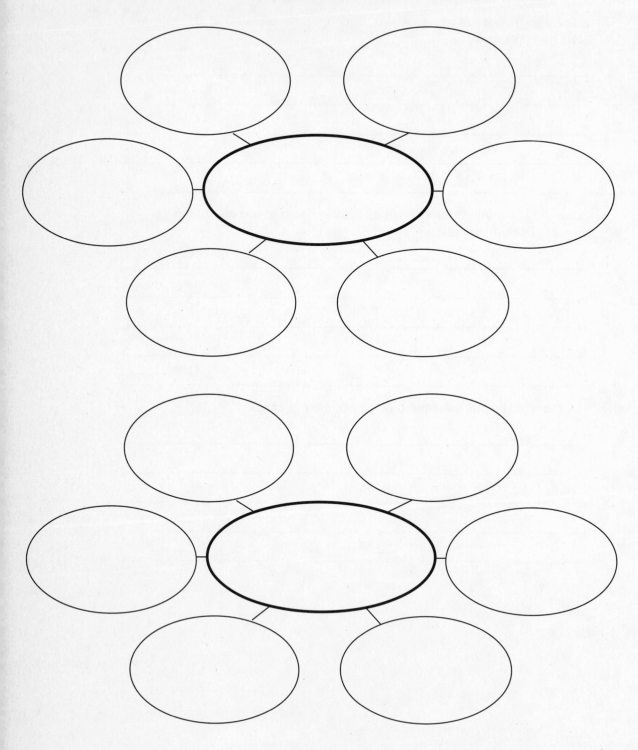

**J** **Querido(a) maestro(a).** Elabora una de las experiencias que anotaste en los dos ramilletes de globos. Descríbela detalladamente para el (la) maestro(a) en una carta. Dile por qué fue una experiencia que nunca olvidarás, cuéntale si fue mala o buena experiencia y menciona las emociones que sentiste.

_____

_____

_____

_____

_____

_____

_____

_____

_____

_____

_____

_____

_____

_____

_____

_____

_____

_____

_____

_____

_____

_____

# Lengua en uso

## Variantes coloquiales: el voseo

El español hablado en Argentina y Uruguay incluye una gran riqueza de variantes coloquiales. Una de las variantes que más sobresale es el uso del pronombre **vos** y sus formas verbales en vez del pronombre **tú** y sus distintas formas. Es muy común oír a un argentino o a un uruguayo usar las siguientes expresiones con el **vos** cuando se dirige a amigos o a conocidos:

| Uso de *vos* | Uso de *tú* |
|---|---|
| **Mirá vos** qué día tan bonito. | **Mira tú** qué día tan bonito. |
| **Caminá** despacio que no puedo correr. | **Camina** despacio que no puedo correr. |
| **¿Podés** venir **vos**? | **¿Puedes** venir **tú**? |

Los argentinos y los uruguayos no son los únicos que usan el **voseo.** El **vos** se emplea extensamente en El Salvador, Guatemala, Costa Rica y Paraguay. También se oye hablar en ciertas regiones de Nicaragua, Colombia, Chile, Bolivia y Ecuador.

### Formas verbales usadas con vos

Las formas verbales más afectadas por el **vos** son el presente de indicativo, el presente de subjuntivo y el imperativo. Por ejemplo, los verbos terminados en **-ar, -er** e **-ir** utilizan las terminaciones **-ás, -és** e **-ís** (**amás, comés, vivís**) en el presente de indicativo y **-és** y **-ás** (**amés, comás, vivás**) en el presente de subjuntivo. Muchas de estas terminaciones no son uniformes y pueden variar en distintos países.

En el imperativo que se usa para formar mandatos se acentúa la vocal de las terminaciones **-ar, -er** e **-ir** y se elimina la **r** (**amá, comé, viví**).

En los otros tiempos verbales el pronombre **vos** se emplea con las terminaciones de la segunda persona informal **tú** (¿Cuándo **comiste vos**? **¿Has vivido vos** en Montevideo?).

**K** **Un cuento argentino.** Es muy común que los escritores argentinos y uruguayos usen el **voseo** al escribir diálogos entre amigos y familiares pues esto añade un tono de familiaridad e intimidad que no se logra con el uso de **tú.** Julio Cortázar (1919–1987), uno de los escritores argentinos más importantes del siglo XX, utiliza el voseo en este sentido en sus cuentos y novelas. Este escritor argentino nació en Bruselas en 1914, de padres argentinos. En 1919 se mudó a Argentina donde estudió y trabajó luego como traductor y profesor hasta 1951, año en que se trasladó a París, donde vivió hasta su muerte en 1987. Las siguientes oraciones, sacadas de diálogos de un cuento suyo titulado "La salud de los enfermos" que fue incluido en su libro *Todos los fuegos el fuego* (1966), contienen varios usos del **voseo.** Vuelve a escribir las oraciones cambiando las palabras en **negrilla** a formas verbales de **tú.**

MODELO: *Tenés los ojos colorados de leer.*
**Tienes los ojos colorados de leer.**

1. **Tenés razón,** María Laura es tan buena.

   _____

   _____

2. ¿Qué **querés,** tío?

   _____

   _____

3. **Escribile vos,** nomás. **Decile** que se cuide.

   _____

   _____

4. **Mirá, decile** a Rosa que se apure, **querés.**

   _____

   _____

5. ¿Cómo **podés** imaginarte una cosa así?

   _____

   _____

6. **Decile** a Pepa que le escriba, ella ya sabe.

   _____

   _____

7. **Mirá,** ahora que lo **decís** se me ocurre que convendría hablar con
   María Laura.

   _____

   _____

# *Correspondencia práctica*

## Carta de solicitud de empleo

Ya sabes preparar un resumé, lo único que te falta es escribir una carta de solicitud de empleo. Las cartas de solicitud de empleo tienden a ser breves y formales. En ellas generalmente se menciona cómo se dio cuenta el o la solicitante de la vacante, se indica que en un adjunto está su resumé con todos los datos profesionales y personales y se agradece de antemano una rápida respuesta. A continuación se presentan algunas fórmulas de cortesía usadas en cartas de solicitud de empleo.

### Para explicar por qué escribe

En respuesta a su aviso del día 15 de mayo en *El Hispano,* solicito el puesto de...

La presente responde a su anuncio en *Miami News* del día 26 de abril, donde solicitan...

### Para indicar lo anexo

Les adjunto un resumé con mis datos profesionales y personales que hacen constar que estoy muy capacitado(a) para...

Adjunto les envío mis datos personales.

### Para agradecer una rápida respuesta

En espera de su pronta respuesta, les saluda su S. S.

Les agradezco su atención a esta carta y quedo de Uds. su S. S.

MODELO:

7 de junio de 1997

Sra. Beatriz Guerrero, Gerente
La Tiendita Escondida
723 Catedral
Santa Fe, NM 87501

Muy estimada señora:

En respuesta a su aviso del día 6 de
junio en El Hispano, solicito el puesto
de vendedor que se anuncia. Le adjunto un
resumé con mis datos personales que hacen
constar que estoy muy capacitado para el
puesto. Si llegara a necesitar cualquier
otra información, no deje de comunicarse
con su S. S., al teléfono 477-7395 o en
la tienda misma donde trabajo de 4:00 a
7:00 todos los lunes a viernes.

En espera de su pronta respuesta, le
saluda su S. S.

Joaquín Saldívar Apodaca

Adjuntos

**Solicito empleo.** Cuando preparaste tu resumé tenías un puesto específico en mente. Escribe una carta de solicitud de empleo a ese lugar. Usa las fórmulas de cortesía y el modelo aquí presentados.

# APÉNDICE A
# CLAVE DE RESPUESTAS

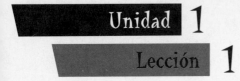
# ¡A escuchar!

## A ¡El mundo al punto!

1. F  Son los locutores de un programa de radio.
2. F  El primer poema de Estados Unidos se llama "La historia de la Nuevo México", escrito por Gaspar Pérez de Villagrá.
3. C
4. C
5. C
6. F  Originalmente fue publicado en España en 1610. Recientemente fue publicado por la Universidad de Nuevo México.

## B Número de sílabas.

1. 3        5. 4
2. 2        6. 3
3. 4        7. 1
4. 2        8. 4

## C Sílabas.

1. a / me / ri / ca / nas        5
2. gran / de        2
3. zo / na        2
4. me / xi / ca / no        4
5. con / ser / van        3
6. mu / chas        2
7. fran / cis / ca / nos        4
8. con        1
9. u / na        2
10. par / te        2

## D Dictado.

### El Paso del Norte

Las líneas fronterizas que se trazan entre los países, muchas veces no llegan a cumplir su función de separación. Éste es el caso del suroeste de Estados Unidos, donde muchas ciudades de esta región aún conservan lazos culturales, sociales y económicos con el país vecino del sur, México. Una de estas ciudades es El Paso, en el estado de Texas, que a pesar de diferentes hechos históricos y políticos, sigue fuertemente ligada a su ciudad gemela mexicana, Ciudad Juárez.

# Tesoros de la literatura contemporánea

## E Para anticipar

*Las respuestas van a variar.*

## F A ver si comprendiste.

*Los diagramas van a variar.*

## G Imágenes figurativas.

1. olfato
2. vista
3. oído / vista
4. tacto / vista

## H ¡A interpretar!

*Las interpretaciones van a variar.*

## I Los juegos de mi abuelito.

*Los párrafos van a variar.*

# ¡A deletrear!

## J Repaso del silabeo.

1. ve / ces        2
2. mon / ta / ñas        3
3. nor / te        2
4. o / cu / pa / do        4
5. con / quis / ta / do / res        5
6. u / ni / dos        3
7. don / de        2
8. tem / pe / ra / tu / ras        5
9. em / pe / za / ron        4
10. des / de        2

# Juguemos un poco

### K Una ciudad que conozco.

*Los cuadros van a variar.*

### L Los gustos de mi familia.

*Los diagramas van a variar.*

### M Presentaciones formales e informales.

*Las presentaciones van a variar.*

# ¡A explorar!

### N Gramática básica.

1. 1: artículo definido; 2: sustantivo; 3: adjetivo descriptivo; 4: sustantivo / nombre propio
2. 1: sustantivo; 2: adjetivo determinativo; 3: sustantivo; 4: sustantivo
3. 1: adjetivo descriptivo; 2: artículo indefinido; 3: adjetivo descriptivo; 4: sustantivo
4. 1: pronombre personal; 2: adjetivo determinativo; 3: adjetivo determinativo; 4: sustantivo
5. 1: artículo definido; 2: adjetivo determinativo; 3: sustantivo; 4: sustantivo

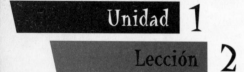

Unidad 1

Lección 2

# ¡A escuchar!

### A ¡El mundo al punto!

1. c
2. c
3. b
4. a
5. b
6. a

### B Silabeo.

1. per/fec/to
2. tem/pra/no
3. co/mer/cial
4. pue/blo
5. ins/tan/te
6. tris/te
7. cuan/do
8. mues/tra

### C Dictado.

**Francisco X. Alarcón: breve biografía**

Este poeta chicano nació en Wilmington, California, en 1945, en el mismo barrio mexicano de Los Ángeles donde nació su madre y donde vivieron su abuela y su bisabuela maternas. Los parientes de Alarcón llegaron a Estados Unidos en 1911 huyendo de la violencia causada por la Revolución Mexicana de 1910. Francisco también se crió en Guadalajara, México, a donde su familia se fue a vivir cuando él tenía seis años. Es el tercero de una familia compuesta por cinco hijos y dos hijas. Ha publicado nueve libros de poesía, entre ellos *Cuerpo en llamas*. La mayoría de los poemas de este libro reflejan recuerdos de familia y la infancia de Alarcón.

# Tesoros de la literatura contemporánea

### D Para anticipar

*Las respuestas van a variar.*

### E A ver si comprendiste.

*Las respuestas van a variar.*

### F ¡A interpretar!

*Las interpretaciones van a variar.*

### G Un retrato en verso.

*Los poemas van a variar.*

# ¡A deletrear!

### H Separación en sílabas.

1. fren/te
2. in/glés
3. ex/tra/ño
4. fi/nal/men/te

5. pro/fe/so/res
6. tra/duc/ción
7. es/cri/bir
8. en/trar
9. ves/ti/do
10. pro/ba/ble/men/te

## *Juguemos un poco*

**I** **Cuando me siento...**

*Las encuestas van a variar.*

**J** **Los pasatiempos de la familia.**

*Las respuestas van a variar.*

**K** **Dramatización.**

*Las presentaciones van a variar.*

## *¡A explorar!*

**L** **Gramática básica.**

1. 1: adverbio; 2: conjunción; 3: preposición; 4: preposición
2. 1: conjunción; 2: adverbio; 3: conjunción; 4: preposición
3. 1: conjunción; 2: conjunción; 3: adverbio; 4: preposición
4. 1: conjunción; 2: adverbio; 3: preposición; 4: adverbio

## Unidad 1
## Lección 3

## *¡A escuchar!*

**A** **¡El mundo al punto!**

1. c        4. b
2. a        5. b
3. c        6. a

**B** **El "golpe".**

1. di/<u>bu</u>/jos
2. his/<u>pa</u>/na
3. tra/ba/ja/<u>dor</u>
4. es/pe/<u>cial</u>
5. cul/<u>tu</u>/ra
6. pe/re/<u>zo</u>/so
7. ta/<u>ca</u>/ño
8. di/fi/cul/<u>tad</u>
9. co/<u>llar</u>
10. <u>jo</u>/ven

**C** **El acento prosódico.**

1. <u>car</u>/ta
2. per/so/na/li/<u>dad</u>
3. re/sul/<u>ta</u>/do
4. a/cam/<u>par</u>
5. ba/lon/<u>ces</u>/to
6. lu/<u>ga</u>/res
7. prac/ti/<u>car</u>
8. her/<u>ma</u>/na
9. <u>na</u>/chos
10. ca/mi/<u>nar</u>

## *Tesoros de la literatura contemporánea*

**D** **Para anticipar**

*Las respuestas van a variar.*

**E** **A ver si comprendiste.**

*Las respuestas van a variar.*

**F** **¡A interpretar!**

*Las interpretaciones van a variar.*

**G** **Las costumbres que quiero conservar.**

*Los párrafos van a variar.*

# ¡A deletrear!

## H El acento prosódico.

Regla N° 1: Las palabras que terminan en **a, e, i, o, u, n** o **s** llevan el acento prosódico o el "golpe" en la penúltima sílaba.

Regla N° 2: Las palabras que terminan en **consonante,** excepto **n** o **s,** llevan el acento prosódico o el "golpe" en la última sílaba.

## I El "golpe".

1. <u>mun</u>/do
2. pre/pa/<u>rar</u>
3. en/chi/<u>la</u>/das
4. a/<u>rroz</u>
5. sin/gu/<u>la</u>/res
6. sim/ple/<u>men</u>/te
7. fri/<u>jo</u>/les
8. me/xi/<u>ca</u>/na
9. re/gu/<u>lar</u>
10. re/<u>fri</u>/tos

# Juguemos un poco

## J Descripción de una foto de mi familia.

*Las descripciones van a variar.*

## K Descripción de tu mejor amigo(a).

*Las descripciones van a variar.*

## L Dramatización.

*Las presentaciones van a variar.*

# Lengua en uso

## M ¿Qué eres tú?

1. c
2. e
3. d
4. f
5. a
6. b

## N Tu identidad.

*Las razones van a variar.*

## Ñ Mensajes.

*Los comentarios van a variar.*

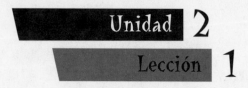

## Unidad 2

## Lección 1

# ¡A escuchar!

## A ¡El mundo al punto!

1. a
2. b
3. c
4. b
5. a
6. c

## B Acentuación.

1. Á/<u>fri</u>/ca
2. sa/lú/<u>da</u>/lo
3. tró/<u>pi</u>/co
4. ché/<u>ve</u>/re
5. <u>car</u>/bón
6. po/lí/<u>ti</u>/ca
7. jó/<u>ve</u>/nes
8. tí/<u>tu</u>/lo
9. e/co/nó/<u>mi</u>/co
10. a/zú/<u>car</u>

## C Dictado.

### La economía venezolana

La economía venezolana está basada principalmente en petróleo. Se ha calculado que hasta un ochenta y cinco por ciento de la economía de la nación depende de la producción del petróleo. Por eso, cuando baja el precio de este producto el país tiene problemas económicos. Actualmente, Venezuela hace todo lo posible por aumentar la exportación de productos importantes en el mercado mundial, como el café, el cacao, el azúcar, las frutas tropicales, las maderas preciosas y el caucho. También Venezuela quiere aumentar su producción basada en la minería, como el hierro, el acero, el carbón, el aluminio, el oro y las piedras preciosas.

# Tesoros de la literatura contemporánea

**D** **Para anticipar**

*Las respuestas van a variar.*

**E** **A ver si comprendiste.**

1. "Presagiar" significa decir algo por anticipado. Es sinónimo de "predecir" y de "anunciar".
2. A la caída de las hojas. Sus hojas cambian de color.
3. golpes
4. perfume, loción
5. limosneros

**F** **¡A interpretar!**

*Las interpretaciones van a variar.*

**G** **Escritura relacionada.**

*Los poemas van a variar.*

# ¡A deletrear!

**H** **Práctica con el acento ortográfico.**

1. a / t l é / <u>ti</u> / c o
2. v e / <u>ci</u> / n a
3. <u>a l</u> / g ú n
4. o / c u / <u>pa</u> / d o
5. s a / <u>xo</u> / f ó n
6. <u>a</u> / q u í
7. a / <u>re</u> / p a s
8. <u>no</u> / c h e
9. u / n i / v e r / <u>si</u> / d a d
10. c ó / <u>mi</u> / c o

# Juguemos un poco

**I** **Mis clases.**

*Las frases van a variar.*

**J** **Entrevista de la familia.**

*Las respuestas van a variar.*

**K** **Mi(s) posesión(es) favoritas.**

*Los párrafos van a variar.*

# ¡A explorar!

**L** **Sujetos y objetos.**

1. sujeto: el mesero
   objeto directo: las arepas
   pronombre: las
   verbo: sirve
   objeto indirecto: los jóvenes

2. sujeto: Chela
   objeto directo: el Parque Central de Caracas
   pronombre: x
   verbo: dice, conoce
   objeto indirecto: x

3. sujeto: Meche y Diana
   objeto directo: cartas
   pronombre: le
   verbo: escriben
   objeto indirecto: su abuelita

4. sujeto: Luis
   objeto directo: el número de teléfono de Chela
   pronombre: le
   verbo: pide
   objeto indirecto: Meche

5. sujeto: Meche
   objeto directo: la dirección de Chela; el número de teléfono
   pronombre: le
   verbo: da
   objeto indirecto: Luis

6. sujeto: el mesero
   objeto directo: la cuenta
   pronombre: les
   verbo: trae
   objeto indirecto: los jóvenes

7. sujeto: Salvador
objeto directo: dinero
pronombre: le
verbo: tiene; prestar
objeto indirecto: Luis

8. sujeto: los muchachos
objeto directo: una buena propina
pronombre: le
verbo: dan
objeto indirecto: el mesero

## Unidad 2
### Lección 2

## ¡A escuchar!

**A** **¡El mundo al punto!**

1. b
2. a
3. c
4. b
5. a
6. c

**B** **Práctica con los diptongos.**

1. n u e s / t r o
2. e s / p e / c i a l
3. r e / f l e / x i o / n a r
4. d i a / r i a
5. q u i e / r o
6. c u a / t r o
7. r e s / t a u / r a n / t e
8. i / t a / l i a / n o
9. r e / a / l i / d a d
10. t i e m / p o

**C** **Dictado**

**La maravilla de Miami**

La transformación latina de Miami la comenzaron en los años 60 los exiliados cubanos. Sus primeras huellas quedan en los barrios típicos, como La Pequeña Habana, dominada por la famosa Calle Ocho. La Calle Ocho es el escenario de una fabulosa fiesta en marzo. Hoy día, cubanos y otros latinoamericanos viven en todos los barrios residenciales de la ciudad. Miami se ha convertido en el principal puerto del comercio entre Estados Unidos y Latinoamérica. También aquí se localizan las oficinas centrales de muchas compañías orientadas al mercado latino como las cadenas de la televisión hispana en Estados Unidos. Los inmigrantes provenientes del Caribe, Centro y Sudamérica han hecho de Miami una ciudad latinoamericana.

## Tesoros de la literatura contemporánea

**D** **Para anticipar.**

*Las respuestas van a variar.*

**E** **A ver si comprendiste.**

1. c
2. b
3. b
4. b

**F** **¡A interpretar!**

*Las respuestas van a variar.*

**G** **Escritura relacionada.**

*Los poemas van a variar.*

## ¡A deletrear!

**H** **Diptongos.**

1. j a / g u a r
2. s e r / p i e n / t e s
3. c a i / m a / n e s
4. i / n i / c i a r
5. s i / l e n / c i o
6. r e / l a / c i o / n a / d a
7. c o n / c i e r / t o
8. a / b u e / l o s
9. f i e s / t a
10. V e / n e / z u e / l a

# Juguemos un poco

### I Encuentro cultural.

*Las listas van a variar.*

### J Mis vacaciones de verano.

*Las respuestas van a variar.*

### K Me molestan los estereotipos.

*Las respuestas van a variar.*

# ¡A explorar!

### L Nuestra herencia.

**El Puma**

El cantante venezolano, José Luis Rodríguez, es conocido popularmente como "el Puma". Recibió este apodo después de interpretar a un personaje de este nombre en una telenovela. Su álbum titulado *Piel de hombre*, incluye una canción, "Torero", cantada a dúo con el famoso cantante español, Julio Iglesias.

## Unidad 2
### Lección 3

# ¡A escuchar!

### A ¡El mundo al punto!

1. C
2. F  Originalmente los manatíes vivían en una gran zona que cubría las costas del Atlántico de Estados Unidos, el Golfo de México, las islas del mar Caribe hasta el borde de Brasil.
3. C
4. F  Son animales muy pacíficos, como las vacas.
5. C
6. C

### B Acentuación.

| | |
|---|---|
| 1. extinción | 6. religión |
| 2. ambiente | 7. agua |
| 3. especies | 8. puerto |
| 4. explotación | 9. destrucción |
| 5. tierra | 10. riqueza |

### C Más práctica con los diptongos.

1. me/dio/dí/a
2. ham/bur/gue/sa
3. co/le/gio
4. des/pués
5. lue/go
6. pro/pio
7. te/le/vi/sión
8. pa/pe/le/rí/a
9. res/pues/ta
10. la/bio

# Tesoros de la literatura contemporánea

### D Para anticipar.

*Las respuestas van a variar.*

### E A ver si comprendiste.

| | | | |
|---|---|---|---|
| 1. A | | 5. | A |
| 2. M | | 6. | P |
| 3. A | | 7. | P |
| 4. M | | | |

### F ¡A interpretar!

1. El azúcar.
2. Unos pocos cubanos y los americanos.
3. El invierno.
4. Rara vez podían escapar del hambre.
5. Los presos políticos.
6. Los católicos son perseguidos, tratados como perros.

7. Para ella, el dinero es el fondo de todas las cosas.

8. La buganvilla, los flamboyanes y las jacarandás, las orquídeas que crecen sobre los troncos de las ceibas.

9. Uno de los balcones de hierro forjado.

10. Nueva York.

**G** **Escritura relacionada.**

*Las respuestas van a variar.*

# ¡A deletrear!

**H** **Practica con acentuar y romper diptongos.**

1. estudio
2. también
3. parque
4. Diana
5. correspondencia

6. transformación
7. joyería
8. impuesto
9. cuidado
10. todavía

**J** **Me preocupa el medio ambiente.**

*Las respuestas van a variar.*

**K** **Comparaciones y contrastes.**

*Los informes van a variar.*

# Lengua en uso

**L** **"Milagro en la Ocho y la Doce".**

1. Y yo iba de lo más atareada tratando de guiar el carrito de supermercado...

2. ¿Tú hablas inglés?

3. Sí, chica, Pepe, el casado con Valentina la jorobada.

4. Lo peor del caso fue cuando lo trajimos para la casa...

5. La verdad es que todavía no estaba convencida...

# Correspondencia práctica

**M** **Un fin de semana típico.**

*Las cartas van a variar.*

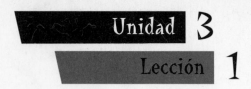

# ¡A escuchar!

**A** **¡El mundo al punto!**

1. c
2. b
3. b

4. b
5. c
6. a

**B** **Silabeo con vocales fuertes.**

1. o/es/te
2. ce/re/al
3. cua/tro
4. ca/ca/o
5. eu/ro/pe/a

6. co/re/a/no
7. bo/a
8. pa/se/ar
9. de/sier/to
10. re/a/lis/ta

**C** **Dictado.**

**Chile: tierra de contrastes**

Chile es un país que mide unas dos mil seiscientas millas de largo o sea, una distancia mayor que la que hay entre las ciudades norteamericanas de Chicago y San Francisco. El territorio chileno se extiende desde la frontera con Perú y Bolivia en el norte hasta la Tierra del Fuego en el punto más al sur de Sudamérica. En el este, su frontera con Argentina esta formada por la majestuosa cordillera de los Andes, y la del oeste por el océano Pacífico. El clima de Chile se ha comparado con el de California. Ambas regiones han desarrollado una gran producción agrícola y producen excelentes vinos.

# Tesoros de la literatura contemporánea

**D** **Para anticipar.**

*Las respuestas van a variar.*

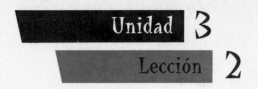

**E** **A ver si comprendiste.**

*Los diagramas van a variar.*

**F** **¡A interpretar!**

*Las cartas van a variar.*

**G** **Escritura relacionada.**

*Las respuestas van a variar.*

## ¡A deletrear!

**H** **Práctica con dos vocales fuertes.**

1. re / a / les
2. pe / tró / le / o
3. cau / cho
4. fe / as
5. ve / o
6. Ma / te / o
7. no / ro / es / te
8. i / de / al
9. te / a / tral
10. pe / o / res

## Juguemos un poco

**I** **Una estampita de mi pasado.**

*Las respuestas van a variar.*

**J** **El clima y las memorias.**

*Los cuadros van a variar.*

**K** **Un día que nunca olvidaré.**

*Los párrafos van a variar.*

## ¡A explorar!

**L** **Lengua campesina.**

1. ¿Así que no trajiste nada para comer?
2. Ayer me dijiste que nadie te había escrito.
3. ¿Por qué no viniste antes?
4. Lo mismo le prometiste a Juan.
5. El año pasado vendiste mucho frijol.
6. ¿Fuiste a avisarle al doctor que María está muy enferma?

## ¡A escuchar!

**A** **¡El mundo al punto!**

1. b
2. c
3. c
4. b
5. a
6. c

**B** **Práctica con palabras parecidas.**

1. Dónde; cuándo
   donde
2. Qué; cómo
   cuando; sólo; si
3. Cuándo
   cuando; el
4. Qué
   el
5. Qué; tú
   mi; sola

**C** **Dictado.**

### Gabriela Mistral

La poeta chilena conocida por todo el mundo como Gabriela Mistral se llamaba originalmente Lucila Godoy Alcayaga y nació en 1889 en un pueblo situado en el norte central de Chile. Además de escribir poesía, fue una educadora que alcanzó mucha fama. Su primer triunfo literario lo obtuvo en 1914 cuando recibió el primer premio de los Juegos Florales de Santiago por *Los sonetos de la muerte*. Este libro lo escribió en memoria de un hombre que amó a los diecisiete años y que se había suicidado. En 1922 publicó su mejor libro titulado *Desolación*. Después de una vida dedicada a la poesía y la enseñanza, Gabriela Mistral recibió el Premio Nóbel de Literatura en 1945.

## Tesoros de la literatura contemporánea

**D** **Para anticipar.**

*Las respuestas van a variar.*

**E** **A ver si comprendiste.**

*Las citas van a variar.*

**F** **¡A interpretar!**

*Las respuestas van a variar.*

**G** **Escritura relacionada.**

*Las respuestas van a variar.*

## ¡A deletrear!

**H** **Práctica con palabras parecidas.**

*Las oraciones van a variar.*

## Juguemos un poco

**I** **Una encuesta.**

*Los cuadros van a variar.*

**J** **Siempre he querido escribir comerciales.**

*Los anuncios van a variar.*

**K** **Una carta al director de la estación.**

*Las cartas van a variar.*

## ¡A explorar!

**L** **Primera visita a Chile.**

**Querido Carlos:**

¡Hola! ¿Cómo estás? Espero que muy bien porque… ¡yo estoy sumamente feliz! ¡No lo vas a creer pero la semana pasada fuimos a esquiar! ¡En julio! Portillo, uno de los centros de esquí más populares con los profesionales, ¡es maravilloso! Tiene una excelente discoteca, varios restaurantes, salón de belleza y hasta niñeras para que los adultos puedan irse a esquiar sin preocuparse por los niños. Una cosa que no te gustaría a ti es que los varones tienen que llevar chaqueta en el comedor principal.

Anoche en la discoteca conocí a dos miembros del equipo olímpico de Estados Unidos. Cuando le pedí a uno su autógrafo, me preguntó muy amistosamente: ¿Quieres un boleto gratis para la Olimpiada en febrero? Yo le dije que sí, pero cuando le pedí uno para ti, dijo que tenía que irse y no lo he vuelto a ver. ¡El otro muchacho es encantador también! Él me dio su autógrafo en una foto de él con el siguiente mensaje: "Para Chavela, mi nueva amiga tejana. Con mucho cariño, de tu admirador, Tommy Moe". ¡Te puedes imaginar lo contenta que eso me puso! Esta noche vamos a cenar juntos. Por eso tengo que empezar a arreglarme ya.

Sin más se despide de ti, tu novia que no te olvida. Recibe mis besos y abrazos.

Chavela

## Unidad 3
## Lección 3

## ¡A escuchar!

**A** **¡El mundo al punto!**

1. **F** El Día de los Muertos tiene raíces indígenas que se originan en México.
2. **C**
3. **C**
4. **F** Las ofrendas consisten en las comidas, las bebidas y las frutas favoritas de los difuntos cuando estaban vivos.
5. **F** En el Día de los Muertos no hay monstruos ni brujas. Es una celebración espiritual para recordar a los seres queridos que han muerto.
6. **N/R**

**B** **Práctica con el sonido /k/.**

1. correr
2. aquel
3. kilómetro
4. encontrar
5. contestar
6. cuestionario
7. ketchup
8. bosque
9. cajero
10. bancos

# Tesoros de la literatura contemporánea

**C** **Para anticipar.**

*Las respuestas van a variar.*

**D** **A ver si comprendiste.**

*Los cuadros van a variar.*

**E** **¡A interpretar!**

*Las respuestas van a variar.*

**F** **Escritura relacionada.**

*Las frases van a variar.*

## ¡A deletrear!

**G** **Deletreo con las letras *c, q* y *k*.**

1. banco
2. colchón
3. queso
4. encontrar
5. nunca
6. educación
7. quién
8. considerar
9. escuela
10. quemadura

## Juguemos un poco

**H** **Así éramos de niños.**

*Los diagramas van a variar.*

**I** **Los cuentos de mi familia.**

*Los cuentos van a variar.*

**J** **Había una vez.**

*Las respuestas van a variar.*

## Lengua en uso

**K** **Amigos falsos.**

1. Juan ahora se da cuenta de que él sabe mucho el español.
2. Si voy a la universidad, mis padres dicen que me van a apoyar.

3. Mi hermano Antonio asistió a una pequeña universidad.
4. Para conseguir un buen trabajo de verano tienes que hacer una solicitud de antemano.
5. No me di cuenta de que había un plazo para mandar la solicitud de empleo.

## Correspondencia práctica

**L** **Nota formal.**

*Las cartas van a variar.*

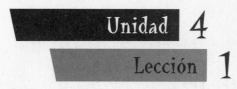

Unidad **4**

Lección **1**

**A** **¡El mundo al punto!**

| | | | |
|---|---|---|---|
| 1. | c | 4. | c |
| 2. | b | 5. | c |
| 3. | b | 6. | a |

**B** **Práctica con el sonido /s/.**

1. nervioso
2. tristeza
3. suponer
4. universidad
5. museo
6. supervisar
7. utilizar
8. televisor
9. ratoncitos
10. sueños

**C** **Dictado.**

**El imperio de los incas**

El imperio de los incas empezó con Manco Capac, el primer inca, en el año 1100 y terminó con la muerte de Atahualpa en el año 1533. Se extendió por los Andes hasta alcanzar una distancia de más de 2.500 millas. Incluía los actuales territorios de Ecuador, Perú, Bolivia, Chile y Argentina. Cuando llegaron los españoles, el imperio incaico tenía entre 3,5 y 7 millones de habitantes. Entre ellos, había muchas tribus diferentes que habían sido conquistadas por los incas. Todas las tribus en el imperio incaico tenían que aprender a hablar quechua, la lengua oficial de los incas. En efecto, Inca era el nombre del rey y quechua el nombre de su lengua y su gente.

## Tesoros de la literatura contemporánea

**D** Para anticipar.

*Las respuestas van a variar.*

**E** A ver si comprendiste.

*Las respuestas van a variar.*

**F** ¡A interpretar!

*Las respuestas van a variar.*

**G** Masa.

*Las respuestas van a variar.*

## ¡A deletrear!

**H** Práctica con el sonido /s/ y las letras *s, c* y *z.*

1. perezoso
2. televisor
3. suerte
4. terraza
5. separar
6. zapatilla
7. blusa
8. vergüenza
9. lápices
10. pobrecito

## Juguemos un poco

**I** Cambios en los últimos tres años.

*Los cuadros van a variar.*

**J** Las cosas del pasado.

*Las respuestas van a variar.*

**K** Así era la vida.

*Los informes van a variar.*

## ¡A explorar!

**L** Pachacútec, el gran Inca.

A Pachacútec se le ha comparado con el macedonio Alejandro Magno y con el emperador francés Napoleón. Cuando Pachacútec llegó a ser el Inca, su reino se extendía menos de ochenta millas.

Cuando murió en 1471, su imperio ya tenía una extensión de más de quinientas millas.

Una leyenda dice que Pachacútec se enamoró de una hermosa mujer de Ica, una ciudad en la costa del Perú. Cuando ella le confesó a Pachacútec que amaba a otro, el Inca, impresionado por su honestidad, le ofreció lo que deseara. Ella pidió un canal de irrigación para su pueblo y el Inca lo mandó a construir. El impresionante canal de Pachacútec todavía se usa en la ciudad de Ica.

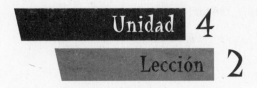

Unidad 4

Lección 2

## ¡A escuchar!

**A** ¡El mundo al punto!

1. b
2. c
3. b
4. a
5. c
6. b

**B** Repaso de los sonidos /k/ y /s/ y las letras *c, q, k, s* y *z.*

1. anciano
2. asombrado
3. sabio
4. campo
5. aquí
6. conocer
7. esconderse
8. cochino
9. aunque
10. edificio

**C** Dictado.

**Pachacútec, el gran Inca**

Uno de los líderes indígenas más importantes en la historia del Perú es Pachacútec, el noveno Inca. Ha sido comparado con otros grandes líderes como Alejandro Magno y Napoleón. Cuando Pachacútec llegó a ser el Inca, su reino se extendía no más de 80 millas; cuando murió en 1475, el imperio ya tenía una extensión de más de 500 millas. Fue Pachacútec quien hizo reconstruir la capital de Cuzco hasta que llegó a ser la imponente ciudad que encontraron los españoles. Bajo Pachacútec también se construyeron los primeros caminos del imperio, caminos que recorren lo alto de los Andes y que incluyen puentes que todavía siguen renovándose y usándose.

# Tesoros de la literatura contemporánea

### D   Para anticipar.

*Las respuestas van a variar.*

### E   A ver si comprendiste.

*Las respuestas van a variar.*

### F   ¡A interpretar!

1. La acción ocurre hace mucho tiempo.
2. Los indios aguarunas mataban a las boas de agua con lanzas, cerbatanas con virotes envenenados y con arpones.
3. La panki atemorizaba a los animales resoplando y los devoraba a montones.
4. Yacuma metió su cabeza y parte del cuerpo en una olla que coció para protegerse y, una vez devorado por la serpiente, comenzó a darle recios tajos a su corazón palpitante hasta destrozarlo.
5. No pudo sobrevivir muchos días porque los líquidos de la boa de agua le rajaron las carnes, y acabó desangrado.
6. Porque venció a la más grande y feroz panki, aunque eso le costó la vida.

### G   Leyenda fantástica.

*Las respuestas van a variar.*

# ¡A deletrear!

### H   Práctica con los sonidos /k/ y /s/ y las letras *c, q, k* y *z*.

1. comer
2. ratoncito
3. supervisar
4. izquierda
5. acostumbrarse
6. suave
7. sonar
8. queríamos
9. concurso
10. cuenta / quinta

# Juguemos un poco

### I   Así era yo.

*Las respuestas van a variar.*

### J   Abuelito, cuéntame de tu vida.

*Las respuestas van a variar.*

### K   Recuerdos históricos del pasado.

*Las biografías van a variar.*

# ¡A explorar!

### L   Usos de *se.*

1. reflexivo
2. reflexivo
3. recíproco
4. objeto indirecto
5. objeto indirecto
6. recíproco
7. el verbo saber
8. recíproco
9. objeto indirecto
10. reflexivo

### M   Oraciones con *se.*

*Las oraciones van a variar.*

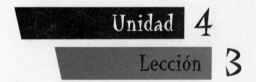

Unidad 4

Lección 3

# ¡A escuchar!

### A   ¡El mundo al punto!

1. **F**  La música afroperuana tiene raíces en el Perú que datan de varios siglos.
2. **C**
3. **N/R**
4. **F**  Lucila Campos es la cantante afroperuana que interpretó la canción "Toro mata".
5. **C**
6. **F**  Inventaron el cajón porque los tambores estaban prohibidos por las autoridades españolas.

**Práctica con el sonido /g/.**

| | | | |
|---|---|---|---|
| 1. | entregar | 6. | gabinete |
| 2. | Miguelín | 7. | sinvergüenza |
| 3. | triángulo | 8. | guardar |
| 4. | luego | 9. | Margarita |
| 5. | irrigación | 10. | noruego |

## Tesoros de la literatura contemporánea

C **Para anticipar.**

*Las respuestas van a variar.*

D **A ver si comprendiste.**

*Los diagramas van a variar.*

E **¡A interpretar!**

| | | | |
|---|---|---|---|
| 1. | c | 4. | b |
| 2. | a | 5. | c |
| 3. | c | 6. | b |

F **La Navidad según Simona.**

*Las respuestas van a variar.*

## ¡A deletrear!

G **Práctica con el sonido /g/ y las combinaciones de letras *ga, gue, gui, go* y *gu*.**

| | | | |
|---|---|---|---|
| 1. | regalo | 6. | gabinete |
| 2. | figura | 7. | averigüe |
| 3. | guitarra | 8. | seguro |
| 4. | luego | 9. | galáctico |
| 5. | guerrillero | 10. | pregunta |

## Juguemos un poco

H **Evento emocionante.**

*Las respuestas van a variar.*

I **¡Qué bien la pasaba contigo!**

*Las tarjetas van a variar.*

J **Dramatización.**

*Las respuestas van a variar.*

## Lengua en uso

K **De visita al Perú.**

1. No sé si hay tiempo para visitar las ruinas de Sipán.
2. Quizás sólo tengamos tiempo para visitar Cuzco.
3. Mis padres están muy contentos que hayan tenido la oportunidad de escuchar un concierto de la cantante Lucila Campos.
4. Hemos conocido a muchas personas que quieren que vayamos a comer a sus casas.
5. Espero que no te hayas olvidado de mí.

## Correspondencia práctica

L **Malas noticias.**

*Las notas van a variar.*

Unidad **5**

Lección **1**

## ¡A escuchar!

A **¡El mundo al punto!**

| | | | |
|---|---|---|---|
| 1. | c | 4. | a |
| 2. | b | 5. | b |
| 3. | c | 6. | c |

B **Práctica con el sonido /x/.**

| | | | |
|---|---|---|---|
| 1. | dijeron | 6. | gigante |
| 2. | viejita | 7. | Juanita |
| 3. | jaula | 8. | consejo |
| 4. | generación | 9. | juguete |
| 5. | jirafa | 10. | genealógico |

## C Dictado.

### España, tierra de moros

Grupos musulmanes provenientes de Asia y África invadieron y conquistaron la Península Ibérica en el año 711 trayendo con ellos su gran cultura, sin duda una de las más extraordinarias en la historia del mundo. En el largo período que duró ocho siglos, es decir, hasta 1492, los árabes dejaron en España una riquísima herencia de conocimientos científicos, filosóficos y artísticos. Durante este período se fundaron en España las primeras universidades de Europa. De esta manera varias ciudades españolas, como Granada, Sevilla y Toledo, se convirtieron en las ciudades más avanzadas del continente europeo.

# Tesoros de la literatura contemporánea

## D Para anticipar.

1. Andalucía
2. Sevilla
3. Granada
4. Sierra Nevada
5. Océano Atlántico
6. Río Guadalquivir
7. Río Darro
8. Río Genil

## E A ver si comprendiste.

*Los diagramas van a variar.*

## F ¡A interpretar!

*Las respuestas van a variar.*

## G Poema sobre tu región.

*Los poemas van a variar.*

# ¡A deletrear!

## H Práctica con la letra *j* y con las combinaciones *ge* y gi.

1. jabón
2. rojo
3. geografía
4. jorobado
5. pájaro
6. girasol
7. Jesús
8. exigente
9. juego
10. dejaron

# Juguemos un poco

## I Todo mundo tiene problemas.

*Las respuestas van a variar.*

## J Hay esperanza.

*Los versos van a variar.*

## K Dramatización.

*Las dramatizaciones van a variar.*

# ¡A explorar!

## L Ejercicio.

*Las respuestas van a variar.*

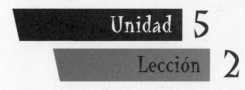

## Unidad 5
## Lección 2

## A ¡El mundo al punto!

1. c
2. b
3. a
4. c
5. b
6. a

## B Práctica con los sonidos /g/ y /x/.

1. pregunta
2. corregir
3. relajado
4. guardar
5. ungüento
6. salvaje
7. pulga
8. trágico
9. paja
10. gozar

## C Dictado.

### La España de hoy

La España contemporánea es muy diferente a la España que el Generalísimo Francisco Franco gobernó de 1939 hasta su muerte en 1975. Cuando Franco murió, Juan Carlos I fue proclamado Rey de España. Bajo su dirección España se convirtió en un país democrático y volvió a abrir sus puertas al mundo. Ahora España está integrada a la Unión Europea, el bloque de naciones democráticas de la Europa Occidental. España se ha modernizado rápidamente y la tolerancia se ha instituido como norma entre los españoles. Las Olimpiadas de 1992 celebradas en Barcelona reflejan el gran progreso logrado por España en menos de dos décadas.

## Tesoros de la literatura contemporánea

### D   Para anticipar.

*Las respuestas van a variar.*

### E   A ver si comprendiste.

*Las respuestas van a variar.*

### F   ¡A interpretar!

*Las respuestas van a variar.*

### G   Consejos de un poeta con experiencia.

*Los poemas van a variar.*

## ¡A deletrear!

### H   Las letras *g* y *j*.

| | |
|---|---|
| 1. trabajador | 6. seguro |
| 2. mango / manga | 7. gemelos |
| 3. portugués | 8. investigación |
| 4. lejano | 9. japonés |
| 5. pingüinos | 10. tortuga |

## Juguemos un poco

### I   Planear una dieta saludable.

*Los cuadros van a variar.*

### J   Tácticas de persuasión.

*Las respuestas van a variar.*

### K   Quiero aconsejarte.

*Las cartas van a variar.*

## ¡A explorar!

### L   Tiempos verbales regulares.

1. **comer** / **salir**

| comer | salir |
|---|---|
| comía | salía |
| comías | salías |
| comía | salía |
| comíamos | salíamos |
| comíais | salíais |
| comían | salían |

2. **trabajar** / **permitir**

| trabajar | permitir |
|---|---|
| trabajo | permito |
| trabajas | permites |
| trabaja | permite |
| trabajamos | permitimos |
| trabajáis | permitís |
| trabajan | permiten |

3. **nadar** / **asistir**

| nadar | asistir |
|---|---|
| nadaré | asistiré |
| nadarás | asistirás |
| nadará | asistirá |
| nadaremos | asistiremos |
| nadaráis | asistiréis |
| nadarán | asistirán |

4. **lavar** / **perder**

| lavar | perder |
|---|---|
| lavé | perdí |
| lavaste | perdiste |
| lavó | perdió |
| lavamos | perdimos |
| lavasteis | perdisteis |
| lavaron | perdieron |

### M   Político panameño.

Estimados compatriotas:

Les envío esta carta escrita con mis mejores deseos. Quiero explicarles lo que más me gustaría ver en el futuro cercano de Panamá. Me encantaría ante todo, ver a Panamá un país democrático con oportunidades económicas para todos. Me alegraría mucho tener elecciones pacíficas regularmente en nuestro país.

En el año 2000, la devolución del canal a Panamá me alegrará de sobremanera. Yo haré una gran fiesta dondequiera que esté e invitaré a todos ustedes, mis mejores amigos, a que me acompañen.

Todos los panameños deberíamos unirnos para que esto suceda sin ningún obstáculo.

Reciban un afectuoso saludo de su amigo,

Andrés Rodríguez

## Unidad 5
## Lección 3

**A** ¡El mundo al punto!

1. **C**
2. **F** Pedro Almodóvar nació en 1951 en La Mancha, pero a los 16 años se mudó a Madrid a trabajar y estudiar.
3. **F** Las películas de Pedro Almodóvar reflejan la sociedad moderna en transformación que desafiaba la intolerancia del pasado.
4. **C**
5. **N/R**
6. **F** Antonio Banderas es un actor español que se ha convertido en uno de los galanes más atractivos del cine norteamericano.

**B** Práctica con los sonidos de la *b* y la *v*.

1. obligado
2. noviembre
3. invención
4. hombre
5. invierno
6. convencer
7. hebreo
8. problema
9. pobrecito
10. intercambio

## Tesoros de la literatura contemporánea

**C** Para anticipar.

*Las respuestas van a variar.*

**D** A ver si comprendiste.

*Las respuestas van a variar.*

**E** ¡A interpretar!

*Los diagramas van a variar.*

**F** Guión para una película de ciencia-ficción.

*Los guiones van a variar.*

## ¡A deletrear!

**G** Deletreo con las letras *b* y *v*.

1. establecimiento
2. fábrica
3. hamburguesa
4. invierno
5. intercambio
6. probablemente
7. diciembre
8. investigación
9. nombre
10. mueblería

## Juguemos un poco

**H** ¡Me preocupa que te hayas enamorado tan joven!

*Las respuestas van a variar.*

**I** ¡Te aconsejo que no lo hagas!

*Las descripciones van a variar.*

**J** Querido diario.

*Los párrafos van a variar.*

## Lengua en uso

**K** Formación de diminutivos y aumentativos.

1. casa, casita, casilla, casota, casona
2. animal, animalito, animalillo, animalote, animalón
3. libro, librito, librillo, librote, librón
4. papel, papelito, papelillo, papelote, papelón
5. asno, asnito, asnillo, asnote, asnón
6. puerta, puertita, puertilla, puertota, puertona

# Correspondencia práctica

## L ¡A redactar!

*Las cartas van a variar.*

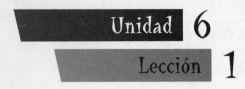

# ¡A escuchar!

## A ¡El mundo al punto!

1. b
2. b
3. a
4. c
5. b
6. c

## B Práctica con los sonidos de la *b* y la *v*.

1. absurdo
2. adventista
3. invención
4. observador
5. absolver
6. obsceno
7. investigar
8. abrigar
9. obsesión
10. invariable

## C Dictado.

**Puerto Rico: Rico en todo sentido**

Puerto Rico es una de las tierras con más rica historia de las Américas. Los primeros pobladores de la isla de Puerto Rico fueron los taínos. Muchas palabras que actualmente se utilizan en español son de origen taíno porque nombran plantas, objetos o fenómenos que no había en Europa. Algunas de estas palabras son, por ejemplo, el maíz, la hamaca, el tabaco, la canoa y el huracán. San Juan, la capital de Puerto Rico, es una de las pocas ciudades de América que todavía conserva la mayor parte de las murallas que la protegían contra los ataques de los piratas. Hoy en el viejo San Juan se conservan muchos de los edificios coloniales que evocan los recuerdos de un rico pasado colonial.

# Tesoros de la literatura contemporánea

## D Para anticipar.

*Las respuestas van a variar.*

## E A ver si comprendiste.

*Las respuestas van a variar.*

## F ¡A interpretar!

*Las respuestas van a variar.*

## G Escritura relacionada.

*Los diálogos van a variar.*

# ¡A deletrear!

## H Deletreo con las letras *b* y *v*.

1. invasión
2. observatorio
3. absoluto
4. investigación
5. obstáculo
6. abrazar
7. invitación
8. obsesivo
9. abstracción
10. invariable

# Juguemos un poco

## I Para rechazar una invitación...

*Los cuadros van a variar.*

## J La excursión más memorable.

*Las narraciones van a variar.*

## K Una invitación personal.

*Las invitaciones van a variar.*

# ¡A explorar!

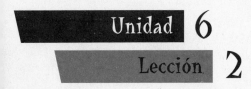

**L** Expresiones derivadas del inglés.

1. Prefiero vivir en San Juan porque acá hace frío y allá hace calor.
2. Cuando él me pegó, yo se la devolví.
3. Nosotros vivimos aquí, ellos viven en el edificio de atrás.
4. Cuando se enfermaron, el director los llevó a hablar con la enfermera.
5. Decidimos no ir a clases para poder ir al desfile.
6. Sirvieron el almuerzo demasiado temprano, a las doce.
7. No puedo ir porque tengo que limpiar el jardín.
8. Nuestra casa no tiene sótano pero tiene un garaje grande.

## Unidad 6
### Lección 2

# ¡A escuchar!

**A** ¡El mundo al punto!

1. C
2. C
3. C
4. F  Los puertorriqueños eran el segundo grupo de latinos en Chicago después de los méxicoamericanos.
5. N/R
6. F  Tito Puentes es un puertorriqueño que nació en el barrio latino de Harlem.

**B** Práctica con el sonido /y/.

1. lleno
2. yo
3. gallo
4. calle
5. yeso
6. ayudar
7. llamada
8. yodo
9. llorar
10. construyó

**C** Dictado.

**Puerto Rico: Estado Libre Asociado**

En 1952 Puerto Rico se convirtió en Estado Libre Asociado. Desde entonces existe un gobierno puertorriqueño autónomo en muchas áreas gubernamentales aunque no tiene ejército propio ni mantiene embajadas en otros países. El sistema monetario es el dólar estadounidense e igualmente comparte con Estados Unidos el mismo sistema de correos. La ventaja del Estado Libre Asociado es que los puertorriqueños gozan de todos los derechos como ciudadanos estadounidenses sólo que no pueden votar para el presidente de Estados Unidos si residen en la isla, pero tampoco pagan impuestos federales.

# Tesoros de la literatura contemporánea

**D** Para anticipar.

*Las respuestas van a variar.*

**E** A ver si comprendiste.

*Las respuestas van a variar.*

**F** A interpretar.

*Las respuestas van a variar.*

**G** Escritura relacionada.

*Los párrafos van a variar.*

# ¡A deletrear!

**H** Práctica con las letras *ll* e *y*.

1. ellos
2. ayudante
3. detalle
4. maravilla
5. bayoneta
6. cállate
7. brillante
8. mayor
9. valle
10. coyote

## Juguemos un poco

I **¡Vamos a acampar!**

*Las explicaciones van a variar.*

**J** **¡Mi abuelo ha corrido un maratón!**

*Las narraciones van a variar.*

**K** **Una carta a la Cámara de Comercio Hispano.**

*Las cartas van a variar.*

## ¡A explorar!

**L** **Los misterios de la cueva.**

1. Hay
2. han
3. hubo
4. había
5. hubo
6. había
7. había
8. hay

# Unidad 6

## Lección 3

## ¡A escuchar!

**A** **¡El mundo al punto!**

1. **C**
2. **N/R**
3. **F** Rita Moreno es la única persona que ha ganado los cuatro premios: el "Óscar", el "Tony", el "Grammy" y dos "Emmys".
4. **C**
5. **C**
6. **C**

**B** **Práctica con el sonido /i/.**

1. Uruguay
2. divertimos
3. soy
4. excéntrico
5. instalar
6. misma
7. inventar
8. ley
9. historia
10. supimos

## Tesoros de la literatura contemporánea

**C** **Para anticipar.**

*Las respuestas van a variar.*

**D** **A ver si comprendiste.**

*Las respuestas van a variar.*

**E** **¡A interpretar!**

*Las respuestas van a variar.*

**F** **Escritura relacionada.**

*Los diálogos van a variar.*

## ¡A deletrear!

**G** **Práctica con las letras *i* e *y*.**

1. linterna
2. interesante
3. ley
4. lastimar
5. importar
6. estoy
7. universitario
8. insistir
9. Paraguay
10. quitar

## Juguemos un poco

**H** **Un cuento de horror.**

*Las opiniones van a variar.*

**I** **Entrevista con un adulto.**

*Las respuestas van a variar.*

**J** **Comparación de las generaciones.**

*Las comparaciones van a variar.*

## Lengua en uso

**K** **Un cuento puertorriqueño.**

1. ¿Cuántos días hace que no toma leche?
2. Hay que verlo. Si me lo hubiera contado, hubiera dicho que era embuste.

3. La necesidad, doña. A mí misma, quién me lo hubiera dicho, que yo iba a llegar aquí…

4. Pues nosotros fuimos de los primeros. Casi no había gente y uno cogía la parte más sequecita…

5. ¿Y usted se ha fijado en el negrito qué mono?

6. La mujer vino ayer a ver si yo tenía unas hojitas de algo para hacerle una guarapillo…

## Correspondencia práctica

**L** ¡Qué susto!

*Las cartas van a variar.*

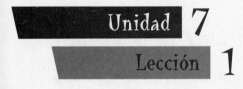

## ¡A escuchar!

**A** El mundo al punto.

| | | | |
|---|---|---|---|
| 1. | a | 4. | c |
| 2. | b | 5. | b |
| 3. | c | 6. | c |

**B** Práctica con los sonidos /r̆/ y /r̃/.

| | | | |
|---|---|---|---|
| 1. | /r̆/ | 6. | /r̃/ |
| 2. | /r̃/ | 7. | /r̆/ |
| 3. | /r̃/ | 8. | /r̃/ |
| 4. | /r̆/ | 9. | /r̃/ |
| 5. | /r̃/ | 10. | /r̆/ |

**C** Dictado.

**Ciudad Juárez: ¿Ciudad gemela?**

Las ciudades fronterizas son, en ciertos aspectos, diferentes a las ciudades del interior del país. Éste es el caso de la Ciudad Juárez que se encuentra en el estado de Chihuahua, México, y es la ciudad gemela de El Paso, Texas. Ambas ciudades han tenido el desarrollo distinto desde su separación en 1848. Mientras que El Paso se ha convertido en una ciudad norteamericana moderna con una economía muy diversificada, Ciudad Juárez refleja muchos de los problemas de los países en vías de desarrollo. Por otra parte, el censo de 1990 mostró que la población de Ciudad Juárez llegó a 797.679 habitantes mientras que la de El Paso era 515.342.

## Tesoros de la literatura contemporánea

**D** Para anticipar.

*Las respuestas van a variar.*

**E** A ver si comprendiste.

*Los cuadros van a variar.*

**F** ¡A interpretar!

*Los cuadros van a variar.*

**G** Escritura relacionada.

*Las cartas van a variar.*

## ¡A deletrear!

**H** Práctica con las letras *r* y *rr*.

| | | | |
|---|---|---|---|
| 1. | Juárez | 6. | restaurante |
| 2. | representa | 7. | río / oro / aro |
| 3. | cruzan | 8. | americana |
| 4. | arriba | 9. | corriente |
| 5. | desarrollado | 10. | separado |

## Juguemos un poco

**I** Presupuesto para mantener un carro.

*Los presupuestos van a variar.*

**J** El trabajo de mis sueños.

*Las respuestas van a variar.*

**K** Dramatización.

*Las dramatizaciones van a variar.*

# ¡A explorar!

**L** **Carta de Puerto Rico.**

1. espléndida
2. inmediatamente
3. símbolo
4. inmenso
5. sinfonía
6. esnobs
7. sinfonía
8. inmaduro
9. inmediatamente
10. espinosos

## Unidad 7

### Lección 2

# ¡A escuchar!

**A** **¡El mundo al punto!**

1. b
2. c
3. c
4. b
5. a
6. b

**B** **Práctica con los sonidos /r̆/ y /r̄/.**

1. separado
2. ritmo
3. Enriqueta
4. borrego
5. contra
6. franceses
7. robusto
8. seminario
9. honrar
10. entierro

**C** **Dictado.**

**Benito Juárez: el gran héroe de México**

Por muchas razones, se dice que Benito Juárez es el Abraham Lincoln de México. Ambos fueron presidentes de sus respectivos países en períodos muy difíciles durante la misma época. Abraham Lincoln fue el presidente que salvó la Unión Americana durante la Guerra Civil y abolió la esclavitud. Benito Juárez fue un indígena zapoteca que sólo aprendió español cuando tenía doce años y llegó después a ser elegido presidente de México. Como Abraham Lincoln, Juárez estudió leyes y recibió el título de abogado. Juárez defendió con éxito a su país frente a la intervención francesa. También instituyó muchas reformas que ayudaron a modernizar a México.

# Tesoros de la literatura contemporánea

**D** **Para anticipar.**

*Las respuestas van a variar.*

**E** **A ver si comprendiste.**

*Las respuestas van a variar.*

**F** **¡A interpretar!**

*Las respuestas van a variar.*

**G** **Escritura relacionada.**

*Los anuncios van a variar.*

# ¡A deletrear!

**H** **Los sonidos /r̆/ y /r̄/ y las letras _r_ y _rr_.**

1. dominaron / dominarán
2. honrado
3. carretera
4. nombre
5. repasar
6. administración
7. romántico
8. enredar
9. caracterizar
10. correspondencia

# Juguemos un poco

**I** **Las carreras del futuro.**

*Las respuestas van a variar.*

**J** **Mis habilidades.**

*Las respuestas van a variar.*

**K** **Querido diario.**

*Las respuestas van a variar.*

# ¡A explorar!

**L** **Carta de agradecimiento.**

| | |
|---|---|
| 1. atractivos | 6. innecesaria |
| 2. inteligentes | 7. inocente |
| 3. comerciales | 8. asesinó |
| 4. protección | 9. aniversario |
| 5. efectivo | |

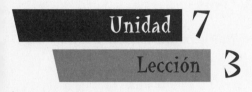

Unidad 7

Lección 3

# ¡A escuchar!

**A** **¡El mundo al punto!**

1. **F** Se inicia con la exploración y la colonización del suroeste en el siglo XVI.
2. **C**
3. **F** Forman el primer grupo hispano más numeroso. Los puertorriqueños forman el segundo grupo en número de personas.
4. **C**
5. **C**
6. **N/R**

**B** **Práctica con el sonido /x/.**

| | |
|---|---|
| 1. Cosijoeza | 6. generación |
| 2. Oaxaca | 7. cajero |
| 3. gente | 8. Javier o Xavier |
| 4. viaje | 9. joven |
| 5. Juchitán | 10. generalización |

# Tesoros de la literatura contemporánea

**C** **Para anticipar.**

*Las respuestas van a variar.*

**D** **A ver si comprendiste.**

*Las comparaciones van a variar.*

**E** **¡A interpretar!**

*Las comparaciones van a variar.*

**F** **Escritura relacionada.**

*Las cartas van a variar.*

# ¡A deletrear!

**G** **Práctica con el deletreo del sonido /x/.**

| | |
|---|---|
| 1. cajita | 6. gimnasio |
| 2. Ximénez o Jiménez | 7. coraje |
| 3. jamón | 8. exagerar |
| 4. gigante | 9. mexicanos |
| 5. Julián | 10. escoger |

# Juguemos un poco

**H** **Las reglas son necesarias.**

*Las reglas van a variar.*

**I** **Profesión ideal.**

*Las opiniones van a variar.*

**J** **Antes de solicitar empleo.**

*Las cartas van a variar.*

# Lengua en uso

**K** **Visita a San Antonio, Texas.**

| | |
|---|---|
| 1. a | 6. boten |
| 2. a hacer | 7. a haber |
| 3. halla | 8. aprendí |
| 4. revela | 9. vez |
| 5. bello | |

# Correspondencia práctica

**L** Mi *resumé*.

*Los resumés van a variar.*

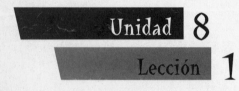

Unidad 8

Lección 1

# ¡A escuchar!

**A** ¡El mundo al punto!

1. b
2. a
3. c
4. b
5. b
6. b

**B** Práctica con el sonido /a/.

1. ha
2. ah
3. ha
4. a
5. ha

**C** Dictado.

**Argentina: una búsqueda de la paz y la democracia**

A pesar del alto nivel de educación de sus ciudadanos y de su deseo de lograr paz y estabilidad, Argentina ha tenido que sobrellevar en las últimas décadas gobiernos militares que han manchado su historia con lamentables asesinatos. Un ejemplo de esto es la llamada "guerra sucia" que ocurrió entre 1976–79, entre el gobierno y las guerrillas. En esta guerra murieron y desaparecieron miles de inocentes. Las madres y abuelas de estos "desaparecidos" fueron llamadas "Las madres de la Plaza de Mayo", porque estas mujeres se reunían en esta plaza con las fotos de sus familiares "desaparecidos" para reclamarle al gobierno.

# Tesoros de la literatura contemporánea

**D** Para anticipar.

*Las respuestas van a variar.*

**E** A ver si comprendiste.

*Los cuadros van a variar.*

**F** ¡A interpretar!

*Los cuadros van a variar.*

**G** Libro de los recuerdos.

*Los recuerdos van a variar.*

# ¡A deletrear!

**H** Para evitar la confusión entre *a*, *ah* y *ha*.

1. ha
2. a
3. a
4. Ah
5. ha

# Juguemos un poco

**I** ¿Qué haremos cuando termine el semestre?

*Las dramatizaciones van a variar.*

**J** Predicciones.

*Las predicciones van a variar.*

**K** Mi futuro.

*Los párrafos van a variar.*

# ¡A explorar!

**L** Diptongos.

1. o/es/te
2. ce/re/al
3. cua/tro
4. ca/ca/o
5. eu/ro/pe/a
6. co/re/a/no
7. bo/a
8. pa/se/ar
9. de/sier/to
10. is/ra/e/li/ta

**M** Acentuación.

1. le_ye_nda
2. rep_úbli_ca
3. descono_ci_da
4. _dio_ses
5. cora_zón_
6. _hie_rba
7. sacri_fi_cio
8. pa_cí_ficas
9. de_seo_
10. sacer_do_tes
11. magn_í_fica
12. _á_guila
13. arm_on_ía
14. prisio_ne_ro

# ¡A escuchar!

### A ¡El mundo al punto!

1. c
2. b
3. b
4. c
5. a
6. c

### B Práctica con el sonido /ai/.

1. hay
2. ay
3. hay
4. hay
5. ay

### C Dictado.

**Buenos Aires: la cabeza coronada de Argentina**

Buenos Aires es la capital de la República Argentina y es la segunda ciudad hispanohablante del mundo en número de habitantes después de la Ciudad de México. Se calculaba que en 1990 el área metropolitana de Buenos Aires congregaba a más de diez millones de personas, lo que constituía una tercera parte de la población total argentina. Los bonaerenses suelen denominarse porteños y son muy conscientes de que su ciudad es una de las más bellas del mundo. El centro de la ciudad es la Plaza de Mayo, frente a la cual se encuentran importantes edificios: la sede del gobierno o Casa Rosada, la catedral, el Banco Nacional y el cabildo, ahora convertido en museo.

# Tesoros de la literatura contemporánea

### D Para anticipar.

*Las respuestas van a variar.*

### E A ver si comprendiste.

*Las respuestas van a variar.*

### F ¡A interpretar!

*Las razones van a variar.*

### G Escritura relacionada.

*Las respuestas van a variar.*

# ¡A deletrear!

### H Práctica con las palabras *ay, hay* o *hay que.*

1. hay que
2. Ay
3. Hay
4. Ay
5. Hay que

# Juguemos un poco

### I ¡A especular!

*Las respuestas van a variar.*

### J ¿Órdenes o consejos?

*Las respuestas van a variar.*

### K Afectuosamente.

*Las cartas van a variar.*

# ¡A explorar!

### L Argentina.

1. Argentina es un gran país, un paraíso para los fotógrafos.
2. Una foto de Jorge Luis Borges está colgada majestuosamente en mi restaurante favorito en Buenos Aires.
3. Aquel escritor argentino es también un filósofo competente.
4. Mi pregunta es: ¿Está usted calificado(a) de hacer tal declaración?
5. ¿Se cuestiona mi inteligencia?

# ¡A escuchar!

**A** ¡El mundo al punto!

1. **F** En Brasil se habla portugués.
2. **C**
3. **F** Los mexicanos y sus descendientes forman el grupo hispanohablante más grande de Estados Unidos.
4. **C**
5. **F** Panamá no es país de la región andina.
6. **F** Chile no es parte de la región del Río de la Plata.

**B** Práctica con *ésta, esta* y *está*.

1. ésta
2. ésta
3. esta
4. está
5. está

# Tesoros de la literatura contemporánea

**C** Para anticipar.

*Las respuestas van a variar.*

**D** A ver si comprendiste.

*Los diagramas van a variar.*

**E** ¡A interpretar!

*Los cuadros van a variar.*

**F** Escritura relacionada.

*Los cuentos van a variar.*

# ¡A deletrear!

**G** Palabras parónimas.

1. está
2. está, esta
3. Esta, está
4. está, Ésta
5. Ésta, Está

# Juguemos un poco

**H** Sentimientos.

*Las respuestas van a variar.*

**I** Mis experiencias en la clase de español.

*Las experiencias y los detalles van a variar.*

**J** Querido(a) maestro(a).

*Las cartas van a variar.*

# Lengua en uso

**K** Un cuento argentino.

1. Tienes razón, María Laura es tan buena.
2. ¿Qué quieres, tío?
3. Escríbele tú, nomás. Dile que se cuide.
4. Mira, dile a Rosa que se apure, quieres.
5. ¿Cómo puedes imaginarte una cosa así?
6. Dile a Pepa que le escriba, ella ya sabe.
7. Mira, ahora que lo dices se me ocurre que convendría hablar con María Laura.

# Correspondencia práctica

**L** Solicito empleo.

*Las cartas van a variar.*